역사학자
정기문의
식사

역사학자 정기문의 식사食史
생존에서 쾌락으로 이어진 음식의 연대기

1판 1쇄 2017년 9월 22일
1판 2쇄 2017년 12월 20일

지은이 | 정기문

펴낸곳 | (주)도서출판 책과함께
      주소 (04022) 서울시 마포구 동교로 70 소와소빌딩 2층
      전화 (02) 335-1982
      팩스 (02) 335-1316
      전자우편 prpub@hanmail.net
      블로그 blog.naver.com/prpub
      등록 2003년 4월 3일 제25100-2003-392호

ISBN 979-11-86293-94-2 03900

이 도서의 국립중앙도서관 출판예정도서목록(CIP)은
서지정보유통지원시스템 홈페이지(http://seoji.nl.go.kr)와
국가자료공동목록시스템(http://www.nl.go.kr/kolisnet)에서 이용하실 수 있습니다.
(CIP제어번호: CIP2017023336)

역사학자 정기문의

식사

食史

FOOD
HISTORY

—

생존에서 쾌락으로
이어진 음식의 연대기

정기문 지음

책과함께

─────────── 차례 ───────────

| 서문 | 음식은 역사와 문화를 규정하는 제1요소다 | 8

chapter 1

육식이 인류 역사에 끼친 영향

인간, 육식을 통해 진화하다 17 | 다시 풀을 먹는 동물이 되다 22 | 육식이 늘어
나며 바뀐 세상 26 | 서양을 따라잡으려면 고기를 먹어라! 34 | 중요한 건 균형
이다 39

chapter 2

서양의 주식, 빵의 역사

밥과 빵으로 구분되는 동서양 45 | 서양에는 왜 풍차가 많았을까 46 | 최초의
빵은 호떡? 50 | 문명의 상징 53 | 여성의 땀과 눈물이 스민 고대의 빵 58 | 신
분과 색깔과 부드러움의 차이 69 | 근대에 일어난 빵의 변화 77 | 빵은 서양 문
명의 발전에 어떤 영향을 끼쳤나 88

| 더 들여다보기 | 유럽을 둘로 나눈 음식 문화

파리를 경계로 나뉜 유럽의 음식 문화 94 | 아테나 여신의 선물 96 | 힘과 빛을
주는 열매, 올리브 99 | 신의 신성함을 세상에 전하는 매개체 101 | 버터를 먹
을 권리 104

chapter 3

지중해 문화권의 상징, 포도주

인류 최초의 술 111 | 술 마시기를 즐긴 사람, 예수 113 | 그리스·로마 시대의 포도주 117 | 중세 유럽인들이 포도주를 즐겨 마신 이유 123 | 유리병이 가져다준 혁신 128

chapter 4

서양인의 소울 푸드, 치즈

서양의 전통이 깃든 치즈 135 | 가축 사육이 시작되다 137 | 양과 돼지가 인류를 두 무리로 나누다 140 | 가난한 사람들이 키우던 동물, 돼지 145 | 유럽의 양 키우기 148 | 양젖과 염소젖으로 시작된 치즈 155 | 로마 시대, 치즈가 일상 음식이 되다 159 | 다양한 치즈들의 유래 164 | 우리가 가게에서 치즈를 구할 수 있기까지의 과정 172

| 더 들여다보기 | 서양 중세의 사유 구조와 음식 문화

음식에서도 '하늘'을 지향한 서양 중세 사람들 178 | 기독교의 교리, 고기의 선택을 결정짓다 188 | 음식 섭취에 반영된 신분 위계 193

chapter 5

영국인을 사로잡은 홍차

인류가 가장 많이 마시는 음료 207 | 우아하게 찻잔 받침에 따라 마시기 210 | 유럽과 영국의 엇갈린 행보 217 | 차는 어떻게 영국에서 커피를 제쳤나 222 | 왜 녹차가 아니라 홍차였을까 229 | '티타임'이 만들어진 사연 234 | 중국의 차 독점 시대가 저물다 240 | 미국 독립 전쟁의 계기 243 | 현대 영국의 홍차 문화 246

chapter 6

혁명에 기여한 '이성의 음료', 커피

커피의 기원을 찾아서 251 | 욕망을 줄여주는 것 254 | 유럽 최초의 커피하우스 258 | '똑똑해지는 음료'를 먹고 토론하다 261 | 유럽 최대의 커피 공급국, 네덜란드 269 | 북유럽의 커피 사랑 273 | 뒤늦게 떠오른 커피 강국, 프랑스 277

chapter 7

기호 식품이 된 '신들의 음식', 초콜릿

아메리카 원주민의 화폐 289 | 에스파냐를 홀린 초콜릿 음료 294 | 변화와 마케팅으로 최고의 기호 식품이 되다 299

|주| 306
| 참고문헌 | 326

음식은 역사와 문화를 규정하는 제1요소다

독일에 이런 속담이 있다. "당신이 먹는 것을 나에게 이야기해보라. 그러면 당신이 어떠한 사람인지를 말해주리라." 이 말은 음식의 의미를 꿰뚫고 있다. 인간의 육체는 섭취한 영양을 통해 끊임없이 작동하고 재생산된다. 즉 우리가 날마다 먹는 음식이 몸속에서 소화 흡수되면서 우리의 일부가 되는 것이다.

인간의 생존에 꼭 필요한 음식은 역사 전개 과정에서 가장 중요한 요소였다. 인간은 하느님의 말씀이 아니라 '빵으로' 살아왔으며, 살기 위해 먹는 게 아니라 '먹기 위해' 살기도 했다. 먹기 위한 삶을 저급하다고 생각해서는 안 된다. 바로 그것이 인간과 동물을 구분해주는 특징이기 때문이다. 대부분의 동물은 미각이 인간만큼 발달하지 않아서 그저 살기 위해 먹는다. 반면에 인간은 미각이 매우 발달해서 단순히 영양을 섭취하는 게 아니라 음식 재료를 여러 가지 방식으로 가공하여 그 맛을 즐기려고 먹는다. 더 나아가 인간은 먹는 것에 중대한 의미를 부여한다. 먹으면서 사랑, 우정과 같은 관계를 맺고, 거래를 하고, 신앙생활을 하며, 권력을 유지한다. 인간은 음식을 얻기 위해 끊임없이 노력하고 때로는 전쟁도 불사하며, 음식을 통해 계급과 성, 종족 등을 구별해왔다.

역사학은 오랫동안 이 문제에 거의 관심을 기울이지 않았다. 이는 두 가지 측면에서 심각한 문제가 있다. 첫째, 역사학의 근본 목적은 인간을 이해하는 데 있다. 인간의 본성인 식욕의 특징, 식욕을 해결하려고 구축한 음식 문화, 그리고 음식이 세계사의 주요 사건과 계급·젠더·문화권의 형성 및 대립에 끼친 영향을 연구하지 않고 어떻게 인간을 이야기할 수 있겠는가? 둘째, 역사학은 인문학으로서 대중과의 소통을 추구한다. 요즘 텔레비전, 블로그를 비롯한 여러 대중 매체가 음식 이야기를 다루고 있다. 대중과 소통하려는 역사학자라면 마땅히 음식 문화를 연구하면서 인문학의 저변을 확대해야 한다.

이런 문제의식을 가진 학자들이 있기는 했다. 아날학파 1세대인 페브르, 블로흐를 비롯한 몇몇 선각자들이 음식 문화에 관심을 기울이기 시작한 후, 아날학파 2세대인 브로델이 음식 문화를 본격적으로 연구했다. 그는 1960~1970년대에 발표한《물질문명과 자본주의》에서 세계 각 지역의 음식 문화를 상당히 체계적으로 다루었다. 그러나 그의 연구는 시기가 근대 초에 한정되었고 경제적인 측면에 집중되었다.

브로델의 연구에 힘입어 1980년대 초부터 유럽 학계에서 음식 문화를 주요 연구 대상으로 삼으려는 움직임이 활발해졌다. 1981년 이후 매년 '음식과 요리에 대한 옥스퍼드 심포지엄'이 열리고 있으며, 그 결과《음식과 식생활》,《음식과 역사》등 음식 문화를 인문학의 관점에서 다루는 학술지들이 만들어졌다. 이탈리아, 미국 등에서는 음식 문화를 연구하는 학위 과정들도 생겨났다. 한국에서도 《18세기의 맛》을 비롯하여 음식 문화에 대한 새로운 접근이 시도되었다.

그러나 서양에서도 음식 문화는 여전히 전문 역사학자들의 주요 관심사가 아니다. 1980년대에 등장한 '일상사'도 의식주와 같은 물질생활보다는 민중의 의식과 문화에 더 관심을 갖는다.

대개 인류학자들이 음식 문화에 대해 의미 있는 연구 성과를 내왔다. 그들의 관심은 음식이 어떤 상징을 갖고 있으며 사회 구조나 작동에 어떤 역할을 하는지에 집중되어 있다. 그러한 연구는 역사학의 시각에서 보면 한계가 있을 수밖에 없다. 인류학자들은 음식 문화를 구석기 시대부터 현대까지 통시^{通時}적으로 살펴보지 않으며, 음식이 계급·젠더·종족·문화권의 형성과 상호 관계에 어떻게 기여했고 세계사의 중요한 사건에 어떤 영향을 끼쳤는지 거의 관심을 기울이지 않는다.

역사학계는 이런 상황을 개선하기 위해 함께 노력해야 한다. 필자는 이런 문제의식을 갖고 인류의 탄생부터 현대 문명에 이르기까지 음식 문화가 어떤 역할을 해왔는지를 살펴보고자 한다. 음식 문화에 초점을 두면 기존 관점을 넘어 새로운 차원에서 세계사를 이해할 수 있다. 몇 가지 사례를 제시하면 다음과 같다.

서양 문명의 주식인 밀은 동양 문명의 주식인 쌀에 비해 비효율적인 곡물이다.[1] 힘겹게 제분을 해야만 빵을 만들 수 있기 때문이다. 나중에는 이 작업을 제분기로 대체하게 되었는데, 이 제분기가 바로 풍차다. 이 때문에 서양의 근대 풍경에는 풍차가 많이 등장한다. 또 고대에는 제분 작업이 정밀하지 못해서 모래를 비롯한 온갖 불순물이 빵에 들어 있었다. 고대인이 먹은 빵은 현대의 기준으로 보면 돼지도 먹지 못할 음식이었다. 그리스·로마인은 그토록 조악한 음식을 먹으면서도 불멸의 고전을 남기고, 민주주의를 발전시키고, 세계를 정복했던 것이다.

음식 가운데 단연 중요한 것은 물이다. 필자는 대학 시절부터 정치사와 경제사 위주로 공부하느라 서양인의 의식이나 지난한 일상 생활의 속살을 파악하지 못했다. 서양은 물 사정이 좋지 않았다는 이야기를 수없이 들으면서도 왜 그랬는지, 얼마나 심각했는지, 어떤 결과를 가져왔는지에 대해 깊이 생각해본 적이 없었다. 음식 공부를 하면서 비로소 유럽의 중심부는 연강수량이 500~750밀리미터로 많아야 우리나라의 3분의 2밖에 되지 않고, 석회질 지형이 많으며,[2] 우물을 파기가 어려워서 늘 식수가 부족했고, 그 때문에 로마와 같이 거대한 수도 시설을 만들거나, 많은 사람이 동원되어 강물을 퍼다 마셔야 했다는 사실을 알게 되었다.

도시를 건설할 때 동양에서는 우물을 쉽게 팔 수 있어서 대개 강의 북쪽에 사방을 가로막는 성을 쌓고 그 안에서 살 수 있었다. 하지만 유럽에서는 식수로 사용할 강물을 끼고 도시를 건설해야 했다. 강수량의 차이는 도성은 물론 하위 성들의 성격에도 중요한 영향을 끼쳤다. 한국을 비롯한 동양에는 수많은 산성이 있는데 이는 샘을 확보하기 쉬울 때나 가능한 일이다. 서양의 중심부에는 산이 발달하지 않았고, 성들도 대개 평야에 있다. 샘을 찾기 힘들어서 산성을 쌓을 수 없었던 것이다. 또한 유럽인은 고대부터 술을 많이 마시고, 근대에 커피와 차가 들어오자 열광했다. 그 이유 중 하나도 식수가 부족한 데다가 깨끗하지 않기 때문이었다.

음식 문화는 유럽을 세분하는 기준이 될 수 있다. 예전에는 유럽 내의 국가나 문화권을 언어나 종족, 로마 문화의 침투 정도, 알프스산맥이나 피레네산맥과 같은 지리적 요소, 구교·신교와 같은 종교적 요소 등을 기준으로 나누어보곤 했다. 이런 기준들로는 파리 이북 지역이 동일한 문화권임을 제대로 설명하기 어렵다.

예컨대 로마는 제국으로 성장하여 지중해 문화를 북쪽에 전해주었고, 로마 제국의 통치가 미치는 모든 지역에 법과 기독교, 실용 문화를 전파했다. 음식 문화의 측면에서도 로마는 정복지 전역에 포도주, 올리브, 밀빵을 먹는 문화를 퍼뜨렸다. 그렇지만 파리 너머, 즉 오늘날의 프랑스 북부 지역, 벨기에, 네덜란드 지역, 독일 중부 지역은 지중해 지역의 음식 문화를 받아들이지 않았다. 그들은 맥 주를 마시고 버터와 호밀빵을 먹었다. 지리적 환경의 차이가 너무 커서 전통 음식 문화를 포기할 수 없었던 것이다.

음식 문화는 남녀의 성비까지 바꿔놓았다. 중세 서양에는 성인 남성이 여성보다 많았는데, 15세기 이후 남녀의 성비가 역전되고 여성의 평균 수명이 남성보다 길어졌다. 그 전에는 육류가 부족해 서 여성의 입에 들어갈 고기가 없었으나,[3] 가축 사육이 늘면서 농민 들의 단백질 섭취가 증가했다. 그로 인해 여성의 건강이 개선되어 수명이 길어졌고, 그 결과 여성이 남성보다 많아진 것이다.

이렇게 역사가의 눈으로 세계의 음식 문화를 고찰해보았다. 그런 데 음식에 거의 문외한이던 사람이 3~4년 동안 공부해서 얻은 생 각이라 사람들에게 내세울 만한 성찰인지 두렵다. 이 책에서 부족 한 부분은 점차 보완해갈 것이다. 모쪼록 이 책이 음식과 역사를 넘 나드는 향연의 장이 되길 바란다.

은파호수 앞에서

정기문

chapter 1

Meat

육식이 인류 역사에 끼친 영향

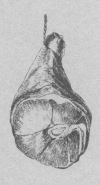

호모 하빌리스가 '사체 청소부'에 머물렀다면, 진정한 의미에서 최초의 사냥꾼은 호모 에렉투스였다. 고기 맛을 알게 된 인류는 좀 더 적극적으로 사냥을 하려 했고, 그 과정에서 중요한 진화가 이루어졌다. 인간은 몸에서 털을 없애는 방향으로 진화하기 시작했다. 현존하는 모든 동물 가운데 인간이 가장 오래 달릴 수 있는데, 이는 인간의 몸에 털이 없어서 오래 달려도 체온이 올라가지 않기 때문이다. 이렇게 호모 에렉투스가 자신의 몸을 변화시켜 사냥꾼이 된 후 구석기 시대 인간은 '고기를 먹는 존재'가 되었다. 이때부터 신석기 혁명이 일어날 때까지 인류의 반인 남자는 거의 전적으로 사냥을 하면서 살았다.

인간, 육식을 통해 진화하다

약 500만 년 전 아프리카 탄자니아 지역에 인간이 최초로 모습을 드러냈다. 이때 인간의 모습은 오늘날 침팬지와 비슷했다. 키는 1미터 내외였고, 몸에 털이 많았으며, 얼굴은 턱이 크고 툭 튀어나와 있었다. 최초의 인간은 침팬지처럼 잡식성 동물이었지만, 초식 동물로 분류해도 좋을 만큼 식물성 음식을 많이 먹었다. 이는 인간이 영장류에 속하기 때문이다. 영장류는 등장 초기에는 덩치가 매우 작았고, 나무 위에 살면서 거의 전적으로 초식으로 연명했다. 그 후 꾸준한 진화의 결과 영장류 가운데 약간의 육식을 겸하는 종들이 생겨났지만, 오늘날에도 대부분의 영장류에게 육식은 '간식'에 지나지 않을 만큼 비중이 작다.

거의 모든 영장류는 '간식'을 정말 좋아한다. 영장류는 원숭이라고 부르는 여러 종류의 동물을 통칭하는데, 원숭이는 대개 나뭇잎이나 열매를 먹는다. 나뭇잎이나 열매에는 온갖 애벌레나 곤충이 들어 있게 마련이다. 요즘 사람들은 예컨대 복숭아를 파먹은 벌레

17

를 보면 징그럽다며 버리지만, 원숭이는 잎이나 열매는 버리고 그 안에 들어 있는 벌레를 먹는다. 그래서 원숭이 무리가 나무 위에서 식사할 때면 나뭇잎과 열매가 비처럼 쏟아져 내리곤 한다.

원숭이는 '간식'을 얻기 위해 사냥을 했을까? 대개 원숭이는 덩치가 작아서 다른 동물을 사냥하기는커녕 여러 육식 동물에게 잡아먹히곤 한다. 덩치가 크고 두뇌 용량도 큰 원숭이들은 사냥을 한다. 가령 개코원숭이는 150~300마리가 무리 지어 다니면서 표범 같은 맹수에게 맞서기도 하고, 가젤이나 돼지를 비롯한 여러 동물의 새끼나 플라밍고를 비롯한 새를 잡아먹는다.

개코원숭이보다 우월하고, 육식을 더 좋아하는 원숭이는 침팬지다. 아프리카 탄자니아에서 10년간 침팬지를 연구한 제인 구달에 따르면 침팬지는 개미, 흰개미, 애벌레, 말벌, 딱정벌레, 새알을 먹는데, 때때로 개코원숭이를 비롯한 여러 종류의 원숭이, 어린 영양이나 돼지, 너구리를 비롯해 수십 종의 동물을 잡아먹었다. 대개 침팬지 한 마리는 1년에 다른 동물 한 마리 반 정도를 먹는다.

침팬지의 사냥에 대해서는 아직 확실히 밝혀지지 않은 사항이 있다. 어떤 학자는 침팬지가 동물성 단백질을 섭취하기 위해서가 아니라 자신의 힘을 과시하거나 사회적 유대를 강화하기 위해 사냥을 한다고 주장한다.[1] 사냥의 목적이 어떻든 침팬지가 인간을 제외한 모든 원숭이 가운데 가장 뛰어난 사냥꾼이고, 육식을 가장 많이 하는 것은 명확하다. 그렇다면 침팬지가 먹는 음식 가운데 육식의 비율은 얼마나 될까? 침팬지는 식물성 음식을 약 96퍼센트 먹는 데 반해 동물성 음식은 약 4퍼센트를 먹는다.[2]

인간도 처음에는 침팬지가 먹는 정도로 동물성 음식을 섭취했을 것이다. 이 시기에 살았던 인간 화석의 구강 구조가 초식을 주로 하는 동물의 것이라는 사실이 이를 입증한다. 그렇지만 인간은 진화하면서 점차 육식의 비중을 높여왔다. 약 300만 년 전 인류가 살고 있던 아프리카의 환경이 급격하게 바뀌기 시작했다. 사막화가 진행되면서 숲이 줄어들었고, 식물성 먹거리를 구하기가 힘들어졌다. 인류는 살아남기 위해 다른 먹거리를 찾기 시작했고, 그때 대안으로 등장한 것이 다른 동물이 사냥해서 먹고 버린 '사체 찌꺼기'였다. 대개 사자나 표범과 같은 육식 동물은 사냥감의 내장 기관과 쉽게 뜯을 수 있는 살코기만을 먹는다. 그들은 인간과 달리 손이 없어서 뼈에서 살을 정교하게 발라 먹을 수 없기 때문이다. 괜히 작은 뼈에 붙어 있는 살까지 먹으려 하다가는 이빨을 다치기 십상이다. 사냥꾼이 포만감을 느끼고 떠나면 이번에는 하늘에서 온갖 새들이 내려온다. 새들은 사냥감의 뼈에 남아 있는 살을 날카로운 부리로 발라 먹는다.

그러고 나서도 사냥감의 몸에는 단백질이 많이 남아 있는데, 그것은 주로 단단한 뼈 속의 뇌와 골수다. 바로 이 뇌와 골수가 인간의 먹거리였다. 인류는 사냥감의 사체에서 골수와 뇌를 꺼내 먹으면서 두 가지 측면에서 진화했다. 먼저 뼈에서 뇌와 살을 발라내려면 도구를 정교하게 만들어야 했다. 약 300만 년 전 호모 하빌리스가 최초로 도구를 만든 이유다. 둘째, 다른 동물의 뇌나 살을 먹으면서 단백질 섭취가 늘어났고, 그 결과 뇌가 커졌다. 인류는 점차 몸집도 커졌고, 호모 에렉투스 단계에 오면 성인 남성이 170센티미터나 되었다. 이 단계에서 인류는 협동하여 사냥하는 기술을 발전시켰고, 그 후 줄곧 고기를 먹는 존재로 살아왔다.

호모 하빌리스가 '사체 청소부'에 머물렀다면, 진정한 의미에서 최초의 사냥꾼은 호모 에렉투스였다. 고기 맛을 알게 된 인류는 좀 더 적극적으로 사냥을 하려 했고, 그 과정에서 중요한 진화가 이루어졌다. 인간은 나무나 돌로 창과 도끼를 만들었을 뿐만 아니라 자신의 신체를 변화시켰다. 먼저, 많은 털은 사냥에 방해가 되었다. 털은 보온에 크게 기여하지만 땀의 배출을 방해하고, 오래 달리면 체온을 상승시킨다. 그래서 인간은 몸에서 털을 없애는 방향으로 진화하기 시작했다. 현존하는 모든 동물 가운데 인간이 가장 오래 달릴 수 있는데, 이는 인간의 몸에 털이 없어서 오래 달려도 체온이 올라가지 않기 때문이다. 이렇게 호모 에렉투스가 자신의 몸을 변화시켜 사냥꾼이 된 후 구석기 시대 인간은 '고기를 먹는 존재'가 되었다. 이때부터 신석기 혁명이 일어날 때까지 인류의 반인 남자

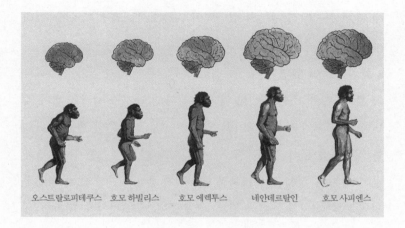

오스트랄로피테쿠스 호모 하빌리스 호모 에렉투스 네안데르탈인 호모 사피엔스

는 거의 전적으로 사냥을 하면서 살았다.

호모 에렉투스가 이룬 또 하나의 혁신은 불의 사용이다. 인류는 약 80만 년 전부터 불을 사용했다. 불은 인간이 동물에 맞설 때 유용한 무기가 되어주었다. 또한 인간은 불을 사용하면서 음식을 익혀 먹게 되었다. 현재 인간이 주식으로 삼고 있는 밀, 쌀, 감자와 같은 음식은 자연 상태로는 소화가 거의 안 된다. 식물의 강한 세포벽을 깨지 않으면 그 속의 여러 영양소를 흡수할 수 없기 때문이다. 게다가 다른 동물의 사체를 먹으면 그 동물의 몸속에 살고 있던 온갖 세균과 기생충에 감염될 수 있다. 음식을 가열하면 나쁜 세균의 영향을 줄일 수 있을뿐더러 씹기도 쉽고 소화도 훨씬 잘된다. 식물과 동물의 세포를 감싸고 있는 벽과 막의 강도가 약해지고, 세포 안에 존재하는 여러 성분의 결합력이 약해져서 소화하기 쉬운 상태로 변하기 때문이다.

음식을 불에 익혀 먹기 시작하면서 인간은 치아가 작아지고 창자가 짧아졌으며 소화 시간도 많이 줄었다. 침팬지는 날것을 씹어 먹느라 다섯 시간을 소모하지만, 인간은 한두 시간이면 생존에 필요한 영양을 충분히 섭취할 수 있다. 이렇게 신체가 변한 결과 뇌 용량이 커졌다. 창자를 유지하던 에너지가 줄어들면서 뇌에 투입할 수 있는 에너지가 늘어나 점차 뇌 용량이 커진 것이다. 따라서 육식, 그것도 고기를 불에 익혀 먹는 것은 인류의 진화에서 매우 중요한 역할을 했다고 볼 수 있다.

다시 풀을 먹는 동물이 되다

기원전 1만 년경, 인간의 삶에 중대한 변화가 일어났다. 이른바 신석기 혁명이 시작된 것이다. 신석기 혁명은 어떻게 일어났을까? 이를 설명하는 학설로 '현명 역설sapient paradox'이라는 것이 있다. 현생 인류인 호모 사피엔스는 20만 년 전에 아프리카에서 탄생하여 7만~6만 년 전에 사방으로 퍼져나갔고, 약 4만 년 전에 유럽에 도착했다. 그들은 현재의 우리와 외형적으로 완전히 똑같았고 두뇌 역량도 같았다. 그들은 지능이 높았을 뿐만 아니라 고도의 문화유산을 남겼다. 그들이 3만 년 전에 남프랑스와 북에스파냐의 동굴들에 그린 벽화는 예술성과 사실성이 매우 높아서 경탄을 자아낸다. 그들이 사용한 언어는 다양한 어휘와 문법을 갖추고 있었다. 현대 분자유전학에 따르면 그들은 육체적·정신적 능력이 오늘날의 우리와 거의 같았다.

그들은 사냥을 하거나 동물의 사체를 찾아 먹거나 온갖 나무 열매를 따 먹으며 이동 생활을 했다. 그러다가 기원전 1만 년 무렵이 되어서야 근동 지역과 아나톨리아에서 최초의 정착 생활이 시작되었다. 호모 사피엔스가 현생 인류와 똑같은 지능과 외형을 갖추고 있었는데, 왜 농경이 좀 더 일찍 시작되지 않았는가? 이것이 현명 역설이다.

신석기 혁명의 기원에 대해서는 밝혀진 것이 없다. 신석기 혁명 당시의 기록이 없기 때문에 역사가들은 여러 가지 추론을 통해 그 기원을 설명해왔다. 어떤 학자들은 신석기 혁명이 사냥의 부산물이라고 설명한다. 이 설명은 사냥꾼들이 사냥감을 쫓아 이동했다는 가설에서 출발한다. 사냥꾼들은 무작정 동물들을 추적하다가 점차 동물들의 이동 경로가 있다는 것을 깨달았다. 그래서 동물들을 잡기 쉬운 곳에 야영지를 설치하고 오랫동안 머물기 시작했다. 야영지에서 그들은 먹다 남은 음식을 버리기도 하고 배설도 했다.

이를 통해 작물의 씨가 뿌려진 뒤 그 작물이 다시 자라는 현상이 관찰되었다. 이로써 작물의 재배가 가능하다는 사실이 알려지기 시작했다.

어떤 사람들은 식량 생산 증대의 압력이 커졌기 때문에 농경이 발생했다고 생각한다. 인류가 먹이 사슬의 가장 위에 자리하게 되면서 인구가 계속 증가했고, 늘어난 인구를 먹여 살리려면 식량 생산의 변화가 필요했다. 그 과정에서 곡물 재배가 시작되었다.

어떤 연구자들은 기후의 변화를 중시한다. 이 설명에 의하면 약 1만 1000년 전에 갑자기 온도가 떨어지면서 사냥과 채집이 힘들어졌다.

종교의 역할을 강조하는 학자들도 있다. 구석기 시대 말기 이래 종교가 발달하고 사제 계급이 등장하기 시작했는데 그들은 특정한 장소에서 종교 의례를 행하곤 했다. 그 장소를 중심으로 사람들이 모여 살면서 정착이 시작되었고, 그 후 농경이 발전했다.

신석기 혁명의 기원에 대해 주도설이나 동의된 의견은 아직 나오지 않았다. 그렇지만 대부분의 학자들은 신석기 혁명이 인류의 역사에서 산업혁명과 더불어 가장 중요한 사건이었다는 데 동의한다. 신석기 혁명을 통해 인류는 정착 생활을 시작했고, 그 후 식량의 잉여가 생기면서 문명이 발생했다. 이를 계기로 인류가 살아가는 방식이 근본적으로 달라졌고, 인류는 커다란 진보를 통해 삶의 조건을 향상시킬 수 있었다.

그런데 신석기 혁명의 중요한 측면은 거의 연구되지 않았다. 음식의 측면에서 신석기 혁명은 '고기를 먹는 인간'에서 '풀을 먹는 인간'으로의 변화를 가져왔다. 이러한 변화가 좋은 것, 행복한 것, 혹은 진보적인 것일까? 현대의 관점에서는 그렇게 평가할 수도 있겠지만 당대에는 결코 그렇지 않았다.

고고학자들은 최초로 신석기 혁명이 일어난 메소포타미아 지역의 유골들을 계속 수집하여 비교해왔는데, 연구 결과 신석기 혁명 이전의 사람들이 오히려 더 건강했음이 밝혀졌다. 또한 오늘날 구석기 시대의 방식으로 살아가는 원시 부족들을 조사해본 결과, 그들은 하루 2~4시간 짧은 노동으로 상당히 풍족한 생활을 누리고 있었다. 그들은 늘 식량을 일정한 만큼 남겨두므로 기아나 죽음의 공포에 시달리지도 않았다. 인류학자 마셜 샐린스는 이를 보고 구석기 시대의 사회를 '최초의 풍요한 사회'라고 지칭하기도 했다.

농경 사회로 접어들면서 인류 사회는 '궁핍'해졌다. 많은 사람들이 영양 부족에 시달렸으며, 몸집이 작아졌고, 치아도 제대로 형성되지 않았다. 농사를 짓느라 디스크 탈출증, 관절염, 탈장 등 그 전까지 몰랐던 온갖 질병에 걸리게 되었다. 특히 아이들은 모유를 먹는 기간이 짧아지고 이유식으로 죽을 먹게 되면서 면역력이 약해져 걸핏하면 병에 걸렸다. 무엇보다 심각했던 것은 특정 곡물을 주식으로 삼으면서 특정 영양소가 결핍되었다는 점이다. 옥수수를 주식으로 하는 사람들은 니코틴산이 부족해서 펠라그라병에 걸렸으며, 쌀을 주식으로 하는 사람들은 티아민이 부족해 각기병에 걸리기 쉬웠다. 따라서 농경 사회로의 전환은 사람들 대다수에게 축복이 아니라 재앙이었다.

육식이 늘어나며 바뀐 세상

농경 사회가 모든 사람을 육식의 결핍으로 몰아갔던 것은 아니다. 농경 사회는 그 내부를 '고기를 먹는 인간'과 '풀을 먹는 인간'으로 나누었다. 17~18세기 이전 대다수의 농민은 '풀이나 죽을 먹는 사람'으로 비참하게 생활했던 반면, 소수의 지배층은 '고기를 먹는 사람'으로 배부름과 안락을 누렸다.

동서양을 막론하고 지배층의 중요한 특징은 고기를 먹는 것, 그것도 많이 먹는 것이었다. 그들은 덩치가 커서 '대인'이라고 불렀다. 중국에서는 최초의 나라인 상나라 시대부터 제사 공동체가 있었다. 이는 같이 모여 신들에게 제사를 지내고 제물로 바쳐진 소, 돼지, 염소와 같은 고기를 나누어 먹는 집단을 의미한다. 이 제사를 주관한 후 고기를 나눠주는 사람이 재상이었고, 그는 훗날 국가의 주요

유럽 중세 시대에 귀족의 밭에서 일하는 농민들. 고기는 소수 지배층만이 향유할 수 있었다.

18~19세기에 돈이 많은 농부는 화가에게 의뢰하여 가축을 실제보다 훨씬 크게 그렸다. 윌리엄 헨리 데이비스의 1838년 작품.

관리가 되었다. 후대에 이 공동체는 약해지거나 없어졌지만, 고기를 먹는 사람이 곧 지배층이라는 관념은 오랫동안 유지되었다. 그래서 피지배층은 줄곧 지배층을 '고기를 먹는 사람'이라고 부르곤 했다.[3]

중세까지는 서양 사람들도 대부분 고기를 많이 먹지 못했다. 상류층을 제외한 대다수의 사람들에게 고기를 먹는 것은 연례행사와 같았다. 그런데 14~15세기 이후 서양의 고기 섭취량이 놀라울 정도로 증가했다.

여기에는 세 가지 원인이 있는데 먼저 가축의 품종 개량이 활발해졌다. 아주 옛날 야생 상태에서 양은 털이 거의 없었고, 야생 소는 새끼에게 필요한 만큼만 우유를 만들어냈으며, 야생의 닭은 여분의 알을 거의 낳지 않았다.[4] 신석기 시대 이래 사람들은 가축의 품종을 꾸준히 개량했지만 중세까지는 그 성과가 크지 않았다. 중세에 거의 모든 가축은 크기가 현재의 40~60퍼센트였다. 닭은 크기가 작았을 뿐만 아니라 1년에 달걀을 50~100개밖에 생산하지 않았다. 중세 돼지는 숲에 방목하는 것이 관례였기 때문에 야생 돼지처럼 다리가 길었고, 뚱뚱하지도 않았다. 소는 현재의 소보다 평균 키가 20센티미터나 작았다.

14세기 이후 여러 가축의 품종 개량이 시도되었다. 우수한 품종을 수입했고 좋은 개체끼리 교배도 했다. 가령 소는 헝가리 지역의 소들이 들어왔고, 돼지도 우리에 가두어 키우고 우수한 개체끼리 교배시키는 일이 늘어났다. 새로운 가축도 들어왔는데, 토끼가 대표적이다. 토끼는 원래 에스파냐 지역에서 사육되었는데, 800년경 카롤루스 대제 때 프랑크 제국에 들어온 뒤 점차 북쪽으로 전파되어 12세기에는 영국에서도 사육되었다.

둘째, 가축 사료의 재배가 크게 늘었다. 16세기 농업혁명 과정에서 순무, 귀리와 같은 작물의 재배가 확대되면서 사료 작물이 크게 늘어났고 가축 사육이 증가했다. 이 과정은 선순환 구조를 만들기 시작했다. 우선 가축 사육이 늘면서 가축의 배설물이 증가했다. 배설물은 거름으로 사용되므로 농업 생산량이 크게 증가할 수 있었다. 고기 소비량도 점차 크게 늘어났다.

가축의 품종 개량 외에 어류 소비의 증가도 단백질 제공에 기여했다. 15~16세기 서양인이 세계의 바다를 장악했다는 것을 생각하면 서양의 조선술이 중세 말에 크게 성장했음을 쉽게 알 수 있다. 중세에 이미 서양인은 아메리카 대륙 동쪽까지 진출하여 대구를 비롯하여 많은 물고기를 잡았고, 어업은 중세 말부터 네덜란드를 비롯한 여러 국가의 주요 산업이었다. 특히 네덜란드는 1400년부터 청어를 대량으로 포획하고 염장하여 수출함으로써 근대 초 부강해질 수 있는 기반을 마련했다.

셋째, 유럽의 주변 지역에서 중심 지역으로 육류의 공급이 대폭 증가했다. 중세 유럽의 역사는 서기 1000년을 기점으로 나누어볼 수 있다. 게르만족의 이동으로 시작된 혼란과 퇴보의 시대가 1000년에 비로소 끝나고 안정과 번영이 다시 찾아왔다. 유럽 전역에서 인구가 증가하고 시장이 부활하고 도시가 생겨났다. 이후 지속적으로 경제가 성장하고 강력한 활력이 사회 전체에 퍼져나가면서 유럽 주변부와 중심부 사이의 교류와 교역이 크게 증가했다.

이런 활력은 음식의 측면에서 보면 육류 소비의 증가를 가져왔다. 베를린을 예로 들자면 1397년 인구가 8000명이었는데, 도시민은 1인당 매일 3푼트(약 406그램)의 육류를 소비했다. 도시의 상층민뿐만 아니라 하층민도 고기를 많이 먹었다. 이는 1515년 시당국이 조례를 발표하여 길드의 장인이 도제에게 매일 4푼트의 고기를 제공하도록 규정했다는 사실에서 알 수 있다. 베를린뿐만 아니라 독일 전역에서 육류 소비가 크게 늘자 주변부 지역에서 많은 소가 수입되었다. 1492년 쾰른의 참사회는 "헝가리, 폴란드, 덴마크, 러시아, 아이더슈테트 등에서 엄청나게 많은 소가 이곳의 시장까지 몰려오고 있다"라고 보고했다. 소뿐만 아니라 소의 부산물인 버터와 치즈도 네덜란드 및 북부 독일, 스칸디나비아에서 독일과 중부 유럽으로 대량 수입되었다. 예컨대 홀슈타인 공작령의 작은 지방인 아이더슈테트는 1583년에서 1600년 사이에 매년 200만~300만 푼트의 치즈를 수출했다. 이렇게 고기와 고기 부산물의 수출이 늘어나면서 네덜란드, 독일 북부, 덴마크 지역에 거대한 방목지가 조성되었고, 밀 농사와 가축 사육을 병행하는 혼합농경이 발달했다.

이런 고기 소비의 증가는 역사에 어떤 영향을 끼쳤을까? 우선 평균 수명이 늘어났다. 중세 후기 평균 수명은 약 30세였는데, 근대 초에 33세 이상으로 늘어났다. 평균 수명의 증가는 인구의 증가를 가져왔고 덕분에 근대 초 유럽 대부분의 국가는 풍부한 인력을 확보할 수 있었다. 이 인력으로 유럽은 여러 전쟁을 치렀고 농업혁명, 산업혁명을 이루었다.

그런데 근대 초 인구가 증가할 때 남성보다 여성이 훨씬 많이 증가하여, 성비의 역전 현상이 일어났다. 자연 세계에서는 일반적으로 남자가 여자보다 많다. 남성과 여성의 자연 출생비가 약 105 대 100이기 때문이다. 전근대 서양에도 남자가 많았다.

고대·중세의 서양 지식인들은 남자가 여자보다 오래 산다고 생각했다. 이는 남성의 신체가 더 우월하다는 생각 때문이기도 했지만, 그들이 실제로 남성이 여성보다 오래 사는 것을 목격했기 때문이다. 기록이 남아 있는 여러 지역의 남녀 평균 수명을 조사해보면 남성이 더 오래 살았다. 중세 초 독일의 슈투트가르트에서 남성의 평균 수명은 42~44세였던 데 비해 여성은 22~24세밖에 안 되었다. 헴밍엔에서 남성은 37세, 여성은 33세였고, 바인가르텐에서 남성은 42세, 여성은 35세였다.[5]

이렇게 남성이 여성보다 오래 살았기 때문에 중세 초 장원 문서를 비롯해서 인구 구성을 보여주는 여러 자료에 따르면 성인 남성이 여성보다 많았다. 789~812년 중부 이탈리아의 파르파 수도원이 조사한 자료를 봐도 성인 남녀의 비율은 112 대 100이었다.

그런데 14세기부터 여러 문헌에 여성이 남성보다 많다는 언급이 나오고, 15세기에 프랑스의 랭스, 스위스의 프리부르, 독일의 뉘른베르크 등에서 행해진 조사에 따르면 남성과 여성의 비율은 100 대 109~120이었다.[6] 이는 여성의 평균 수명이 남성보다 길어졌기 때문이다. 이 현상은 15세기 이후 계속되었다. 18세기 후반 스웨덴에서 남성의 평균 수명은 33.7세였던 데 비해 여성은 36.6세였고,[7] 19세기 유럽의 여러 마을을 조사한 결과 남성의 평균 수명은 47.1세, 여성의 평균 수명은 51.8세였다.[8] 15세기에 여성의 평균 수명이 더 길어지고 그 결과 남녀의 성비가 역전된 현상은 왜 일어난 것일까?

무엇보다 단백질 섭취 증가가 중요하다. 여성은 생리, 출산, 육아를 통해 많은 철을 소비하고, 그 때문에 만성적으로 빈혈에 시달리기 쉽다. 따라서 여성은 남성보다 더 많은 철을 흡수해야 하는데, 식물성 음식에서 흡수하는 철은 너무나 적기 때문에 육류 섭취를 통해 철을 보충해야 한다. 그런데 14세기 이전에는 육류 소비가 너무나 적어서 여성들의 입에 들어갈 고기가 없었다. 하층민들이 소량의 고기를 먹을 기회가 생길 때조차 고기는 남성에게 먼저 돌아갔다. 중세 중기 이래 경제가 지속적으로 개선되고 가축 사육이 증가하면서 농민들의 단백질 섭취가 증가했고 그러자 여성의 영양 상태가 조금씩 개선되기 시작했다. 이는 여성의 건강을 개선시켜 수명을 늘렸고, 그 결과 15세기 이후 여성이 남성보다 많아졌다.

그러나 이 시기에 실질적으로 1인당 고기 소비량이 크게 증가하지는 않았다. 16세기 이후 가축 사육 증가보다 인구 증가가 더 빨리 이루어졌기 때문이다. 영국을 제외한 유럽 대부분 지역에서 1인당 고기 소비량은 오히려 감소하는 경향을 보이기도 했다. 유럽인의 고기 소비량이 전반적으로 크게 증가한 것은 19세기 중반의 일이다. 19세기 초부터 인조 목초지가 널리 퍼졌고, 과학적인 목축이 발전했으며, 신대륙의 아르헨티나 등에서 고기가 많이 수입되면서 유럽인의 1인당 고기 소비량이 실질적으로 크게 늘어났다.[9]

서양을 따라잡으려면 고기를 먹어라!

근대 초 육식의 증가는 동양과 서양을 나누는 기준이 되었다. 세계사를 처음 배울 때 관심을 가지게 되는 정말 중요한 주제들이 있다. 전근대에 기독교는 왜 서쪽에서만 선교에 성공했고, 불교는 동쪽에서만 발달했을까, 중국은 화약·나침반·제지술의 발명에서 나타나듯 일찍부터 세계의 과학 기술 발전을 선도했는데 왜 과학혁명을 이루지 못했을까 등이다. 이런 질문 가운데 최고는 서양이 중세 말까지는 동양보다 문명의 수준이 형편없었는데 어떻게 근대에 동양을 추월할 수 있었을까 하는 것이다. 이에 대해 과학혁명, 산업혁명, 군사혁명 등의 거창한 대답들이 나오고 있는데, 어떤 학자는 아주 간명하게 근대 초 서양인의 육식이 증가했기 때문이라고 대답했다.[10]

그의 주장에 따르면 육식의 증가는 두 가지 측면에서 사회를 변화시켰다. 먼저 육식의 증가는 칼로리 공급의 증가를 가져왔고, 그로 인해 사람들의 건강이 개선되고 근력이 좋아졌다. 한마디로 힘이 세져서 사람들이 일을 더 많이 할 수 있게 된 것이다. 또한 가축의 증가로 가축 배설물, 곧 비료가 늘어난 덕분에 농업 생산량이 증가했다. 이에 힘입어 서양은 동양보다 많은 식량을 생산하기 시작했고, 동양을 추월할 수 있었다.[11]

이 주장은 서양의 근대화라는 주제에 대해 매우 새로운 시각을 제시하지만, 복잡하고 다양한 원인에 의해 이루어진 거대한 역사 현상을 하나의 작은 요소로 단순화하여 설명하고 있다. 따라서 이 설명에 대해서는 좀 더 많은 고민이 필요하다. 그렇지만 육식의 증가가 사회 변화에 있어 중요한 요소였음을 부각시켰다는 점에서 경청할 만하다. 최근 이 주장을 실증적으로 보충하는 연구들이 이루어졌다.

정작 서양인들 자신은 이 사실을 제대로 인식하지 못했다. 하지만 18~19세기 동양인이 서양을 본격적으로 접하면서 서양인의 가장 중요한 특징으로 꼽은 것은 고기를 많이 먹는다는 것이었다.

동양인이 고기를 얼마나 먹지 않았는가에 대한 재미있는 이야기가 있다. 16세기 초 이후 일본에 포르투갈인, 네덜란드인, 영국인이 오기 시작하면서 일본은 서양 사람들을 자주 만나게 되었고, 서양의 제도와 과학 기술의 우수성을 깨닫고 서양을 배우기 위해 사절단을 파견하기 시작했다. 1863년 프랑스에 파견된 사절단에 대한 기록이 남아 있는데, 사절단의 일원으로 갔던 아오키 바이조는 서양 음식에 대해 이렇게 말했다.

빵과 소고기 구이 등등 모든 것에 절로 한숨이 나왔다. 빵은 특별히 이상한 냄새는 안 났지만 왠지 기분이 이상하고, 소고기는 더했다. 이틀이고 사흘이고 식사를 전혀 못 하니 배가 고파 견딜 수가 없었다. …… 우리는 다른 사람 눈치 보느라 굶어 죽을 지경에 이르렀으니 이게 도대체 무슨 죄과란 말인가.[12]

아오키 바이조의 이 말은 일본인이 프랑스에 가기 전까지 소고기를 먹을 줄 몰랐고 그 때문에 굶어 죽을 지경이 되어서도 소고기를 먹지 않았다는 것을 의미한다.

중국, 일본, 한국을 비롯한 동아시아의 국가들은 예로부터 소고기를 거의 먹지 않았다. 비록 약하기는 했지만 소고기에 대한 종교적 금기도 있었고, 소가 농사일에 사용되었기에 소를 잡아먹는 것은 곧 생산량의 감소를 의미했기 때문이다. 따라서 전근대 중국이나 일본에서는 국가가 직접 소를 관리했으며,[13] 특별한 경우가 아니면 소를 잡지 못하도록 했다. 물론 죽은 소를 버리는 일은 없었다. 소가 죽으면 사체의 하나도 버리지 않고 먹거나 다른 용도로 사용했다. 그런데 평생 일만 하다가 늙어 죽은 소는 고기가 너무 질기고 탄력이 없어서 맛이 없었다.[14] 그래서 돈이 많은 미식가들은 국가의 단속을 피하기 위해 가끔 이상한 짓을 했다. 그들은 의도적으로 소를 넘어뜨리거나 다리를 부러뜨려서 소가 농사일을 할 수 없게 되었다고 신고했다. 관청은 그런 경우 소를 잡는 것을 특별히 허락했고, 돈이 많은 미식가들은 그들의 욕구를 채울 수 있었다. 하여튼 소고기를 먹는 것이 현실적으로 어려웠다. 이 때문에 전근대 동아시아의 고기 단백질 섭취량은 형편없었다.

이런 상황은 일본의 서양 따라잡기 운동으로 바뀌었다. 일본은 1868년 메이지 유신을 단행하고 적극적으로 근대화에 나섰는데, 일본 정책 입안자들은 서양을 따라잡으려면 서양의 모든 것을 따라 해야 한다고 생각했다. 특히 육식이 서양인을 튼튼하게 만들었다는 것을 깨닫고, 서양을 따라잡기 위해서는 일본인도 고기를 많이 먹어야 한다고 판단했다. 그리하여 1872년 이후 천황을 비롯한 지배층이 소고기를 먹는 시범을 거듭해서 보였고, 신문이나 여러 가지 대중 매체를 이용하여 소고기 먹기 운동을 펼쳤다. 이때 신문에 많이 나온 캐치프레이즈가 "소고기를 먹지 않은 자는 문명인이 아니다"였다.

이 과정에서 소고기를 좀 더 편안하게 먹을 수 있도록 소고기 전골 같은 일본식 소고기 요리법들이 고안되었다. 소고기 전골은 물에 여러 가지 양념을 섞은 후 소고기를 끓여 먹는 요리다. 1880년 대에 소고기 전골은 매우 인기를 끌면서 산골 촌마을까지 널리 퍼져나갔다.

돈가스도 일본이 개량한 서양 요리의 대표적인 메뉴다. 이 요리는 15~16세기 에스파냐와 포르투갈 선원들이 일본에 전해준 것이다. 원래 서양 요리 중에 고기를 얇게 저민 다음 빵가루를 입혀 튀기는 슈니츨이 있었다. 돈가스는 일본인이 돼지고기를 좀 더 두껍게 썰고 고기 조각에 알갱이가 큰 부스러기를 입혀 튀겨서 새로운 요리를 만든 것이다. 이 요리는 1895년 개발되어 일본에서 선풍적인 인기를 끌었고, 주변 나라에도 전파되었다.

고기 문화가 확산되자 크게 찬성하는 사람이 많았다. 그들은 "소고기를 먹는 것은 건강에 좋으며 활력 보강에도 좋은데, 그에 반대하는 사람은 문명개화를 반대하는 자다"라고 주장했다. 그러나 이에 반대하는 사람도 있었다. 어떤 사람들은 천황의 궁전에 숨어들어 천황을 죽임으로써 문제를 해결하려고 했다. 그렇지만 소고기 먹기 운동은 천황과 일본 지배자들의 확고한 의지에 힘입어 점차 성과를 내기 시작했다. 그 후에도 서양의 음식 문화, 특히 고기 섭취 문화가 널리 퍼지면서 일본의 고기 소비량이 크게 증가했다. 그 결과 일본인의 평균 키가 놀랄 만큼 커졌고, 체력 면에서 서양인에게 뒤지지 않는 일본인이 탄생할 수 있었다.

중요한 건 균형이다

육식에 대해서는 도덕과 환경, 그리고 영양학 등의 측면에서 여러 가지 논의가 있어왔다. 현대에는 고기를 생산하기 위해 가축에게 먹여서는 안 되는 사료를 주고 온갖 항생제를 투여하는 일이 크게 문제되고 있다. 또한 인류가 소를 최초로 사육하기 시작한 1만 년 전에 소는 지구에 수백만 마리밖에 살지 않았지만, 소고기 소비가 너무나 늘어난 결과 현재 소는 12억 8000마리로 늘어났다. 이렇게 늘어난 소를 먹이기 위해 해마다 생산된 곡물의 3분의 1이 소비되고, 곡물을 더 많이 경작하기 위해 삼림을 훼손하면서 환경 문제가 심각하게 대두되고 있다.

균형적인 식사가 중요하다는 것은 역사가 입증한다. 근대 초 대항해 시대에 유럽인들은 작은 범선을 타고 항해에 나섰다. 그런 배로는 바람이 불지 않으면 항해할 수 없어서, 유럽인들은 아메리카나 아시아로 가는 데 3~12개월이 걸렸다. 17세기 후반 유럽에서 동남아시아까지 항해하는 데 편도로만 평균 8개월이 걸렸으니,[15] 그 시절의 항해가 얼마나 길고 힘겨웠는지를 짐작할 수 있다. 이렇게 긴 항해 동안 선원의 절반이 죽어나가기도 했는데, 사망의 가장 큰 원인은 질병이었다. 선원들은 대개 괴혈병에 걸렸다.

비타민 C가 부족해서 생기는 괴혈병은 선원뿐만 아니라 전근대의 일반인도 쉽게 걸렸다. 겨울철에 채소가 드물었고 가난한 사람들은 싱싱한 채소와 과일을 먹기 힘들었기 때문이다. 이 병에 걸리면 초기에는 마치 몸에서 피가 빠져나간 듯 창백해지고 무기력해지며, 점점 쇠약해져서 몸 곳곳에 염증이 생기고, 치아가 빠지며, 혈변을 보고, 시력이 약해지다가 사망하게 된다. 처음에 선원들은 이 병에 독한 술이 효과가 있다고 믿고 아침마다 독주를 마시곤 했지만, 사태는 갈수록 악화될 뿐이었다.

1746년, 영국 해군 군의관인 제임스 린드는 라임이 괴혈병 치료에 효과가 있다는 것을 밝혀냈다. 그는 괴혈병에 걸린 병사들을 상대로 실험을 했는데, 어떤 환자에게는 당시 만병통치약으로 알려져 있던 육두구nutmeg를, 어떤 환자에게는 강한 속성을 갖고 있는 황산 용액이나 겨자씨 등을, 또 어떤 환자에게는 바닷물을 지속적으로 먹게 했다. 이들은 모두 병세가 더욱 악화되었다. 그런데 매일 오렌지 두 개와 레몬 한 개를 먹은 환자 두 명이 6일 만에 크게 호전되었다. 이렇게 해서 영국인들은 괴혈병이 과일과 채소를 먹지 않아서 생긴다는 사실을 알게 되었다.

이후 해외 항해를 준비하는 선장들은 라임을 비롯한 과일과 채소를 최대한 많이 준비했다. 괴혈병 극복에 획기적인 전환점을 마련한 사람은 18세기 영국의 유명한 항해가 제임스 쿡 선장이었다.

그는 평민 출신으로 영국 해군에서 대령까지 승진했고, 태평양을 세 번이나 항해했으며 하와이 제도를 발견했다. 또한 그는 항해 기록을 꼼꼼히 남겼는데, 《제임스 쿡의 인데버호 항해일지*The Endeavour Journal of James Cook*》는 유네스코 세계기록유산으로 선정되었다.

그를 위대한 사람으로 만들어준 첫 번째 항해는 1768년에 시작되었다. 1766년에 쿡은 남태평양에 천문관측소를 세우라는 영국 정부의 명령을 받고 인데버호의 선장으로서 항해를 준비하기 시작했다. 당시에 아시아로 항해하라는 요청을 받은 선장들은 몇 개월, 심지어 1년 이상 준비를 하곤 했다. 쿡이 항해를 준비하면서 가장 신경 쓴 문제는 괴혈병을 극복하는 것이었다. 94명이나 되는 선원에게 수개월간 어떻게 채소를 공급할 것인가? 채소나 과일을 어떻게 보관할 것인가? 쿡은 고민 끝에 양배추를 소금에 절여서 배에 싣도록 했는데, 그 양이 3000킬로그램이나 되었다. 물론 양배추를 소금에 절인 요리를 쿡이 개발한 것은 아니다. 기본적으로 채소나 과일을 소금, 식초 등에 절여서 먹는 요리는 고대부터 서양 전역에서 발견된다. 양배추를 절여 우리나라의 김치처럼 먹는 요리는 특히 기온이 낮은 독일, 영국 등에서 오래전부터 발달했다.

하여튼 쿡 선장은 양배추 절임이 괴혈병을 막아줄 거라 믿고 단단히 준비했지만, 항해가 시작되자 또 다른 문제가 발생했다. 육식이 몸에 밴 선원들은 썩은 것이라도 고기를 먹으려고 했지 양배추는 먹으려 들지 않았던 것이다. 쿡 선장이 주기적으로 고기보다는 양배추를 많이 주자 선원들은 크게 항의했고, 쿡은 그들을 채찍질로 다스렸다. 그런데도 선원들이 고기만을 먹으려고 하자, 쿡 선장은 꾀를 냈다. 선장은 장교들에게만 양배추를 많이 배급하고 선원들에게는 조금만 주게 했다. 그러자 선원들은 자기들도 차별하지 말고 양배추를 더 많이 달라고 요구했다. 이렇게 쿡 선장이 사려 깊게 조처한 덕분에 인데버호가 2년 6개월이나 항해하는 동안 괴혈병으로 죽은 사람은 한 명도 없었다. 괴혈병과 그 예방 및 치료에 대한 이야기는 균형적인 식사가 중요함을 보여주는 대표적인 사례다.

균형적인 식사는 현대인도 신경 써야 할 문제다. 요즘 사람들은 먹을 것이 넘쳐나는 시대에 살기 때문에 칼로리 부족에 빠지는 경우는 드물지만, 음식을 편식하여 특정 영양소가 결핍되기 쉽다. 인간이 수렵 채집 생활을 하던 때는 닥치는 대로 여러 가지 음식을 먹었지만, 농경 생활을 하면서 특정한 곡물 위주로 먹는 경우가 많아졌다. 이런 식사는 특정 영양소의 결핍을 야기하고, 그 결과 사람들이 이름도 생소한 병에 걸리는 경우가 많아졌다. 결론적으로 말해서 고기를 먹는 것이 우월한 섭생법은 아니다. 골고루 다양하게 먹는 습관이 필요하다.

chapter 2

Bread

서양의 주식, 빵의 역사

엔키두는 처음에는 짐승처럼 긴 머리카락을 흩날리며 들판을 돌아다니면서 풀을 뜯어 먹고 살았다. 길가메시는 그가 초인적인 힘을 가졌음을 알고, 그를 문명화시켜 친구로 삼으려고 했다. 그리하여 여인을 시켜 그를 유혹한 후, 그에게 빵과 포도주를 먹게 했다. 엔키두는 여인의 권유로 빵과 포도주를 먹은 후 '문명인'이 되어, 몸에 난 털을 싹 밀어버렸다. 다시 말해서 그는 야생에서 채집한 음식을 먹던 '반짐승'에서 가공된 음식을 먹는 '문명인'이 된 것이다. 빵을 문명의 상징으로 여기는 관념은 수메르 시대 다른 도시들도 마찬가지였다.

밥과 빵으로 구분되는 동서양

신석기 혁명 후 서양인은 '빵을 먹는 사람'으로, 동양인은 '밥을 먹는 사람'으로 변천했다. 이러한 차이는 두 세계의 언어에서 명확하게 나타난다. 가족을 동양인은 식구, 즉 밥을 같이 먹는 사람이라고 부르는 데 반해, 서양인은 '빵을 같이 먹는 사람'이라는 뜻의 컴패니언companion이라고 부른다. 서양 문명의 출발지인 메소포타미아에서 주요 작물은 보리와 밀이었다. 서양인은 이 작물들을 가루로 만든 후에 빵을 만들어 먹었다.

반면에 동양 문명의 중심지인 중국에서 초기 주요 작물은 기장과 조였다.[1] 기장과 조는 가루를 내어 쪄서 먹기도 했지만 대개는 죽을 쑤어 먹었다. 진시황이 중국을 통일할 무렵에는 밀 재배가 급격하게 확산되었다. 그런데 중국인은 서양인과 달리 밀로 국수나 만두를 만들어 먹었다.[2] 그나마 밀은 머지않아 쌀에게 주요 작물의 위치를 물려주게 된다. 쌀은 인도, 베트남, 일본과 같은 아시아 남쪽 나라들에서 고대에 이미 주식으로 애용되었고, 1200년경 중국의 강남 개발이 본격화되면서 중국의 주식으로 부상했다. 그 후 아시아 인은 쌀로 밥을 해 먹는 사람이 되어, 밀로 빵을 만들어 먹는 서양 인과 구분되었다.

서양에는 왜 풍차가 많았을까

먼저 빵과 밀접한 관계가 있는 풍차에 주목해보자. 근대 초 에스파 냐의 문인 세르반테스가 쓴《돈키호테》에서 주인공 돈키호테는 과 대망상증에 걸린 기사다. 그는 환상과 현실을 구별하지 못하고 여 러 가지 기상천외한 사건을 일으킨다. 그중에서 가장 유명한 이야 기는 마술사 플레톤이 거인을 풍차로 바꿔놓았다고 생각하여 말을 타고 풍차를 향해 돌진한 것이다. 여기서 꼭 짚고 넘어가야 할 것이 있다. 왜 돈키호테가 살고 있는 마을에 풍차가 많이 있었을까? 돈 키호테 이야기뿐만 아니라 서양의 소설이나 그림에는 풍차가 많이 등장한다. 조지 오웰의《동물 농장》에도, 반 고흐가 그린 〈몽마르트 르의 채소 밭〉에도 풍차가 나온다. 이렇게 서양의 소설이나 그림에 풍차가 많이 등장하는 것은 풍차가 서양의 거의 모든 마을에 있었 기 때문이다. 따라서 풍광의 측면에서 본다면 서양은 풍차의 문명 이라고 할 수 있겠다.

1887년에 고흐가 그린 〈몽마르트르의 채소밭〉. 멀리에 풍차가 보인다.

풍차는 한창 많이 사용되던 16~18세기 유럽에 20만 개 이상이 있었다. 수적으로는 수차(물레방아)가 50만 개로 더 많았지만, 수차는 많은 물을 확보할 수 있는 산이나 시골 지역에만 설치되었던 반면, 풍차는 도시 인근이나 내륙에도 설치할 수 있었다. 이 때문에 풍차가 유럽 여기저기에 설치되어 풍광을 돋보이게 한 것이다.

서양에는 왜 그렇게 풍차가 많았을까? 그 이유는 서양의 주곡이 밀이었기 때문이다. 동양의 주곡인 벼는 수확한 후 껍질을 벗긴 다음 쪄서 먹으면 된다. 그런데 밀은 쪄서 밥해 먹을 수가 없다. 건강식으로 통밀밥을 해 먹는 사람들도 있지만, 통밀밥은 찰기가 없어서 매끈거리고 잘 씹히지도 않으며, 쌀밥보다 당도가 떨어지기 때문에 맛도 없다. 더욱이 밀알은 통째로 먹으면 소화 흡수율이 낮아서 영양 면에서도 비효율적이다.[3] 신석기 시대부터 사람들이 밀밥을 해 먹지 않은 이유다.

그런데 밀은 다른 장점이 있다. 밀은 쌀보다 쉽게 가루로 만들 수 있고, 가루로 만든 다음 물을 섞으면 점성이 강해서 잘 붙으며, 소금이나 설탕을 비롯한 여러 가지 재료를 잘 흡수한다. 이 때문에 신석기 시대부터 농민들은 맷돌에 밀을 갈아 밀가루를 만들고, 그것으로 빵을 만들어 먹었다. 따라서 밀을 섭취하는 데는 쌀보다 한 단계의 노동이 더 투여되어야 했다. 밀을 가루로 만드는 일은 매우 고단했다. 밀 알곡을 맷돌에 갈고 체로 치는 작업을 여러 번 반복해야 좋은 밀가루를 얻을 수 있었기 때문이다. 이 일은 아주 먼 옛날부터 여인들이 담당해왔는데, 여기서 여성을 가리키는 레이디[lady]라는 단어가 나왔다는 설도 있다.[4]

풍차로 이 작업을 효율적으로 하게 되면서 많은 농민들이 고단한 제분 작업에서 해방되었다. 물론 풍차로 가루를 만드는 작업은 밀에 국한되지 않았다. 18세기에는 아메리카에서 수입한 카카오 콩을 가는 데도 풍차가 사용되었다.[5] 또한 올리브를 비롯한 각종 열매의 기름을 짜거나, 낮은 곳의 물을 퍼서 높은 곳으로 이동시키는 데도 풍차가 쓰였다.

유럽에서 풍차의 도입을 선도한 나라는 네덜란드였다. 네덜란드
는 국토의 대부분이 해수면보다 낮기 때문에 높은 곳에서 낮은 곳
으로 떨어지는 물의 힘을 이용하는 수차는 적합하지 않았다. 그에
반해 간척지의 물을 지속적으로 빼내야 할 필요는 강했다. 십자군
을 통해 동양에 풍차라는 기계가 있다는 사실이 알려지자 네덜란
드는 풍차의 도입과 개량에 적극 나섰다. 그 결과 15세기에 네덜란
드는 풍차 기술이 가장 발달한 나라가 되었고, 유럽에서 가장 많은
풍차를 사용하는 나라로서 '풍차의 나라'라는 별명을 얻었다.

이렇게 풍차는 중세 유럽인에게 새로운 동력을 제공함으로써 유
럽 문명의 경쟁력을 크게 높였다. 따라서 풍차의 도입은 유럽사의
전개와 유럽 문명의 특징을 이해하는 데 매우 중요한 사건이다.

그러나 서양을 풍차의 문명이라고 부르는 데 있어 주의할 것이
있다. 12세기 이전 서양에는 풍차가 없었다. 여기에는 두 가지 이유
가 있는데, 먼저 풍차를 만드는 기술이 없었다. 최초의 실용적인 풍
차는 9세기 페르시아에서 만들어졌고, 유럽인은 12세기에 이르러
서야 본격적으로 풍차를 제작하기 시작했다. '풍차의 나라' 네덜란
드에서도 관개용 풍차가 최초로 도입된 것은 1414년의 일이었다.[6]
풍차가 제작되기 전에는 물레방아, 즉 수차가 사용되었다. 둘째, 밀
은 로마 시대에 와서야 비로소 주식으로 등장하기 시작했다. 따라
서 서양에서도 꽤 오랫동안 대규모 제분 시설이 필요하지 않았다.

◆

최초의 빵은 호떡?

일반적으로 기원전 1만 년경 신석기 혁명이 일어나 곡물을 재배하기 시작했다고 말한다. 이 말이 틀린 것은 아니지만 주의할 것이 있다. 그 이전, 아주 오래전부터 인류는 야생 곡물을 채집하여 가공해서 먹었다. 각각 기원전 2만 3000년과 2만 1000년으로 연대 파악된 이탈리아 피렌체 근처의 빌라치노 유적과 이스라엘 갈릴리호 부근의 오할로 Ⅱ 유적에서 특이한 유물이 발견되었다. 곡물을 갈아 먹는 데 사용하는 갈돌과 갈판 사이에 보리, 밀, 귀리가 끼어 있었고, 갈돌 근처에서는 불에 그을린 돌무더기도 발견되었다. 두 유적지는 기원전 2만 3000년부터 인류가 밀이나 보리를 갈아서 빵을 만들어 먹었다는 것을 입증해준다.[7]

인간은 곡식을 수확한 그대로 먹을 수 없다. 치아와 위장이 약하기 때문에 소화가 잘되는 형태로 가공해서 먹어야 한다. 이런 가공의 대표적인 방식이 찌거나, 굽거나, 발효시키는 것이다. 갈릴리호가 속해 있던 메소포타미아 문명 지역에서 잘 자라는 야생 곡물로는 일립계 밀, 야생 에머밀, 그리고 보리가 있다. 이런 곡물은 찌면 푸석푸석하고 씹기 곤란해서 맛이 없고, 먹기도 곤란하다. 대신 쉽게 갈리기 때문에 갈돌과 갈판으로 간 다음, 가루에 물을 넣고 반죽해서 익혀 먹기는 쉽다. 특히 밀가루는 물을 넣고 반죽하면 밀가루 속 단백질이 부풀어 오르면서 결합하여 글루텐을 형성한다. 이렇게 반죽이 강하게 결합하는 속성을 이용하면 여러 가지 형태의 음식을 조리해서 먹을 수 있다. 메소포타미아 사람들은 아주 일찍부터 밀의 이런 성질을 파악하고 밀로 빵을 만들어 먹었다. 보리의 경우 좀 복잡하다. 보리는 글루텐을 형성하지 않기 때문에 초기에는 죽으로 쒀서 먹었을 것이고, 빵을 만든다고 해도 현재의 호떡이나 떡과 비슷한 형태였을 것이다.[8]

그런데 기원전 2만 3000년 무렵에 사람들이 돌판에 구워 먹은 것을 '빵'이라고 할 수 있을까? 밀가루나 보릿가루에 물을 넣고 반죽하여 구우면 금방 먹는 것은 상관없지만 시간이 조금 지나면 매우 단단해진다. 따라서 그들이 먹은 것은 엄밀하게 이야기한다면 빵이라기보다는 호떡에 가까울 것이다. 오늘날에도 만들어지고 있는 멕시코의 토르티야, 중국의 사오빙, 인도의 차파티 등이 그런 무발효 빵이다.

일반적으로 빵은 곡물 가루를 반죽으로 만든 후 이스트를 넣거나 상당 시간 그대로 두어 발효시켜 부풀린 다음 굽거나 찌거나 튀긴 것을 말한다. 이렇게 빵을 정의한다면, 최초의 빵은 기원전 4000년경 이집트에서 만들어졌다.[9]

우선 빵의 발효에 대해 짚고 넘어가자. 밀가루가 발효하는 방식에는 두 가지가 있다. 하나는 밀가루 반죽을 자연 상태로 두어 공기 중의 유산균을 착종시키거나, 유산균을 잘 흡수하는 과일, 채소 등을 자연 발효시켜 밀가루 반죽에 넣는 방식이다. 유산균 발효액을 매번 넣기는 번거로우므로 보통은 빵을 만든 후 발효된 빵의 일부를 남겨 다음 빵을 만들 때 사용한다. 이렇게 자연 발효시키는 방식이 사워 도우sour dough 발효법이다.

두 번째는 자낭균류에 속하는 효모 배양물을 첨가하는 방식이다. 곰팡이 중에 당분이 많은 꽃의 꿀샘, 과일 껍질 등에서 자라는 것이 있는데, 고대 이집트인이 이 곰팡이를 채취하여 밀가루 반죽에 넣어보았다. 그랬더니 반죽이 부드러워지고 수분이 촉촉이 유지되었다. 또 이것을 구웠더니 반죽이 부풀어 올라 부드러운 빵이 되었다.[10] 고대 이집트인이 발견한 이 곰팡이가 효모다. 근대에는 효모를 인위적으로 재배양하여 다시 사용할 수 있게 만들었는데 이것이 이스트다.

고대에는 이스트를 재배양할 수 없었으므로 맥주 침전물 속의 효모를 빵을 만드는 데 사용했다. 즉 이집트인은 보리 반죽을 방치해서 자연히 발효된 것으로 맥주를 만들었고, 맥주 침전물에서 채취한 효모로 빵을 만들었다. 고대 이집트의 여러 벽화에 빵을 만드는 과정이 그려져 있는데, 그림 가운데 빵에 맥주 추출물을 넣는 장면이 있다. 이는 고대 이집트에서 맥주 양조업자와 제빵사의 협업 관

계가 생겨났다는 것을 의미한다.[11] 이러한 협업 관계는 1900년에
공장에서 효모를 대량 생산할 때까지 계속되었고, 특히 맥주 문화
권에서 분명히 나타났다. 맥주 문화권인 독일에서 빵을 브로트^{Brot}
라고 하는데, 이 단어가 양조^{Brauen}라는 단어에서 유래한 것은 그 때
문이다.

문명의 상징

기원전 6000년경 수메르 지역에 인류 최초의 도시, 우루크가 세워
졌다. 이 도시의 토양에는 소금기가 있었다. 노아의 홍수 이야기에
서 알 수 있듯이 선사 시대에 수메르 지역에 대홍수가 있었고, 그때
바닷물이 우루크 지역에 들어왔기 때문이다. 소금기가 있는 땅에서
는 밀보다 보리가 잘 자란다. 우루크와 인근 지역의 농민들은 보리
를 재배했다. 따라서 보리는 인류가 최초로 재배한 작물이다.[12] 수
메르인은 그 전 어느 곳에서보다도 많은 보리를 수확했고, 덕분에
문명이 탄생했다. 문명은 도시, 건축물, 기록물, 수준 있는 도구들을
만들어내는 힘과 기술을 의미한다.

  그런데 기원전 3000년경 우루크인은 빵을 먹는 것을 야만과 문
명을 나누는 기준으로 생각했다. 이런 인식은 그들이 만든 인류 최

초의 서사시인《길가메시 서사시》에 나타나 있다. 이 서사시에서 주인공 엔키두는 원래 야만인이었다. 그는 이 서사시의 또 다른 주인공인 길가메시가 오만해져 신들에게 도전하고, 신들이 정한 세계를 어지럽히자 신들이 길가메시를 혼내라고 보낸 괴물이었다. 엔키두는 처음에는 짐승처럼 긴 머리카락을 흩날리며 들판을 돌아다니면서 풀을 뜯어 먹고 살았다. 길가메시는 그가 초인적인 힘을 가졌음을 알고, 그를 문명화시켜 친구로 삼으려고 했다. 그리하여 여인을 시켜 그를 유혹한 후, 그에게 빵과 포도주를 먹게 했다. 엔키두는 여인의 권유로 빵과 포도주를 먹은 후 '문명인'이 되어, 몸에 난 털을 싹 밀어버렸다. 다시 말해서 그는 야생에서 채집한 음식을 먹던 '반짐승'에서 가공된 음식을 먹는 '문명인'이 된 것이다. 빵을 문명의 상징으로 여기는 관념은 수메르 시대 다른 도시들도 마찬가지였다. 여러 도시에서 신들에게 제사를 지낼 때 빵과 술을 차려 놓고, "빵은 보기 좋았고 보리술은 맛이 좋았다"라고 말하곤 했다.[13]

그러나 수메르 시절에 빵은 왕이나 귀족들이 먹는 '고급 음식'이었다. 수메르의 여러 왕궁에는 빵을 굽는 방이 따로 있었으며, 빵 밑면에 무늬나 그림을 찍어 넣은 틀이 발견된 것으로 보아 빵의 종류도 다양했을 것으로 추정된다. 수메르 시대에 일반인이 빵을 일상적으로 먹었다는 기록은 발견되지 않는다. 따라서 수메르인이 '문명을 깨우친 사람'이라고 말할 때 그것은 소수의 귀족이나 도시의 상층민을 의미했다.

빵을 문명의 상징으로 보는 관념은 중세까지 계속되는데, 물론 시대에 따라 그 대상이 바뀐다. 1세기 이후 로마 제국 시기에 그 관념은 로마인과 게르만인을 나누는 기준이 되었다. 아우구스투스 이후 로마 제국이 라인강과 다뉴브강을 국경선으로 정했을 때, 그 이북에는 게르만족이 살았다. 로마의 유명한 장군이자 정치가로 《갈리아 전기》를 쓴 카이사르는 게르만족에 대해 "그들은 농사짓는 것에 관심이 없고 주로 가축의 젖과 치즈, 고기를 먹었다"라고 기록했다. 카이사르의 이 말은 게르만족이 밀을 재배하여 빵을 만들어 먹지 않고, 가축과 가축의 부산물로 살아가는 야만인이라는 것을 의미한다.

게르만족에 대한 이런 인식은 중세 초기까지 계속되었다. 6세기 동로마 제국의 역사가 프로코피우스는 게르만족의 일족인 라프족에 대해 "그들은 땅에서 음식을 산출해내지 않고, 남자나 여자나 모두 사냥에 몰두한다"라고 썼으며, 같은 시기에 활동했던 고트족 역사가인 요르다네스는 "스칸디나비아인은 전적으로 육류만으로 살아가며, 훈족은 사냥이 유일한 일과이고, 라프족은 땅에서 나는 곡물이 아니라 야생 동물과 새알을 먹으며 산다"라고 썼다. 이런 진술은 중세 초까지 로마인이나 로마화된 갈리아인이 게르만족을 모두 야만족으로 여겼는데, 그 이유가 빵을 먹지 않고 야생의 고기

이집트 람세스3세의 무덤 벽에 그려진 제빵소.

와 그 부산물을 먹었기 때문임을 보여준다. 이런 인식이 널리 통용
되었던 것은 로마 제국 시기에 빵이 일상의 음식으로 자리 잡았기
때문이다.

메소포타미아 문명과 함께 고대 4대 문명의 하나인 이집트는 빵
의 역사에서 선구적이고도 특이한 존재였다. 이집트는 일찍부터 밀
농사가 발달했고, 동시대의 여느 지역과 달리 식량이 풍족했다. 구
약성경에 유대인의 조상들이 기근이 들 때면 식량을 찾아 이집트
로 가는 이야기가 여러 번 나온다. 이스라엘의 시조인 아브라함이
그랬고, 요셉의 아버지인 야곱의 가족도 그랬다.

이집트인은 빵을 주식으로 먹은 최초의 사람들이었다. 그들은 빵

굽는 기술을 발전시켜 여러 종류의 빵을 만들었다. 이집트 유물에
도 빵을 제작하는 모습의 조각상이나 제작 과정을 묘사하는 그림
이 많다. 그림으로는 왕들의 계곡에 있는 람세스 3세의 무덤 벽화
를 예로 들 수 있다. 이 벽화에는 밀을 제분하고, 반죽하고, 굽는 모
습이 상세하게 묘사되어 있다. 이집트에서는 제빵소 유적과 거기에
서 사용했던 여러 기구가 발굴되었으며, 무덤 속에서 부장되었던
빵이 원형 그대로 발굴되기도 했다. 이 빵은 데이르 엘바하리에서
발굴되었으며, 제작 연도는 기원전 1500년경으로 추정된다.[14]

빵을 부장하더라도 악령이나 도둑에게 빼앗기면 아무 소용이 없
다. 이집트인은 죽은 자가 자신의 빵을 지키기 위해 다음과 같은 주
문을 외워야 한다고 생각했다. 이 내용은 죽은 자들의 내세 생활 지
침서인 '사자의 서'에 포함되었다.

나는 헬리오폴리스에 빵이 있는 사람으로
내 빵은 태양신이 계신 하늘에도 있고
대지의 신이 계신 땅에도 있노라.[15]

이집트에서 빵은 물물 거래에서 교환의 척도였을 뿐만 아니라 임
금을 지급하는 데도 사용되었다. 성직자는 한 달에 고급 밀가루로
만든 빵 75개, 숯불에 구운 납작한 빵 3000개를 받았고, 일반 군인

은 하루에 빵 20개를 받았으며, 관리는 한 달 봉급으로 흰 빵 5개, 납작한 빵 200개를 받았다.[16]

빵이 두루 사용되었다는 것은 이집트 사람들이 빵을 일상적으로 먹었다는 사실을 말해준다. 역사의 아버지 헤로도토스도 이집트인을 '빵을 먹는 사람들'이라고 불렀다. 헤로도토스의 시기에 '빵을 먹는 것'은 매우 특이한 풍습이었다. 다시 말해 이집트를 제외한 다른 지역에서는 아직 빵 문화가 보편화되지 않았다.[17]

여성의 땀과 눈물이 스민 고대의 빵

고대 그리스인이 남긴 최고의 서사시 《오디세이아》에 따르면 주인공 오디세우스의 궁전에서는 날마다 손님들에게 빵을 주었다. 이 빵이 현대의 빵과 비슷했는지는 확실하지 않지만, 이 이야기는 당시 사람들이 빵을 먹고 있었음을 말해준다.

그리스의 빵을 이야기할 때 짚고 넘어가야 할 것이 있다. 이집트를 제외하면 소아시아, 그리스를 포함한 거의 모든 지역에서 밀보다는 보리를 많이 재배했다. 보리가 온도가 낮고 땅이 척박한 곳에서도 잘 자랄 뿐만 아니라 생육 기간이 짧고 병충해에 강하기 때문이다. 특히 그리스는 산지가 80퍼센트이고 땅이 척박하기로 유명

하다. 지반은 대부분 석회암이었고, 부식토가 거의 없어서 표토층
이 매우 얇아 수분을 충분히 함유하지 못해서 곡물 재배가 어려웠
다. 이곳의 농부들은 올리브, 포도를 비롯한 과수를 많이 재배했다.
곡물은 거의 전적으로 보리를 재배했으며 밀은 대부분 수입해서
먹었다. 예컨대 기원전 5세기 아테네는 해마다 3000만 리터 정도
의 밀을 수입했다.

　그리스인의 주식이 보리였다는 사실은 여러 문헌으로 입증된다.
그리스 최대의 농업국 스파르타의 식생활을 보여주는 구체적인 기
록이 남아 있다. 스파르타 시민들은 농사를 짓지 않고 전적으로 군
사 훈련만 했으며, 곡물은 그들이 노예처럼 부렸던 '헤일로타이'에
게 공물로서 받았다. 헤일로타이는 매달 일정량의 보리, 포도주, 치
즈, 무화과와 약간의 돈을 바쳐야 했다. 공물에서 밀이 빠진 것으로
보아 그리스인이 밀을 주식으로 삼지 않았음을 알 수 있다. 물론 보
리로도 빵을 만들 수는 있다. 실제 그들은 공동 식사단에 새로운 구
성원을 받아들일지를 결정할 때 찬반을 표시하는 투표 도구로 '검
은 빵조각'을 사용했다. 검은 빵조각의 정체가 무엇인지는 확실하
지 않다. 아마 효모를 넣지 않고 보릿가루를 납작하게 해서 구운 것
으로 호떡이나 피자와 비슷했을 것이다. 스파르타와 함께 고대 그
리스를 대표했던 아테네의 사정도 거의 비슷했다. 아리스토파네스
와 같은 희곡 작가들의 작품을 보면 당시 사람들은 대개 보리로 만

든 빵을 먹었다.

보리 이야기를 하나 더 하고 넘어가자. 기독교에 관심 있는 사람이라면 누구나 들어보았을 '오병이어'라는 말이 있다. 이는 예수가 들판에서 다섯 개의 빵과 두 마리의 물고기로 5000명의 군중을 먹인 기적을 이야기한다. 이때 빵이 보리빵이었음이 성경에 명시되어 있다. 따라서 이 고사는 예수 시절 유대인이 보리를 주식으로 하고 있었음을 말해준다. 그런데 좀 더 자세히 보면 성경에 '다섯 개의 보리빵'이 아니라 '다섯 개의 보리떡'으로 적혀 있다.[18] 서양인의 주식이 빵이고 영어 성경을 보아도 'bread'로 되어 있는데 왜 한글 성경에는 '떡'이라고 번역되었을까?

고대의 빵은 대개 무발효 빵이었다. 무발효 빵은 곡물 가루를 물과 섞어 반죽한 다음 팬에 부어 굽거나 솥에 넣어 찐 것을 말한다. 대개 무발효 빵은 우리나라의 전과 같이 평평하고, 두께가 얇아서 우리에게 친숙한 빵 모양이 아니다. 또한 습기가 많아서 우리의 떡과 유사할 수도 있다. 이 사실을 잘 알았던 성경의 번역자들이 보리떡이라고 했던 것이다. 이 보리떡이 아마 서양 고대인이 먹었던 일반적인 빵이었을 것이다.

이 보리떡은 현대의 보리떡이나 보리빵과는 확연히 달랐다. 현대인은 대부분 과거의 삶이 얼마나 질이 낮고 고단한 것이었는지 제대로 이해하지 못한다. 옛것을 미화하려는 속성이 있어서 사람들은 과거를 아름다운 것으로 기억하는 경향이 있고, 그 때문에 역사 속 사람들의 진짜 모습은 잊히기 쉽다. 예수를 비롯한 서양 고대인이 먹었던 '보리떡'의 특징을 제대로 파악한다면 우리가 역사를 얼마나 모르는지 여실히 느낄 수 있을 것이다.

보리떡을 만들려면 먼저 보리 껍질을 벗겨내야 한다. 밀은 완전히 익으면 껍질이 쉽게 벗겨지지만, 보리는 그렇지 않다. 보리 껍질은 알곡에 너무나 강하게 붙어 있어서 어지간히 두들겨도 떨어지지 않는다. 그래서 고대인은 보리를 껍질이 붙어 있는 채, 돌로 만든 긴 갈판에 놓고 갈돌로 갈았다. 현대인에게 익숙한 맷돌이 발명된 것은 기원전 3~2세기이고, 그보다 약간 뒤에 커다란 제분기가 발명되었다. 그 전에는 대개 여자들이 갈판 앞에 무릎을 꿇고 앉아 갈돌로 보리나 밀을 갈았다. 이 작업에 숙련된 노예라고 해도 1시간이면 대략 60~70그램의 곡물을 갈 수 있었고, 온종일 간다면 8명이 소비하는 곡물을 갈 수 있었다. 이렇게 여성 노예나 하인 들이 무릎이 닳도록 고생해서 가루를 내야 빵을 만들 수 있었다. 이 점에서 오랫동안 서양인은 생존하기 위해 동양인보다 더 고된 노동을 해야 했고 그만큼 식생활이 비효율적이었다고 말할 수 있다.

갈돌로 갈면 현대의 제분기로 가는 것만큼 고운 입자가 나오지 않는다. 제분 작업이 끝나면 주부나 노예가 대강 불순물을 제거하고 물을 섞어서 반죽을 한다. 이때 불순물이 제대로 제거되지 않아

곡물을 가는 여인의 모습을 묘사한
고대 이집트 조각.

서 보리 껍질, 모래와 같은 이물질이 잔뜩 들어 있었다. 고대에 만
든 빵이 거의 남아 있지 않아서 이물질이 얼마나 많았는지 정확하
게 알 수는 없지만, 대략 짐작해볼 수는 있다. 1920년대 마우리지
오라는 학자가 유고슬라비아의 농촌에서 만든 빵을 조사해보았는
데, 모래가 1.75퍼센트나 들어 있었다.

고대 그리스의 상황은 이보다 훨씬 열악했을 것이다. 그리스인의
주식인 '마자'는 보리를 가루 내어 반죽한 후 찐 것이다.[19] 여기에는
모래와 같은 불순물이 많이 섞여 있었다. 심지어 제분이 제대로 되
지 않아서 보리 껍질이 섞여 있는 경우도 흔했다. 인류 최초로 민주
주의를 구현했던 지도자 페리클레스, '세상에서 가장 지혜로운 자'
로 불렸던 소크라테스, 그리고 '오병'으로 기적을 일으켰던 예수도
이런 마자를 먹었을 것이다.

고대 그리스 빵의 또 다른 특징은 수분이 많았다는 것이다. 고온을 낼 수 있는 화덕은 비싸서 대귀족이나 빵 장수만이 가질 수 있었다. 대부분의 사람들은 집에서 솥에 찌거나 팬에 구웠으니, 이렇게 만든 빵은 수분이 많을 수밖에 없었다.

대다수의 그리스인은 이렇게 살았지만, 소수의 부자나 특권층은 다른 삶을 살 수 있었다. 기원전 6~5세기에 빵을 만드는 방식이 획기적으로 바뀌었기 때문이다. 먼저 밀가루 반죽에 효모를 넣어 빵을 굽는 방식이 이집트에서 도입되었다. 당시 솔론, 크라티누스와 같은 그리스 지식인들이 빵을 만드는 데 효모가 도입되었다는 사실을 언급하고 있다. 효모를 넣게 되면서 빵 제작이 쉬워져 빵 문화가 확산되었다. 그리스인은 효모를 이집트에서 들여오다가 새로운 효모 생산을 시도해보았다. 그리스에 흔한 포도주에서 효모를 채취할 수는 없을까? 그들은 포도주 제조법을 참고하여 홉과 포도즙, 밀겨와 포도즙을 첨가하여 반죽하는 발효법을 시도했다. 이렇게 해서 만든 효모 종을 '지마'라고 한다. 그렇지만 효모를 이런 방식으로 계속 채취하기는 어렵기 때문에 맥주에서 채취한 효모를 선호했다.

이 무렵 빵의 공급과 수요가 늘면서 빵 소비층이 확대되었다. 이는 기원전 6~5세기 빵과 관련된 유물이 늘어난 데서 확인된다. 기원전 500년경 테베에서 제작된 조각상은 4명의 여자가 넓은 돌판 앞에 앉아 곡물을 가는 장면을 보여준다.[20] 기원전 5세기 아테네에 빵을 파는 상점이 있었다는 기록이 있는 것으로 보아 이 여인들이 만든 빵은 아마 시장에서 팔렸을 것이다. 그러나 이런 빵 문화는 어디까지나 도시에서 유행하기 시작했고, 극소수만이 누리는 사치였다. 이후에도 오랫동안 대다수의 농민들은 마자라는 형편없는 보리떡을 주식으로 삼았다.

그리스에 뒤이어 서양 문명을 주도한 로마인도 처음에는 현대식 빵을 먹지 못했다. 로마인은 국가 형성 초기인 기원전 6세기부터 밀의 일종인 에머를 주로 재배했다. 이집트인도 재배했던 이 곡물은 다소 척박하고 메마른 땅에서 잘 자라고 생명력이 강하다. 에머밀은 껍질을 벗기지 않고 저장하기 때문에 비 피해를 줄일 수 있는 장점도 있다. 하지만 껍질을 벗기려면 여간 고역이 아니었다. 에머밀의 껍질을 벗기기 위해서는 마당에 널어 볕에 바짝 말린 후 소, 돼지, 염소, 당나귀, 말 등 온갖 동물이 계속 밟게 한다. 그 후 여러 번 채질하여 알곡을 모은다. 소량으로 껍질을 벗길 때는 팬에 넣고 볶기도 했다. 껍질을 벗긴 다음에는 제분 작업이 기다리고 있었다. 알곡을 갈판에 갈아 제분하고, 물을 넣고 반죽한 후 솥에서 찌거나 팬에 구워서 먹었다. 일반 농민이나 노예 들은 대부분 죽을 쑤어서 먹었다. 굽거나 찌는 일이 힘들뿐더러 그렇게 만든 것이 먹기에 크게 편리하지도 않았고, 당시 사람들은 잘 몰랐겠지만 영양도 손실

되었기 때문이다. 따라서 적어도 기원전 2~1세기까지 로마인의 주식은 죽이었다. "로마 병사들은 죽을 먹고 세계를 정복했다"라는 속담이 이런 사실을 잘 보여준다.

로마인이 에머밀 다음으로 많이 재배한 곡물은 보리였다. 보리는 인기 있는 작물은 아니어서, 군대에서 문제를 일으킨 병사들에게 처벌로써 보리를 먹게 하는 경우도 있었다. 따라서 보리는 주로 하층민이나 노예가 먹었으며, 대개 죽의 형태로 섭취되었다. 보리는 완전히 익기 전에 수확했는데, 이는 재배 기간을 단축하는 한편 수확기에 있을 이삭의 손실을 막기 위한 조처였다. 보리는 가축 사료로도 많이 이용되었다. 보리 줄기가 밀보다 무성해서 푸성귀 상태로 가축에게 먹이기에 좋았기 때문이다.

기원 전후에 로마인의 식생활에 큰 변화가 일어났다. 먼저, 현재 널리 재배되고 있는 종류의 알곡 밀이 도입되었다. 알곡 밀은 수확기가 되면 껍질이 쉽게 벗겨져서 알곡 형태로 저장하는 품종이다. 이 밀은 탈곡은 물론 제분하기도 좋아서 빵을 만드는 데 편리하다.

빵 제조 기술도 발달하기 시작했다. 그리스나 이집트에서 발효 빵을 만드는 기술이 도입되었다. 발효 빵 기술이 언제 도입되었는지는 확실하지 않지만 기원전 2세기까지 로마의 빵은 대개 무발효 빵이었다. 기원전 2세기 로마의 지도자 카토는 빵 만드는 것을 '밀을 제분하고 물을 넣어 반죽한 후에 굽는다'라고만 설명했다. 그가 이스트를 첨가하거나 빵을 자연 상태에서 상당 기간 방치하는 과정을 서술하지 않은 것은 발효 기술을 몰랐기 때문일 것이다. 기원후 2세기에 로마에서 활동했던 의사인 갈레노스는 '물에 뜨는 빵'에 대해 소개하고 있는데, '물에 뜨는 빵'은 발효를 통해 빵의 무게가 가벼워진 것을 의미한다. 그가 이 빵을 특별히 소개한 이유는 소화가 잘되어 병자들에게 좋을 것이라고 판단했기 때문이다.

이렇게 기원 전후에 밀의 품종이 바뀌고, 발효 기술이 발달하면서 빵이 로마인의 주식으로 자리 잡기 시작했다. 1~2세기 이후 로마인은 아침과 점심으로 빵을 먹었다. 대개 아침은 빵과 치즈, 점심은 빵, 채소, 소량의 고기를 먹었다. 로마인이 아침과 점심에 빵을 먹었던 것은 빠른 시간에, 가볍게 먹을 수 있었기 때문이다.[21]

로마 제정기에는 주요 도시에 빵 굽는 가게가 들어섰는데, 빵 가게가 얼마나 널리 퍼졌는가를 보여주는 증거가 있다. 79년 8월 베수비오 화산이 폭발하면서 이탈리아 남부의 폼페이 시가 당시 그대로의 모습으로 화석이 되어버렸다. 이곳이 발굴되어 로마 생활사 연구에 중요한 자료로 이용되고 있다. 여기서 발견된 것 가운데 제분소·제빵소 유적은 물론 빵과 빵집의 모습을 생생하게 보여주는 벽화, 그리고 실제로 폼페이인이 먹었던 빵도 있다.

《빵의 역사》를 쓴 하인리히 야콥은 1923년에 이곳을 방문하여 제빵소 유적을 확인했는데, 그 제빵소는 제분기를 갖추고 있었다.

폼페이 유적에서 발견된 로마의 빵.

야콥과 그의 일행은 이 제분기의 정밀함에 감탄했다.[22] 학자들은 폼페이 사람들이 먹었던 빵이 현재 우리가 먹고 있는 빵과 거의 흡사하다고 평가하고 있다. 이 도시에서 33개의 빵집이 발굴되었는데 폼페이의 당시 인구가 2만 명이라는 것을 고려하면 상당히 많은 빵집이 있었다고 할 수 있다. 그렇다면 로마 제국 시대에는 빵이 현대처럼 거의 모든 사람의 주식이 되었다고 판단할 수 있다. 다른 주요 도시에도 많은 빵집이 생겨났다. 각 도시의 제빵사들은 동업조합, 즉 길드를 만들어 빵의 생산을 규제했고, 로마 정부도 그들을 '민생복지에 중요한 사람들'이라고 인정해주었다.

　2~3세기 이후에는 로마 제국 곳곳에 수차가 도입되었다. 로마 이전에는 갈돌과 갈판으로 제분 작업을 하다가 기원전 2세기경에야 현대의 맷돌과 비슷한 기구, 그리고 두 개의 큰 원뿔형 돌을 맞

대어 돌리는 대형 제분기가 발명되었다. 이 제분기는 상당히 무거워서 말이나 소, 혹은 서너 명의 사람이 돌려야 했다. 기원후 1세기에 로마 기술자들이 이 제분기를 물로 작동시키는 방법을 고안했고, 그렇게 만들어진 수차가 2~3세기에 보편화되었다. 이렇게 수차가 도입되었다는 사실 또한 로마에서 빵 소비가 획기적으로 증가했음을 말해준다.

수차의 사용은 중세 초기에 잠시 쇠퇴했는데, 여기에는 재미있는 이유가 있다. 중세 초 수차가 돌아가는 방앗간에 화재가 자주 났다. 수차가 작동하는 동안 두 개의 큰 돌이 계속 돌아가면서 거대한 마찰열이 생기는데, 이 마찰열이 공기 중에 떠 있는 밀가루와 결합해서 불을 일으킬 수 있다. 특히 1제곱야드(0.84제곱미터)에 20그램 이상의 밀가루 입자가 퍼져 있는 경우 화재의 위험성이 높아진다. 그런데 중세 초 게르만족은 방앗간에 창을 내지 않았다. 창을 내면 추워서 별도의 보온 시설이 필요하기 때문에 중세 건축물에는 일반적으로 창이 없었다. 중세 속담에 남정네를 바깥으로 돌게 하는 세 가지가 있는데 비가 새는 방, 방 안에 자욱한 연기, 그리고 바가지 긁는 아내다. 이 속담에서 '방 안에 연기가 자욱했던 것'은 건물에 창이 없었기 때문이다. 일상적으로 생활하는 집에도 창을 내지 않았으니, 방앗간도 마찬가지였을 것이다. 방앗간이 밀폐되어 화재가 자주 일어나는 줄 모르고, 게르만족은 인간이 물길의 흐름을 인위적으로 바꿔서 물의 정령이 분노하여 화재를 일으킨다고 생각했다. 이 때문에 수차의 사용이 많이 줄어들었다. 그러나 아무리 화재가 일어난들 손으로 제분할 수는 없는 노릇이다. 수차는 계속해서 제분의 주요 기구로 사용되었다.

이렇게 로마 시대에 빵은 모든 계층의 사람이 먹는 주식이 되었고, 이는 이후 서양인의 주요 특징이 될 터였다.

신분과 색깔과 부드러움의 차이

서로마 제국이 멸망한 후 서양 문명의 수준은 심각하게 퇴조했다. 농업 생산성이 떨어지면서 사람들은 생존을 위해 발버둥 쳐야 했다. 그렇지만 주식으로서 빵의 지위는 크게 흔들리지 않았다. 대개의 장원에는 제빵소가 있었는데 이는 빵이 널리 소비되었음을 의미한다. 하층민도 비록 귀리로 만든 것이든, 보리로 만든 것이든, 밀기울을 비롯한 여러 가지 이물질이 들어가서 질이 낮은 것이든 빵을 먹었다. 하층민의 주식이 빵이었는지는 확실하지 않다. 하층민은 빵보다는 여러 가지 잡곡을 섞어 끓인 죽을 더 자주 먹었다. 이는 먼 옛날부터 전해 내려온 전통이었다.

에트루리아인과 고대 로마인은 조를 기본으로 만든 풀스라는 죽을 먹었고, 중세 이탈리아 농민들은 보리와 조를 섞어 만든 폴렌타 노라는 죽을, 아르투아인은 귀리로 만든 그뤼멜을 먹었으며, 샹파뉴, 가스코뉴와 같은 프랑스 지방에서도 좁쌀죽을 먹었다. 잉글랜드와 스코틀랜드에서는 귀리를 주재료로 만든 포리지라는 죽을 먹었다. 이렇게 중세 농민이 다양한 죽을 먹었기 때문에 그들의 생활상을 묘사한 글이나 그림을 보면 포리지가 자주 등장한다.

중세의 빵에서 가장 먼저 살펴보아야 할 것은 재료의 다양성이다. 중세에는 문명이 훨씬 북쪽으로 이동하여 주요 곡물 지형도가 바뀌었다. 밀은 로마 제국 때와 다름없이 가장 중요한 작물이었고, 보리도 어느 정도의 비중은 계속 유지했다. 맛이 없어서 인기가 없었던 보리가 중요성을 계속 유지할 수 있었던 것은 수확기가 밀과 달랐기 때문이다. 서유럽에서 밀과 호밀은 겨울 작물로 초겨울에 파종해서 초여름에 수확했고, 보리와 귀리는 여름 작물로 봄이나 여름에 파종해서 가을에 수확했다. 농사는 늘 기후 조건에 따라 수확량이 크게 달라지기 때문에, 1년 농사를 전적으로 하나의 작물에 의존하는 것은 대단히 위험했다. 따라서 중세의 농민은 파종기가 다른 곡물을 재배함으로써 한 작물의 수확에 실패했을 때를 대비해야 했다. 이런 측면에서 보리나 귀리는 귀중한 작물이었다.

보리와 밀 외에 비중이 있었던 작물은 조다. 조는 기장과 함께 동양에서는 매우 중요한 작물이었는데, 서양에서도 로마 제국 때 이탈리아 전역에서 재배되었으며 19세기 초까지도 식량이 부족할 때면 구황 작물로 중요한 역할을 했다.

중세에는 도토리, 밤 등 거의 모든 나무 열매가 빵의 재료로 사용되었다. 이 가운데 도토리의 비중은 어느 시대나 꽤 컸는데 세계의 여러 부족이 곡물을 가리키는 대명사로 '도토리'를 사용했다는 사실이 이를 입증한다.[23] 우리나라에서도 김해 지역의 신석기 유적지에서 도토리가 담긴 빗살무늬 토기가 발견되었다. 이 토기는 바닷가 모래밭에 묻혀 있었는데, 이는 바닷물로 도토리의 떫은맛을 없애기 위한 조처였다. 도토리 같은 열매마저 없으면 사람들은 소나무 껍질, 짚 같은 재료를 가지고도 빵을 만들었다.[24]

중세에 새롭게 큰 비중을 차지하기 시작한 작물은 호밀이었다. 호밀은 로마 제국 때 이탈리아 북서부 지역에서 일부 재배되었지만, 5세기 게르만족의 이동 이후에 재배가 확산되었다. 호밀은 유럽에서는 추운 지방, 즉 독일, 러시아, 폴란드와 같은 나라에서 많이 재배되었다. 호밀은 그 자체로 밀가루처럼 강한 글루텐을 형성하지는 않지만, 발효하면 산이 형성되고 끈기가 생기기 때문에 빵으로 만들 수 있는데, 통호밀빵은 색깔이 검다. 이렇게 중세에는 밀뿐만 아니라 호밀, 귀리, 보리, 기장, 조, 도토리 등이 빵의 주재료로 사용되었다.

중세 빵 문화의 또 다른 특징은 계급에 따라 빵의 성질이 확연하게 달랐다는 것이다. 물론 로마 시대에도 계급에 따라 빵의 성질이 달랐지만, 중세에는 신분제의 위계가 뚜렷해지면서 이 차이가 더욱 커졌다.

이 구분에서 가장 먼저 눈에 띄는 것은 빵의 색깔이다. 빵의 역사에서 효모의 도입만큼이나 중요한 것이 제분술의 발달이다. 밀은 겉껍질을 벗기면 누런색 알곡이 나오는데, 알곡은 배젖, 배아, 밀기울로 구성되어 있다. 이 알곡을 통으로 갈아서 고운 천에 여러 번 거르면 주로 배젖으로 구성된 하얀색 가루를 얻을 수 있다. 눈처럼 흰 가루를 얻으려면 천 조직이 매우 조밀해야 한다. 천의 재료로 캔버스, 양모, 리넨 등을 쓰다가 나중에는 고운 비단을 많이 사용했다. 이렇게 얻은 하얀 밀가루로 빵을 만들면 소화가 잘될 뿐만 아니라 질감이 부드러워서 먹기가 수월하고 쫄깃하다.

하얀 빵은 고급 밀을 여러 번 정제해야 하므로 노동력이 많이 들어가고 비쌌다. 지배계급은 하얀 빵을 마음껏 먹을 수 있었지만, 피지배계급은 그러지 못했다. 중세 이후 상류층은 하얀 빵을 병적으로 선호했으며, 하얀 빵 먹는 것을 그들 신분의 상징으로 여겼다. 인구의 4퍼센트도 안 되는 상류층이 흰 빵만을 먹자 농민들은 그들을 '흰 빵을 먹는 사람들'이라고 불렀으며, 상류층의 문화를 다룬 글이나 그림에는 늘 흰 빵이 등장하곤 했다. 반면에 하층민들은 갈색 혹은 흑색 빵을 먹었다. 이들의 빵이 갈색이나 흑색이었던 것

은 대부분 주재료가 호밀, 귀리, 보리, 기장이었고, 밀을 사용하더라
도 거칠게 제분한 가루를 사용했기 때문이다. 이들의 빵에는 모래
나 톱밥도 많이 들어 있었다. 전근대에는 제분 기술이 발달하지 않
았기 때문에 방앗간에서 제분할 때면 모래나 톱밥이 들어가는 것
이 예사였다. 상류층은 방앗간에서 제분한 가루를 여러 번 천에 쳐
서 불순물을 제거했지만 평민들은 대개 그대로 사용했다.

색깔의 차이는 종류의 차이와 연계되어 있다. 중세 지배층은 하
얀 빵을 다양한 종류로 만들어 먹었다. 프랑스인 뒤 강주는 저서
《중세 라틴어 사전》에서 빵의 종류를 스무 가지나 제시하고 있다.
이 빵들은 대개 하얀 밀가루로 만들어졌으며, 꿀이나 우유와 같은
첨가물이 들어간 빵도 있었다. 하인의 빵^{pain de valet}도 있었는데, 이는
지배층이 하인에게 주는 빵이었다. 물론 이 빵은 일반 평민이 먹는
것보다 품질이 훨씬 좋았다. 이에 반해 평민들이 먹는 빵은 단순해
서 대개 크고 둥근 모양이었다.

지배층과 하층민 빵의 또 다른 차이는 단단함이었다. 부자들의
빵은 하얀 밀로 만들어서 한없이 부드러운 반면 하층민의 빵은 단
단했다. 하층민은 호밀, 완두콩, 귀리, 도토리, 밤 등으로 만든 빵을
먹었는데, 이런 재료로 만든 반죽은 효모를 넣어도 잘 부풀어 오르
지 않았기 때문이다. 이런 재료는 하층민의 상징으로 자리 잡았고,
지배층은 그따위는 짐승이나 먹는 것이라고 여기곤 했다. 이는 때

때로 민족의 차이로 부각되기도 했다. 1755년 새뮤얼 존슨은 그의 사전에서 귀리를 "영국에서는 대개 말에게 주지만 스코틀랜드에서는 사람이 먹는 곡물"이라고 설명했다.

실제로 하층민은 짐승이 먹는 빵을 사 먹기도 했다. 우리나라 사람들은 여름에 소가 지쳐서 힘들어하면 보양식으로 낙지를 주곤 했는데, 서양 사람들은 쟁기를 끄는 소의 원기를 회복시키기 위해 빵을 물에 적셔 일종의 국물처럼 먹이곤 했다.[25] 빵이 건초나 귀리보다 소화 흡수가 잘되기 때문이다. 때때로 가축을 위한 빵이 제작되기도 했다. 예컨대 중세 영국에는 말을 먹이기 위한 말빵이 있었다. 이 빵은 호밀, 기울(곡물 가루를 쳐내고 남은 속껍질), 곡물 겉껍질, 제빵소의 바닥에 떨어진 여러 가지 부스러기를 혼합해서 만들었다. 말빵 가격은 저렴한 호밀빵의 3분의 1밖에 되지 않았다. 18세기까지도 가난한 사람들은 이 말빵을 먹으면서 배고픔을 달랬다.

빵의 재료뿐만 아니라 빵을 굽는 횟수도 단단함의 차이를 크게 했다. 빵을 굽는 데는 큰 오븐과 높은 온도가 필요했기 때문에 빵은 제빵소에서 구웠다. 제빵소는 대개 도시에 있었고 길드의 통제를 받았다. 지배자들이 제빵사를 특별히 보호하고 여러 가지 의무를 면제해주기는 했지만, 제빵사는 고된 직업이었다. 중세인은 밤을 악마의 시간이라고 생각해서 야간 노동을 금지했지만, 제빵사는 예외적으로 야간에 일할 수 있었다. 사람들이 새벽에 빵을 구입하

대접 하나에 담긴 죽을 먹고 있는 농민 가족. 네덜란드 화가 아드리안 판 오스타더가 1653년에 그린 그림이다. 오랜 전통에 따라 유럽 하층민들은 18세기까지도 거친 수프와 죽을 먹었다.

려 했기 때문이다. 제빵소에 밀가루 입자가 많이 날린 탓에 제빵사는 온갖 질병에 시달렸다. 중세의 방앗간처럼 제빵소도 환기가 잘되지 않았다. 제빵사들은 밀폐된 공간에서 하루에 길게는 열네 시간씩 일하느라 천식, 기관지염 등에 시달렸다. 밀가루가 피부의 지방샘을 막아버리는 바람에 습진으로 곤욕을 치르기도 했다. 제빵사들의 수난은 이후에도 오랫동안 지속될 터였다. 1910년대 세계 최고의 선진국이었던 미국의 중심지 뉴욕에서도 제빵사들은 거의가 폐결핵이나 기관지염에 시달렸다.[26]

제빵사의 이런 희생 덕분에 도시민은 신선하고 부드러운 빵을 먹을 수 있었지만, 농촌의 사정은 달랐다. 농촌의 거의 모든 것은 영주가 소유했다. 중세 장원의 제빵소를 이용하려면 소유주인 영주에게 돈을 내야 했다. 가난한 하층민은 이 돈을 아끼기 위해 빵을 매우 드물게 구웠다. 1년에 딱 한 번 빵을 구워 먹는 경우도 있었다. 하층민들은 빵을 오래 보관하면서 곰팡이가 끼어도 상관하지 않고 먹었다. 오래되어 단단해진 빵은 물에 불려서 먹곤 했다. 과연 중세 하층민이 빵을 주식으로 삼았다고 말할 수 있을까? 그들의 일상 음식은 여러 가지 형태의 죽이었을 것이다. 대다수의 농민에게 빵은 여전히 귀한 음식이었다.

•

근대에 일어난 빵의 변화

근대는 보편성·통일성·대중성의 시대다. 평민도 중세에 귀족만이 누리던 권리와 문화를 누리게 되었고, 계급·지역·성에 따라 다르게 발전하던 언어, 풍습 등이 통일되기 시작했으며, 각종 문화 상품은 물론 일반 재화도 대량 생산되어 대중도 이용할 수 있게 되었다.

빵에서도 보편성과 대중성이 두드러졌다. 무엇보다 제분 기술의 발달이 근대 빵의 역사를 바꿔놓았다. 1760년 프랑스인 말리세가 새로운 제분기를 개발했다. 그는 제분하는 돌의 사이를 일정한 간격으로 떨어뜨렸다. 가장 먼저 제분할 때는 3밀리미터, 다음은 2밀리미터, 다음은 1밀리미터로 하는 방식이었다.[27] 이런 방식으로 1차 제분에서 밀알의 가장 겉 부분을 제거한 후 마지막 회전에서 하얀색 밀가루를 쉽게 얻었다. 제분 후 추가 작업은 이제 필요 없어졌다. 그로 인해 하얀 밀가루의 가격이 떨어졌고, 가난한 평민도 흰 빵을 먹을 수 있게 되었다.

물론 평민들이 흰 빵을 먹게 된 변화가 제분 기술의 발달 때문만은 아니다. 생활수준의 전반적인 향상, 특히 평민층의 경제력 증대가 더 중요한 요인일 수도 있다. 근대 초에 중세 신분제의 굴레가 무너지면서 평민들은 자유롭게 경제생활을 할 수 있었고, 그 결과 평민 가운데 경제력을 가진 사람들이 늘어났다. 이들은 중세 가난의 상징이었던 호밀빵이나 귀리빵을 과감하게 버리고 새로운 주식으로 밀빵을, 그것도 세밀하게 제분되어 더욱 하얘진 밀빵을 선택했다. 그리하여 하얀 밀빵이 점차 보편화되었다.

흰 빵의 보편화는 지역에 따라 다른 속도로 진행되었다. 예컨대 20세기 전반기 세계에서 가장 부유한 나라였던 미국에서도 흰 빵과 검은 빵이 사람을 나누는 기준이었다. 미국 본토인들, 특히 백인들은 흰 빵을 먹었으며, 하류층과 이민자들은 검은 빵을 먹었다. 1940년대에 가서야 미국의 하류층도 흰 빵을 먹을 수 있게 되었다. 미국의 상황이 이러했으므로 대다수의 다른 국가들에서는 20세기 후반이 되어서야 흰 빵이 고급 빵이라는 이미지가 소멸되었을 것이다.

전근대 빵과 근대 이후 빵의 또 다른 차이점은 첨가물의 유무다. 제정기 로마에서 빵이 일상의 음식이 되면서 빵의 종류가 늘어났고, 그러면서 빵에 꿀, 식물성 기름, 쌀, 우유, 치즈, 건과, 아몬드, 후추 등이 첨가제로 들어갔다. 그러나 이러한 빵은 극소수 부유층만이 향유했다. 더욱이 고대 말 게르만족의 남하를 계기로 문명의 수준이 형편없이 떨어지면서 요리도 매우 단순해졌다.

중세 서양인은 요리할 때 조미를 많이 하지 않았다. 특히 빵을 만들 때 설탕과 소금도 별로 넣지 않았다. 전근대 유럽인이 설탕을 사용할 수 없었기 때문에 설탕을 넣지 않은 것은 너무나 당연한 일이다. 단맛이 적은 것은 거의 모든 전근대 음식의 특징이다. 설탕을 대체할 수 있는 거의 유일한 물질은 꿀이었는데, 꿀은 정말로 귀해서 최상류층만이 먹을 수 있었다.

소금을 조금 넣거나 거의 넣지 않은 것은 다소 의외일 수 있다. 유럽인은 지중해나 대서양에서 소금을 채취할 수 있었고, 더욱이 유럽 곳곳에 암염이 있었기 때문에 다른 지역에 비해 소금을 구하기 힘들었던 것은 아니다. 그렇지만 유럽에서도 소금은 귀했다. 소금은 생명 유지를 위해 최소 하루 3그램, 1년이면 1.4킬로그램이 필요하다.[28] 소금이 매우 귀했기 때문에 고대 주요 문명은 소금 생산지 근처에서 발달하곤 했고, 소금은 하얀 황금이라고 불렸다. 전근대 유럽인도 소금을 구하기 위해 사력을 다했는데, 스위스와 같은 내륙 지방은 2300킬로미터나 멀리 떨어진 곳에서 소금을 들여와야 했다.[29] 따라서 소금 가격은 비쌌고 중세 하층민은 소금을 제대로 소비할 수 없었다. 그래서 중세인은 지배층을 '소금 위에 있는 사람', 피지배층을 '소금 밑에 있는 사람'이라고 부르기도 했다.

중세 유럽인의 1인당 소금 소비량은 하루 20그램 정도였지만, 16세기에는 40그램, 18세기에는 70그램으로 늘어난다.[30] 이렇게 소금이 귀했기 때문에 고대 로마 시대부터 서양인은 빵을 만들 때 소금을 거의 넣지 않거나 소량만 넣었다. 기원전 2세기 로마의 지식인이었던 카토가 빵을 제작하는 과정을 설명해놓았는데, 거기에는 소금이나 기타 첨가물이 전혀 없었다. 이렇게 빵에 소금을 별로 넣지 않는 것은 근대 초까지 일반적인 관행이었다. 만약 짠맛에 길들여진 현대인이 중세의 빵을 맛본다면 매우 싱거워서 아무런 맛이 나지 않는다고 불평할 것이다.

설탕과 소금의 첨가는 근대 빵의 가장 중요한 특징이다. 그런데 빵에 설탕이나 소금을 많이 넣어야 하는 다른 이유가 있었다. 전근대에는 제분소가 마을마다 있었고, 제분한 밀가루는 바로 빵으로 만들어졌다. 이렇게 방금 제분한 밀가루로 만든 빵은 그 자체로 풍미가 좋았다. 이때의 '방금'은 때때로 한 달 정도가 될 수도 있었다. 밀가루는 제분한 후 방치하면 산화가 시작되고 한 달 정도 숙성하면 점점 더 하얘지므로, 상당 기간 숙성해야 좀 더 하얀 빵을 만드는 데 유리하기 때문이다. 그런데 근대로 오면 제분소와 제빵소가 분리되고, 밀가루의 유통 기간이 길어지면서 제빵사들은 몇 개월 된 '낡은' 밀가루를 사서 빵을 만들게 된다. 이런 밀가루로 만든 빵은 맛이 없기 때문에 설탕, 소금을 잔뜩 쳐야 한다.

소금, 설탕 외에 달걀, 버터, 우유, 건포도 등도 빵을 만들 때 첨가된다. 일찍이 로마에서 건포도를 넣은 빵을 만들었다는 기록이 있고, 근대 초 밀가루에 우유를 넣어 반죽하는 방식이 널리 퍼지기 시작했다.

첨가물의 증가는 빵의 본산지인 유럽 주요 국가들보다 빵 문화의 수입국인 아시아나 아메리카 국가들에서 심하다. 일본이 포르투갈의 빵 문화를 받아들여 매우 달콤하고 부드러운 카스텔라를 만든 것이 대표적인 사례다. 카스텔라가 하루아침에 탄생한 것은 아니다. 원래 빵은 밀가루를 반죽한 후 천장이 막혀 있는 화덕 혹은 오븐에 넣어서 굽는다. 이 과정에서 밀가루 반죽 위의 열기가 빵에 씌워진다. 그런데 16세기 후반기 유럽의 예수회 선교사들이 왔을 때 동양에는 밀가루 반죽을 구울 화덕이 없었다. 예수회 선교사들은 밀가루, 달걀, 설탕, 꿀 등을 섞어 반죽을 만든 후에 용기에 넣어 벽돌로 만든 난로에서 빵을 '쪄서' 먹기 시작했다. 17~18세기 베이징의 예수회 선교사들은 이렇게 만든 빵을 동양인에게 대접하곤 했는데, 조선 사람 이기지는 그가 맛본 빵을 이렇게 묘사했다.

서양인들이 나를 다른 방으로 안내하여 앉도록 하였다. 식사를 대접하려고 하기에 이미 먹었다고 사양하니, 서양 떡 30개를 내놓았다. 그 모양이 우리나라의 박계(밀가루, 참기름, 꿀을 반죽해서 직사각형 모양으로 만든 조선 과자)와 비슷했는데, 부드럽고 달았으며 입에 들어가자마자 녹았으니 참으로 기이한 맛이었다. 만드는 방법을 묻자 사탕, 달걀, 밀가루로 만든다고 하였다.[31]

이 문장에서 언급된 서양 떡은 '사탕, 달걀, 밀가루'로 만들었으며 모양이 사각형이라는 것을 보건대 카스텔라임에 틀림없다. 그렇다면 카스텔라는 일본인이 아니라 예수회 선교사들이 최초로 만들었다. 오늘날 일본인이 카스텔라를 처음 만들었다고 알려진 것은 그들이 카스텔라를 개조하여 널리 보급했기 때문이다. 18세기 일본 나가사키의 제과업자들은 예수회 선교사들이 카스텔라를 만드는 것을 보고, 굽는 방식에 변화를 주었다. 그들은 솥의 위아래에서 열을 가하는 방식을 고안했다. 예전에 하던 대로 아래에서는 불을 피우고, 솥뚜껑에도 불을 붙인 탄을 올려놓은 것이다. 이런 방식으로 빵을 구우면 빵의 윗면과 아랫면이 타고 옆면은 곱게 익는다. 이는 찌기와 굽기를 혼합한 방식으로, 예로부터 음식을 쪄서 먹었던 동양인의 기호에 맞았다. 게다가 설탕을 듬뿍 넣고 달걀도 첨가하여 동양인의 입맛을 사로잡았다.

일본인은 단팥빵도 만들어냈다. 처음에 일본인은 서양 빵에 대한 거부감이 있었다. 특히 서양 빵에 들어가는 이스트는 맥주에서 채취한 것이어서 냄새가 이상할뿐더러 그나마 일본에서 구하기도 힘들었다. 도쿄에서 빵집을 운영하던 기무라는 이를 개선하기 위해 정종에서 채취한 쌀누룩 종을 써서 밀가루 반죽을 발효시키고, 달걀과 설탕을 많이 넣어 단맛을 내면서, 일본인이 예전부터 먹어온 팥을 앙금 형태로 빵 속에 넣었다. 이렇게 만든 단팥빵은 맛있을 뿐만 아니라 식어도 오랫동안 부드러움을 유지하고, 충분히 발효된 것이어서 소화도 잘된다. 1874년 만들어진 그의 단팥빵은 일본에서 선풍적인 인기를 끌었고, 한국에서도 좋은 반응을 얻었다. 군산의 이성당은 한국에서 가장 오래된 빵집으로, 일본인이 운영하던 것을 이어받았는데 이곳 역시 단팥빵으로 유명하다.

빵의 첨가물 중에 과학 기술의 발달에 힘입은 것도 있다. 대표적인 것이 표백제와 방부제다. 흰 빵을 선호하는 심리가 팽배하자 일부 못된 제빵업자들이 속임수를 쓰기 시작했다. 그들은 하얀색 물질, 즉 백묵, 붕사, 백반 같은 가루를 섞어서 밀가루를 하얗게 만들었다. 18세기 말에 이런 기만행위가 좀 더 전문화되었다. 1774년 스웨덴의 셸레가 발견한 염소에 표백 성질이 있다는 사실이 밝혀지면서 여러 가지 표백제가 발명되었다. 불량한 제빵업자들은 비누로 빨래를 빨듯이 표백제로 밀가루를 빨았다. 시간이 좀 흐른 뒤에는 화학물질이 개량되어 인체에 무해하다는 주장이 힘을 얻었고,[32] 20세기 초부터는 밀가루 표백이 흔해졌다. 이러한 표백이 정말 무해한지 많은 논란이 있었지만, 사람들은 대부분 빵의 재료를 정확히 알 수 없기에 그냥 사 먹을 수밖에 없다.

표백제 외에 베이킹파우더도 많이 첨가된다. 베이킹파우더는 1843년 최초로 만들어진 화학물질로, 이스트를 대신하여 빵을 더 부풀려준다. 크게 해로운지는 아직까지 밝혀지지 않았지만, 화학물질이니 몸에 이로울 리 없다.

인체에 해로운 또 다른 첨가물은 방부제다. 대표적인 방부제로는 프로피온산칼슘을 들 수 있다. 방부제를 넣은 빵은 좀처럼 썩지 않으니 오래 먹을 수 있다. 하지만 그렇게 오래된 빵을 먹어도 건강에 이상이 없을까? 우리나라의 빵 제조업자가 아무리 양심적일지라도 수입해 오는 밀에 이미 방부제가 들어 있다. 밀가루 보존에 여러 가지 살충제, 살균제, 방부제가 사용된다는 것이 문제되자,[33] 최근에는 포르말린이 많이 사용되고 있다. 포르말린을 훈증하면 휘발성 포름알데히드로 변해서 강력한 살균력을 발휘한다. 포르말린은 농약이 아니어서 아직 규제되지 않지만, 새집 증후군을 일으키는 대표적인 물질로, 아토피와 암을 유발한다.

첨가물 증가 외에 근대 빵 문화의 중요한 특징은 보편화다. 이는 두 가지 방향으로 진행되었다. 먼저 빵을 먹는 나라들, 즉 유럽 여러 나라의 교류가 확대되면서 프랑스, 독일, 이탈리아, 영국의 빵 만드는 방식이나 먹는 방식이 서로 뒤섞이고 합쳐졌다. 이 때문에 현재 에스파냐 마드리드의 빵집에서 이탈리아식 치아바타를 찾거나, 영국 런던의 빵집에서 독일식 호밀빵을 찾는 것은 어렵지 않다. 둘째, 빵 소비 지역이 대폭 확대되었다. 16세기 이후 서양이 세계로 뻗어나가고 아메리카, 아시아, 아프리카를 식민 지배하면서 서양의 문화가 세계로 확산되었는데, 그중 가장 가시적인 것이 빵의 확산이다. 지금은 아메리카, 아프리카, 아시아 어느 지역을 가든 빵집을 쉽게 찾을 수 있다.

보편화의 두 번째 측면은 대량 생산에 의한 대량 소비라고 할 수 있다. 빵이 자본주의 경제에 편입되지 않고 독자적으로 머물 수는 없었다. 19세기부터 거대한 제빵 회사들이 생기기 시작했다. 미국이 이러한 변화를 선도했다. 1930년대 미국 빵의 90퍼센트가 공장에서 생산되었다. 몇 개의 거대한 제빵 회사들이 하루에 수십만 개, 수백만 개의 빵을 만들었고, 그런 빵들이 경쟁력을 확보한 결과였다. 이렇게 한 번에 대량으로 만들어내는 빵은 규격이나 품질이 표준화되기 마련이고, 이 점에서 빵의 생산과 소비가 보편화되었다고 말할 수 있을 것이다.

그렇다고 각 지역의 특수성 혹은 고유성이 완전히 사라진 것은 아니다. 전 세계의 빵을 모두 고르게 만들 수는 없다. 한국에서 빵을 만들 때 빵의 선진국인 프랑스에서 모든 재료를 가져오고, 프랑스 최고의 제빵사를 초빙하더라도, 그 제빵사는 절대 프랑스 본토에서 내던 맛을 그대로 낼 수 없다. 반죽이 발효하는 과정에서 공기 중의 효모가 일정한 작용을 하는데, 프랑스와 한국의 효모 종류가 다르기 때문이다. 따라서 모든 지역의 빵은 나름대로 고유성을 유지할 수밖에 없다.

빵의 고유성을 많이 간직한 나라로는 프랑스와 독일을 들 수 있

다. 프랑스인은 자기 나라가 유럽 문화, 특히 음식 문화의 중심지
라는 강한 자부심을 갖고 있고, 사실 프랑스가 근대에 음식 조리법
과 식문화에서 선도적인 역할을 했다는 것을 부정하는 사람은 없
다. 프랑스인은 빵에 대한 자부심도 대단하다. 이 때문에 오늘날 프
랑스에서 다른 나라의 빵을 찾기는 상당히 어렵다. 그러나 프랑스
의 빵도 점차 보편화되고 있다. 예로부터 프랑스는 포도주 소비 국
가여서 맥주 발효의 부산물인 이스트를 구하기가 힘들었다. 그래서
중세 이래 프랑스의 제빵사들은 사워 도우, 즉 천연 발효 방식을 이
용해왔다. 흔히 '시골 빵'이라고 불리는 캄파뉴는 지금도 사워 도우
발효 방식으로 만들어지고 있으며, 전통 바게트를 만들 때도 천연
발효가 권장되고 있다. 그렇지만 이 방식은 많은 시간이 걸린다. 이
스트로는 서너 시간이면 빵을 만들지만 사워 도우 방식으로 하려
면 하루 이상이 걸린다. 프랑스의 많은 제빵사들이 전통 방식을 포
기하고 이스트를 사용하기 시작한 이유다. 그러자 프랑스 정부는
전통 방식을 고수하는 빵집에 '옛날식 빵'이라는 뜻의 '팽 아 랭시
엔^{pain a l'ancienne}' 표시를 붙여주고 있다. 이러한 변화는 프랑스도 세
계의 추세에 따라 움직이고 있다는 것을 상징적으로 보여준다.

프랑스의 빵에서 언급하지 않을 수 없는 것이 바게트다. 바게트
는 프랑스어로 '막대기'를 뜻한다. 그 유래에 대해서는 프랑스 혁명
때 모든 사람이 평등함을 상징적으로 보여주기 위해 표준화된 빵

을 만들면서 시작되었다는 설, 보관과 휴대에 편한 전투 식량으로 개발되었다는 설 등 여러 가지 설이 있다. 나폴레옹이 전투 식량으로 쓰려고 통조림을 개발했다는 사실을 보건대 전투용으로 바게트가 개발되었다는 설이 나름 설득력 있어 보인다.

독일은 프랑스와 상당히 다른 방식으로 고유성을 유지하고 있다. 예로부터 독일은 맥주를 먹는 지역이면서도 특이하게 사워 도우 발효 방식을 이용해왔다. 이는 영국인이 이스트 발효를 선호해왔던 것과 대조된다. 오늘날에도 독일인은 사워 도우 발효를 선호한다. 사워 도우로 만든 빵은 신맛이 있어서 처음 맛본 사람은 싫어할 수도 있다. 특히 동양인이 독일 빵과 친숙해지는 데는 다소 시간이 필요한 경우가 많다. 독일인이 사워 도우 발효를 선호하는 것은 빵의 재료로 호밀을 쓰는 것과 관련이 있다. 호밀은 글루텐을 강하게 형성하지 않기 때문에 보통의 효모로는 잘 부풀지 않는다. 많은 양의 사워 도우를 넣어야 반죽의 발효가 제대로 이루어진다.

근대에 밀의 생산이 증가하고 생활수준이 향상되면서 많은 나라가 밀로 빵을 만들게 되었지만, 독일과 독일 이북의 여러 나라는 호밀빵을 선호한다. 이는 무엇보다 토양과 관계가 깊다. 독일의 토양에서는 호밀이 잘 자란다. 독일인은 자기 나라에서 많이 생산되는 곡물을 소비하기를 원했고, 특히 먹기 좋고 입에 단 흰 빵보다는 건강에 좋은 호밀빵을 계속 먹고 싶어 했다. 독일 빵은 이렇게 독특한 발효법과 재료를 사용하기 때문에 건강빵으로 유명하다. 그렇지만 호밀빵도 100퍼센트 호밀이 아니라 대개 밀가루를 섞어 만든다. 독일인은 빵뿐만 아니라 음식 문화 전반에서 소박하면서 건강한 식재료를 추구하는 경향이 있다.[34]

오늘날 빵은 지구 전역으로 뻗어나가 많은 사람들의 주식이 되었다. 그러나 지구화 시대에도 빵은 여전히 동양과 서양을 나누고, 유럽 내에서도 여러 나라의 정체성을 확인하는 주요 지표로 작용하고 있다. 이런 차이를 알고 빵 문화를 살펴보면 각 지역의 문화적 특징을 훨씬 더 심도 있게 이해할 수 있을 것이다.

빵은 서양 문명의 발전에 어떤 영향을 끼쳤나

유럽인이 빵을 주식으로 선택한 것은 기본적으로 유럽이 기후와 토양 조건상 쌀 재배가 힘든 반면 조, 밀, 보리, 호밀과 같은 밭작물이 잘 자라기 때문이다. 이 외에 빵이 주식으로 선택된 다른 요인이 있을까? 영양학에 관련된 이야기를 해보자. 한국의 한의사들은 환자들이 보약을 지으러 가면 거의 대부분 빵과 밀가루 음식을 먹지 말라고 한다. 아마 밀가루가 갖고 있는 기氣가 나쁘다는 생각 때문일 것이다. 그러나 밀은 영양학의 측면에서 결코 쌀에 뒤지지 않는다. 빵이 일본에서 본격적으로 소비되기 시작하던 19세기 말의 일화는 이에 대해 흥미로운 사실을 시사한다. 메이지 유신 이후 천황을 호위하던 병사들은 식사로 흰쌀밥을 지급받았다. 그런데 건강했던 그들이 곧 이상한 병에 걸리고 말았다. 고향에서 잡곡밥을 먹다가 군대에서 흰쌀밥만을 먹게 되면서 티아민이 결핍되어 각기병에 걸렸던 것이다.[35]

이때 일본 정부의 의뢰를 받은 독일 의사들은 병의 원인을 알아보고 병사들에게 빵과 우유를 먹게 했다. 병사들은 빵에 담긴 비타민에 효과를 보고 금세 병이 나았다. 하지만 일본군 지도자들은 이에 만족하고 흰쌀밥을 억제하는 정책을 세우지 않았다. 그 때문에 이후에도 일본군 병사들의 흰쌀밥 선호는 계속되었고, 병사들 사이에서 각기병이 계속 발병했다. 어떤 통계에 따르면 러일 전쟁 중에 일본군 7만 8000명이 전사했는데 그 가운데 총에 맞아 죽은 병사가 8000명이었고, 각기병에 걸려 죽은 병사가 7만 명이나 되었다.[36]

빵을 먹고 나서 각기병이 호전된 사실에서 알 수 있듯이 밀가루에는 온갖 영양소가 고루 들어 있다. 만약 밀이 영양 면에서 문제가 있었다면 어떻게 오랫동안 세계 최고의 작물로서 위치를 점할 수 있었겠는가? 세계 3대 작물의 생산량을 살펴보면 2016년 기준으로 옥수수의 생산량은 약 10.6억 톤, 밀은 약 7.5억 톤, 쌀은 약 4.8억 톤이다.[37] 옥수수는 가장 많이 생산되지만 식용보다는 사료

용과 연료용으로 더 많이 쓰인다. 따라서 인간이 가장 많이 먹는 곡물은 밀이다.

영양학의 측면에서 밀이 쌀보다 못한 점이 있기는 하다. 밀은 쌀보다는 소화 흡수가 잘 안 된다. 그래서 서양의 의사들도 어린아이들이 감기나 무기력증에 빠지면 빵 대신 미음을 먹이라고 처방하곤 한다. 밀가루의 주성분인 글루텐이 소수의 사람에게 알레르기를 일으키기도 한다. 게다가 현대의 빵은 여러 번 제분한 결과 밀 껍질이 갖고 있는 영양소가 거의 없을 뿐만 아니라, 수입 밀가루에 방부제와 같은 나쁜 합성물이 들어 있는 문제가 있다.

간편성, 보관성, 휴대성 면에서는 밀이 쌀보다 우수하다. 간편성은 제작과 소비의 측면에서 살펴볼 수 있다. 빵은 가루를 반죽해서 구우면 되기 때문에 물이 조금 들어가고 조리 시간이 짧다. 따라서 사막이나 오지에서도 쉽게 만들 수 있다. 먹을 때도 다른 반찬이나 부가 음식이 필요 없다. 빵이 오래되어 딱딱해지면 물이나 우유에 적셔 먹으면 그만이다. 요컨대 빵은 조리 시간과 음식 소비 시간이 짧다. 쌀이나 기타 잡곡을 먹으려면 불을 지피고 요리를 하느라 상당한 시간이 소요된다. 이 때문에 동양의 여인들은 매일 가사 노동에 많은 시간을 투여해야 했다. 반면에 빵은 그냥 잘라 먹기만 하면 되기 때문에 식사 준비에 많은 시간이 들지 않았다.

서양 음식이 처음 소개되었을 때 이 사실이 명확하게 드러났다.

서양 음식이 처음 중국에 소개되었던 4~6세기, 즉 위·진·남북조 시대에 중국인은 서양 음식을 호식胡食이라고 불렀다. 호떡, 호두와 같이 '호' 자가 들어 있는 음식 이름에는 이런 풍습이 반영되어 있다. 호떡은 서양의 떡이라는 뜻이고, 호두는 서양의 콩이라는 뜻이다. 호식이 처음 전래되었을 때 중국인들은 호식의 간편성에 크게 매료되었다. 호식은 특히 대도시에서 인기를 끌었는데, 도시의 상인이나 노동자들은 아침에 부산하게 식사 준비를 하는 대신 호식을 파는 가게에서 빵과 간단한 음료를 사 먹곤 했다.[38] 이런 풍습은 점차 확대되어 오늘날에도 중국인은 아침 식사마저 가게에서 가볍게 사 먹곤 한다.

빵은 보관 기간도 길다. 온대 기후에 속하는 유럽에서는 몇 주, 심지어 겨울에는 몇 달이 지나도 그럭저럭 맛이 유지된 빵을 먹을 수 있었다. 빵이 이렇게 오래 보관되는 것은 표면이 단단하게 구워져서 공기가 매우 천천히 흡수되기 때문이다. 몇 개월이 지나 단단해진 경우에도 물이나 우유에 적시면 금세 부드러워지므로 먹는 데 지장이 없다. 이에 반해 습기가 많은 쌀밥은 보관 기간이 짧다.

보관성과 깊은 관련이 있는 것이 휴대성이다. 동양의 밥은 휴대가 곤란하다. 주먹밥의 형태로 가지고 다닐 수 있지만 그것은 단기간 소량일 때만 가능하다. 그래서 동양의 병사들이나 장수들이 이동할 때면 늘 취사용 도구가 필요했다. 서양인이 이동할 때는 그렇지 않았다. 이는 서양인의 기동성을 증가시켰고, 이 차이가 쌓여서 두 문명의 큰 차이를 만들어냈을 것이다.

빵의 휴대성과 관련해서 재미있는 이야기들이 있다. 근대 초 유럽의 선원들은 한번 배를 타면 흔히 몇 달씩이나 항해를 계속했다. 배의 속도가 느릴뿐더러 바람이 불지 않으면 항해할 수 없었기 때문이다. 오랜 항해 동안 식량을 어떻게 조달할 것인가? 염장 고기를 준비하고 온갖 과일과 채소를 실었지만, 빵을 굽는 큰 화덕을 실을 수는 없었다. 더욱이 아시아에 가도 빵이 없으니 돌아올 때의 식량도 준비해야 했다. 그래서 서양의 선원들은 아시아 항해를 준비할 때면 긴 항해 동안 먹을 빵을 준비하곤 했다. 그들은 빵을 오래 보관할 수 있는 방법을 고안하기 시작했고, 그 과정에서 빵을 두 번 굽는 기술이 발달했다. 그렇게 탄생한 것이 비스킷이다. 이 단어는 '두 번 굽는다'는 뜻의 라틴어에서 유래했다.

19세기 말 일본의 지도자들은 빵의 휴대성과 보관성이 갖는 이점을 알아보았다. 그들은 대외 전쟁에서 식량 문제를 해결하려면 군인들에게 빵을 먹여야겠다고 판단했다. 그리하여 영국, 프랑스, 독일 등에 조사단을 파견해서 각국의 군용 빵이 가진 특징과 장단점을 조사한 후에 오스트리아 빵을 채택했고, 이후 점차 일본인의 입맛을 고려해서 독특한 빵들을 만들었다. 1905년에는 밀가루, 쌀가루, 달걀을 배합하고 맥주 효모를 넣은 '고ッ빵'[39]을 만들었는데,

이 빵은 러일 전쟁 때 유용하게 사용되었다. 또 쌀을 주식으로 삼아 온 일본인의 식성을 고려하여 쌀가루, 콩가루, 검은 깨를 첨가한 빵을 만들도록 했고, 비상식량으로 비축할 수 있도록 '건빵'도 만들었다. 건빵은 서양인이 만든 비스킷과 비슷한 역할을 했다.

빵을 주식으로 삼은 덕분에 서양인은 고대부터 근대에 이르기까지 지중해를 넘어 멀리 여행하고 세계로 뻗어나갈 수 있었다. 흔히 근대 초에 나침반과 조선술이 발달하여 서양인의 대항해 시대가 가능했다고 이야기한다. 물론 이 말이 틀린 것은 아니지만, 만약 서양인이 빵이 아니라 밥을 먹었다면 그런 항해는 불가능했을 것이다. 이렇게 말하면 명나라 때 정화가 일곱 차례나 세계를 탐험하지 않았냐며 반박하는 사람이 있을 것이다. 정화가 아프리카 동쪽까지 간 것은 사실이다. 하지만 그는 늘 육지를 끼고 연안 항해를 했기 때문에 한 번에 몇 달씩 쉬지 않고 가는 일은 없었다. 따라서 빵이 서양인의 이동, 여행, 전쟁 등에서 중요한 역할을 했다고 단언할 수 있다.

유럽을 둘로 나눈 음식 문화

파리를 경계로 나뉜 유럽의 음식 문화

유럽은 고기와 빵을 먹는다는 점에서 하나의 음식 문화권이지만, 다른 기준으로 살펴보면 크게 파리 이남권과 파리 이북권으로 나뉜다. 파리 이남권에서는 올리브를 주요 식재료로 사용하고 포도주를 마시는 반면, 파리 이북권에서는 버터를 먹고 맥주를 마신다.

파리 이남권은 그리스, 이탈리아, 에스파냐와 프랑스의 중남부가 속한 지역으로 지중해 문화권이라고도 한다. 고대부터 문명이 발달한 이곳은 지중해성 기후의 영향을 강하게 받았다. 그 산물인 포도와 올리브는 이곳 사람들에게 생명의 원천이었다.

특히 올리브는 쓸모가 많은 열매로, 지중해 문명권 사람들의 몸 깊숙이 각인되었다. 그들은 파리 이북 사람들이 먹는 버터를 '야만 인의 음식'으로 여겼다. 문둥병 환자가 늘어나는 이유도 버터 때문 이라 믿었다. 그래서 파리 이북 지역을 여행할 때면 반드시 올리브 유를 가져가서 먹었고, 사람들이 버터 먹는 모습을 보면 역겨운 음 식을 먹는다며 한탄했다.

그들은 포도주에 대한 자긍심도 대단해서 파리 이북 사람들이 마 시는 맥주를 경멸하곤 했다. 17세기 초 30년 전쟁에 참가했던 에스 파냐의 한 병사는 독일에서 맥주를 보고는 "그것은 언제나 열병에 걸린 말 오줌같이 보이기 때문에" 마시지 않았다고 말했다.[1]

파리 이북 지역은 프랑스의 북서부 지방인 브르타뉴, 영국, 네덜 란드, 독일, 보헤미아, 폴란드, 북유럽 국가들로 이루어져 있는데, 지 중해 문화권과 대비해서 북부 문화권이라고도 한다. 이 지역 사람 들이 버터를 먹고 맥주를 마셨던 것은 무엇보다 지리적인 원인으 로 올리브와 포도 재배가 힘들었기 때문이다.

지중해 문화권 사람들이 버터나 맥주를 경멸하는 말을 퍼부었을 때 북부 문화권 사람들은 어떻게 느꼈을까? 북부 문화권 사람들은 당연히 자기네 문화가 우월하며, 포도주는 맛과 향이 떨어지고 무 엇보다 목 넘김이 시원하지 않다고 생각했을 것이다. 이처럼 문화 는 상대적이고 저마다 가치가 있다.

　한편 빵 문화로 지역을 나누는 데는 다소 어려움이 있다. 포도주나 올리브 문화에 비해 빵 문화가 늦게 시작되었을 뿐만 아니라 중세에는 지역별이 아니라 계층별로 빵 문화가 나뉘는 성향이 강했기 때문이다. 빵 문화는 근대에 와서 지중해권과 북부권을 나누는 기준으로 작용하기 시작했다. 빵 문화에서 지중해권은 상대적으로 밀의 비중이 높고, 북부권은 호밀이나 통곡물의 비중이 높다. 이는 북부권에서 대체로 호밀이 잘 자라기 때문이다.

아테나 여신의 선물

지중해 연안에는 4대 과수, 즉 포도, 무화과, 대추야자, 올리브가 자란다. 그중 올리브는 소아시아, 북아프리카, 그리스, 이탈리아, 프랑스 남부, 에스파냐 등에서 흔히 볼 수 있다.

　이 일대 어디에서든 올리브를 중히 여겼지만 그리스인의 올리브에 대한 애정은 남달랐다. 그리스 신화에도 바다의 신 포세이돈과 지혜의 여신 아테나가 아테네를 차지하기 위해 겨룬 이야기에 올리브가 나온다. 신들은 아테네인에게 가장 유용한 것을 제시한 자에게 아테네를 주겠다고 결정했다. 이에 포세이돈은 삼지창을 내려쳐 아테네의 중심지에 거대한 호수를 만들었고, 아테나 여신은 올리브 나무를 자라게 했다. 신들은 올리브 나무가 아테네인에게 더

아테네의 지배권을 둘러싼
포세이돈과 아테나의 경쟁을 묘사한
기원전 1세기 작품.
이탈리아 국립 고고학 박물관 소장.

유용하다고 결정 내렸고, 그리하여 아테네는 아테나 여신이 차지
하게 되었다. 그 후 아테네인은 아테나 여신을 그들의 보호 신으로
삼고, 도시 이름도 아테네라고 지었다. 만약 이 신화가 어떤 사실을
반영하고 있다면 그 시점은 언제일까? 기원전 5000년 이전으로는
거슬러 올라갈 수 없는데, 그때 비로소 올리브 재배가 시작되었기
때문이다. 아테네인들은 올리브 재배가 시작되었을 때의 상황을 이
런 신화로 꾸며냈을 것이다.

올리브 나무에 대한 다른 이야기도 있다. 현재 아테네의 아크로폴
리스에는 매우 큰 올리브 나무가 한 그루 있다. 아테네 사람들은 이
나무가 옛날 아테나 여신이 포세이돈과 겨룰 때 만들었던 올리브

나무의 3대 후손이라고 말한다. 그리스에 수령이 천 년이 넘는 올리브 나무가 많다는 사실을 고려하면 황당한 소리만은 아닌 것 같다.

이 신화에서 왜 신들은 아테나 편을 들어주었을까? 신들의 위계서열상으로는 포세이돈이 제우스의 형제여서 아테나보다 높다. 그런데도 신들이 아테나 편을 든 것은 올리브가 아테네인에게 생명처럼 소중한 작물이었기 때문이다.

아테네는 국토의 80퍼센트 이상이 산지이고 평야는 매우 적다. 더욱이 지중해성 기후로 연중 비가 적게 와서 제대로 키울 수 있는 작물도 많지 않다. 보리와 밀을 재배하기는 했지만 곡물을 자급할 수는 없었다. 이렇게 불리한 여건에 있었던 아테네인에게 희망을 준 작물이 바로 올리브다. 올리브는 건조한 바위투성이의 석회질 토양에서도 잘 자라며, 잦은 가뭄도 이겨낼 만큼 생명력이 강하고, 무엇보다 열매의 효용이 매우 높다.

그래서 그리스인은 고대부터 산마다 올리브 나무를 심었고, 지금도 가장 흔한 나무가 올리브 나무다.[2] 올리브 나무는 그리스를 배경으로 하는 신화나 문학에도 많이 등장한다.《이솝 우화》에 나오는 〈갈대와 올리브 나무〉가 대표적이다. 이 우화에서 올리브 나무는 자신이 우람하고 튼튼하다며 뽐냈지만, 아주 센 바람이 불자 너무나 단단해서 기둥이 부러지고 뿌리까지 뽑히고 말았다. 하지만 흔들거리는 갈대는 바람을 무사히 이겨낼 수 있었다.

힘과 빛을 주는 열매, 올리브

요즘은 한국 음식점에서도 쉽게 올리브를 볼 수 있다. 소금, 식초, 기름, 물 등에 절인 올리브가 서양식 샐러드나 파스타에 곁들여지곤 한다. 올리브 열매는 처음에는 녹색이었다가 점점 검은색으로 변한다. 따라서 덜 익은 녹색 상태에서 껍질을 벗기면 녹색 올리브이고, 다 익은 후 껍질을 벗기면 검은색이 된다. 매실 열매에 독성이 있어서 생으로 먹으면 안 되듯이 녹색 올리브도 마찬가지다. 따라서 녹색 올리브는 삶은 후에 염장하기 때문에 상당히 짭조름하다.

올리브 열매는 주요 식량으로 삼기에는 너무 작다. 열매는 어디까지나 간식 또는 보조 식량으로 사용되었고, 중요한 것은 올리브 씨앗에서 추출한 기름이었다. 고대 그리스의 농민들은 가을이 되면 올리브 나무에 사다리를 설치하고 한 손으로는 가지를 흔들고, 한 손으로는 쟁반을 들고 열매를 받았다. 그렇게 모은 열매는 말린 후 과육을 제거하고 압착기에 넣어서 기름을 짰다. 그래서 그리스인들은 늦가을을 '압착의 계절'이라고 부르곤 했다.

고대 그리스인은 올리브유를 1년에 1인당 30킬로그램이나 먹었다. 이는 거의 모든 음식을 올리브유에 흠뻑 적셔서 먹었을 때 가능한 양이다. 도대체 왜 이렇게 많이 먹었을까? 올리브유가 생명을 좌우하는 식량이었기 때문이다. 고대에는 대부분의 사람들이 고된 노동을 해서 생계를 유지했지만 늘 식량이 부족했기 때문에 제대로 열량을 섭취하기 힘들었다. 그들은 어떤 형태로든 열량이 높은 음식을 먹어야 했다. 올리브유는 포도주보다 열량이 18배나 많다. 그리스인은 음식에 올리브유를 잔뜩 쳤을 때 몸에 힘이 난다는 것을 알았고, 그 때문에 하루에 필요한 열량의 3분의 1을 올리브유로 섭취했다. 올리브유는 튀김 요리에도 사용되었다. 물은 섭씨 100도에서 끓기 때문에 음식이 서서히 익지만, 기름은 섭씨 160~190도에서 끓기 때문에 고온 가열로 음식을 빠르게 익혀낼 뿐만 아니라 고소한 맛을 낼 수 있었다. 따라서 고기나 생선을 튀겨 먹는 요리가 일찍부터 발달했다.

올리브유는 등잔불을 밝히는 데도 사용되었다. 고대인은 대체로 해가 뜰 때 일어나서 해가 지면 자는 생활 습관을 유지했지만, 밤에 등잔불을 켜야 할 때도 있었다. 특히 지식인들은 조용한 밤에 등잔불을 켜놓고 공부했다. 등잔불을 밝힐 기름은 고대부터 호두, 양귀비, 참깨, 아몬드, 아마, 땅콩 등의 열매를 압착해서 얻었는데, 지중해 연안의 사람들은 올리브를 가장 선호했다. 올리브가 이렇게 사용된 것은 기독교의 최고 사상가인 아우구스티누스의 이야기에서 확인할 수 있다. 아우구스티누스는 원래 북아프리카의 농촌 마을인 타가스테 출신이었는데, 성년기에는 로마와 밀라노에서 활동했다. 그는 어릴 적에는 올리브유가 풍족해서 밤새도록 공부할 수 있었

는데, 대도시에서는 올리브유가 상당히 비싸서 밤공부를 자제해야
하는 것을 안타까워하곤 했다.[3]

신의 신성함을 세상에 전하는 매개체

올리브는 그리스뿐만 아니라 지중해 연안의 여러 나라에서 재배되
었다. 지중해 문화권에 속했던 고대 유대인도 올리브에 대한 기록
을 많이 남겼다. 성경에는 올리브 나무가 감람나무로 나온다. 대홍
수에서 살아남은 노아는 올리브 잎을 물고 온 비둘기를 보고 홍수
가 끝났음을 알았다. 그리고 예수가 수난을 앞두고 최후로 기도를
드렸던 겟세마네는 올리브 나무 동산이었다.

　고대 유대인은 올리브 나무가 하느님이 내린 신성한 것이라고 생
각했다. 그리하여 그들은 기원전 1000년경에 최초로 사울을 왕으
로 삼을 때 그의 머리에 올리브유를 부어주었다. 이후 왕을 임명할
때 '최초로 수확한 올리브유virgin oil'를 머리에 부어주는 것이 관행
이 되었다. 이렇게 머리에 올리브기름 부음을 받은 자를 메시아라
고 하는데, 메시아를 그리스어로 번역하면 크리스토스다. 바로 이
단어에서 기독교(크리스트교)라는 명칭이 생겨났다. 유대교에서 파
생된 기독교가 서양의 종교가 되면서 중세 서양의 여러 나라는 왕
을 임명할 때 올리브유를 머리에 부어주는 관습을 계승했다. 이 때

문에 서양 여러 나라에서 왕의 즉위식은 도유식塗油式, anointment이라고
불리곤 했다.

고대 그리스인도 올리브를 신성하게 여겼다. 그리스의 여러 전설
이나 신화를 통해 이 사실을 확인할 수 있다. 미노스 문명이 발달했
던 시기에 아테네는 크레타의 지배를 받고 있었다. 크레타의 왕 미
노스는 아테네에 해마다 인간을 공물로 바치라고 했다. 미로 속에
살고 있는 그의 자식 미노타우로스에게 먹이로 주기 위해서였다.
아테네의 왕자 테세우스는 미노타우로스를 죽이고 아테네의 굴욕
을 끝내기로 결심했다. 테세우스는 괴물을 이길 힘을 달라고 아폴
로 신에게 기도하면서, 승리하고 돌아온다면 아테네의 아크로폴리
스에서 올리브 가지를 꺾어 제물로 바치겠다고 다짐했다. 이 이야
기는 올리브가 신들에게 바치는 주요한 제물이었음을 보여준다.

또한 그리스의 전설적인 영웅 헤라클레스는 18세 때 키타이론산
에서 인간들을 괴롭히던 거대한 사자를 사냥했는데, 그가 사용한
무기는 올리브 나무로 만든 곤봉이었다. 이는 올리브 나무에 사악
한 존재를 제거하는 힘이 있다는 것을 상징한다.

이러한 믿음 때문에 그리스인은 4년마다 열리는 올림피아 경기
의 우승자에게 올리브 잎을 엮어서 씌워주었다. 그런데 고대 그리
스에서 우승자에게 씌워주던 관은 일반적으로 월계관이라고 불린
다. 그렇다면 올리브와 월계수는 같은 식물인가? 비슷하기는 하지

만 엄연히 다르다. 월계수 잎은 좀 더 크고 요리에 향을 내는 재료로 많이 사용된다. 두 식물이 혼동되는 이유는 고대 그리스의 축제나 경기에서 두 식물의 잎이 모두 사용되었기 때문이다. 올림피아에서 열리는 올림픽의 경우 올리브 잎으로 만든 관을 씌워주었고, 델피에서 열리는 축제에서는 월계관이 사용되었다.

올리브가 신성시된 것은 너무나 유용했기 때문이다. 올리브는 귀중한 식량 자원이자 에너지의 원천이었다. 피부 보호제, 화장품, 나아가 의약품으로도 사용되었다. 고대 그리스인의 학교인 김나지온에서 학생들은 몸을 단련하기 위해 완전히 발가벗고 레슬링, 달리기, 던지기 등 여러 가지 경기를 했다. 이때 학생들은 몸에 올리브유를 듬뿍 발라서 피부를 보호했다. 여성들은 피부를 깨끗하게 만들고 수분을 유지하기 위해 올리브유를 발랐다. 고대 최고의 미인인 클레오파트라도 올리브유를 애호했다고 한다. 고대 의학의 아버지인 히포크라테스는 올리브유를 '자연 항생제'라고 불렀는데, 이는 현대 의학자들도 인정하는 바다. 올리브 잎과 과육의 껍질 부위에 올러유러핀이 다량 함유되어 있는데, 이는 항균·항바이러스 효과가 있다고 한다.

올리브는 그리스뿐만 아니라 로마는 물론 지중해 연안에 사는 여러 민족에게 소중한 자원이었다. 기원전 2세기에 활동했던 로마의 지식인 카토는 《농업서》를 쓴 것으로 유명한데, 그 책에서 가장 수

지가 맞는 농사는 가축 사육이고, 그다음은 과수 재배라고 했다. 과
수 가운데 으뜸은 올리브였기에 카토는 올리브를 재배하고 기름을
짜는 법을 자세하게 다루었다. 그는 품질이 좋은 올리브유를 얻으
려면 낙과한 올리브보다는 나무에서 딴 올리브를 사용하고, 열매를
장시간 바닥에 방치하지 말고 적당한 시기에 신속하게 기름을 짜야
한다고 조언했다. 카토 외에도 로마의 많은 귀족들은 거대한 농장을
만들어서 올리브유를 생산했고, 그것을 통해 많은 이익을 얻었다.

버터를 먹을 권리

대략 파리를 기준으로 중북부 유럽인은 올리브 대신 버터를 먹었
다. 파리 북부의 프랑스인도 대개 버터를 먹었다. 파리는 올리브와
버터의 경계선이면서 동시에 포도 재배의 북방 한계선이었다.[4] 이
는 그리스와 이탈리아 중심의 지중해 문명이 북진하여 파리까지
통합된 문화권을 형성했음을 의미한다. 파리 너머 지역은 지리적
특성이 너무 달라서 토착의 고유성을 잃지 않았다.

파리 너머 지역의 토착성은 포도가 재배되지 않고, 밀보다는 호
밀이 잘 자라며, 목축의 전통이 강한 것에 근거하고 있었다. 중국이
만리장성 이북의 유목민과 이남의 농경민으로 나뉘는 것만큼 확연
하지는 않았지만, 유럽에서 파리 북쪽 지역은 기온이 낮고 농토가

비옥하지 않아서 오로지 농사만으로는 살 수 없었다. 그래서 그들은 고대부터 농사를 지으면서도 가축 사육에 힘을 쏟을 수밖에 없었다. 그 과정에서 만든 것이 버터였다.

버터는 소, 염소, 양, 야크 등의 젖에서 지방질을 추출하여 응고시킨 고체 기름으로, 각종 요리에 첨가하거나 고기를 익히는 데 사용된다. 버터는 중앙아시아의 유목민이 최초로 만든 데서 알 수 있듯이 목축의 부산물이었고, 그 때문에 원래 유목을 본업으로 삼았던 북유럽에서 발전했다.

그런데 중세 말기에 가톨릭교회가 금식일 규정을 강화하면서 버터를 고기에서 추출된 것으로 규정하고 금지 음식에 포함시켰다. 한 해에 약 160일이나 되는 금식일에 버터를 먹을 수 없게 된 것이다. 중북부 유럽인은 올리브유를 수입해서 먹을 수밖에 없었다. 이러한 변화는 경제적으로 큰 부담이었을 뿐만 아니라 식생활까지 바꿔야 해서 매우 불쾌한 것이었다.

중북부 유럽인들은 교황에게 버터를 먹을 수 있게 해달라고 탄원했다. 이들의 탄원이 늘어나자 교황청은 좋은 돈벌이 수단이 생겼음을 깨닫고, 버터를 먹을 수 있는 권리를 팔기 시작했다. 1491년에는 브르타뉴인들에게 그들의 영토가 프랑스에 편입된 것을 축하한다는 명분으로 버터 먹을 권리를 팔았고, 1495년에는 독일, 헝가리, 보헤미아, 프랑스의 여러 지역에 권리를 팔았다.

이렇게 돈을 주고 버터 먹을 권리를 구입하는 사람들도 있었지만, 투쟁을 통해 권리를 확보하려는 사람들도 있었다. 이들은 16세기 초 종교 개혁에 앞장선 사람들인데, 루터가 대표적인 인물이다. 루터는 1520년 《독일의 귀족 신자들에게 보내는 연설》에서 다음과 같이 말했다.

금식은 자유로운 선택에 의해 이루어져야 합니다. 복음서들이 가르치고 있듯이(마태복음 15장 2절) 모든 음식은 자유롭게 먹을 수 있습니다. 로마에서 가톨릭 지도자들은 금식을 비웃으면서, 멀리 이국땅에 있는 우리에게는 그들의 장화에 바르기에도 부적절한 기름을 먹으라고 강제하면서, 우리에게 버터와 다른 육류들을 먹을 권리를 판매하고 있습니다. 바울 사도는 이런 문제에 있어서(고린도전서 10장 25절) 우리가 자유롭다고 가르치고 있습니다. 그런데 가톨릭 지도자들은 그들이 만든 규정으로 우리를 옭아매고, 우리의 권리를 빼앗아 갔습니다. 이제 우리는 거짓말이나 간음보다 버터 먹는 것이 더 큰 죄라고 주장하는 그들의 잘못된 가르침을 따를 필요가 없습니다.[5]

16세기 초 중북부 유럽인은 '버터 먹을 권리'를 얻기 위해 가톨릭에 맞서 싸웠다. 독일, 네덜란드, 북유럽 사람들은 대부분 루터의 주장에 동조했다. 이들에게는 면벌부라는 신학적인 주제보다 버터 먹을 권리가 훨씬 더 피부에 다가왔다. 이렇게 본다면 올리브를 먹느냐, 버터를 먹느냐는 남유럽과 중북부 유럽의 대립을 상징하는 중요한 주제였다.

chapter 3

Wine

지중해 문화권의 상징, 포도주

'유럽의 아버지' 카롤루스는 매우 경건한 사람이었다. 그는 기독교 신앙을 삶의 기준으로 삼고 날마다 예배에 참석했다. 이방인과 전쟁을 벌일 때도 사제를 동반하고 다니며 예배를 드리곤 했다. 이토록 경건했기에 그는 사람들이 포도주를 취할 만큼 마시는 것을 비난했고, 그 자신은 한 번에 세 잔 이상의 포도주는 마시지 않았다. 그렇지만 그가 마신 잔은 지금처럼 작은 유리잔이 아니라 사발같이 큰 것이었다. 그 때문에 카롤루스는 취해 있을 때가 많았다. 그러나 심하게 취하지는 않았다. 당시 포도주는 지금보다 알코올 함량이 낮았고, 매우 시어서 물이나 꿀 등을 타서 마시는 것이 관행이었기 때문이다.

인류 최초의 술

포도는 전 세계 과일 생산량의 3분의 1을 차지할 만큼, 세계에서 가장 많이 생산되는 과일이다. 이렇게 많이 생산되는 것은 사람들이 포도주를 즐겨 마시기 때문이다. 포도는 수분이 많은 과일이라 오래 보존하기 힘들지만 포도주 형태로 가공하면 몇 년간 두고 먹을 수 있다.

포도는 언제부터 재배되었을까? 포도의 원산지는 카스피해 남부와 서아시아인데, 기원전 6000년경부터 메소포타미아, 이집트 일대에서 널리 재배되다가 그리스, 이탈리아로 확산되었다. 이란 지역에서는 기원전 5500년경 포도주를 담았던 항아리가 발견되었으며, 그리스 북부 지역에서는 기원전 4500년으로 연대 추정되는 포도 씨가 발견되었다.[1]

포도주의 기원에 대해서는 다양한 설명이 있다. 그리스 신화에 따르면 제우스가 세멜레라는 여인과 바람을 피워 태어난 디오니소스는 헤라의 보복을 피하기 위해 니사산의 동굴에 숨어 살았다. 열

111

다섯 살이 되던 해에 디오니소스는 산에서 놀다가 포도를 발견했다. 그 맛에 매료된 디오니소스는 사랑하는 친구 암펠로스에게 포도나무를 한 그루 선물했는데, 그 포도는 느릅나무 가지에 걸려 있었다. 암펠로스는 포도를 따려고 느릅나무에 올랐다가 그만 떨어져 죽었다. 슬픔에 찬 디오니소스의 눈물이 암펠로스의 사지에 떨어지자 포도주로 변했다고 한다.

이 신화는 포도주의 비극적 탄생을 말하고 있지만, 실제로 포도주는 우연히 생겨났을 것이다. 포도는 내버려두면 껍질에 붙어 있는 하얀 가루가 천연 효모 역할을 하면서 저절로 발효된다. 인위적으로 효모를 넣지 않아도 되므로 포도주는 인류 최초의 술이었을 것이다.

아마 문명이 시작되면서부터 인류는 포도주를 마시기 시작했을 것이다. 이집트에서는 기원전 2700년경 포도주를 담던 항아리가 발견되었다. 비슷한 시기에 메소포타미아에서는 포도주를 봉인하는 관습이 있었다. 역사의 아버지 헤로도토스는 이집트인이 피라미드 제작에 동원된 대가로 빵과 맥주를 받았다고 전하는데, 이는 이집트의 서민들이 포도주보다는 맥주를 많이 마셨다는 것을 의미한다. 실제로 이집트인은 맥주를 즐겨 마셨으며, 성직자에서 병사, 농민에 이르기까지 임금을 맥주와 빵으로 받곤 했다.

포도주는 비싸서 오랫동안 의례용이나 귀족의 술에 머물렀다. 포

도 재배가 상당히 일반화된 로마 시대에도 포도주는 맥주보다 6~7
배나 비쌌고, 포도주 한 단지를 사려면 노예 한 명 값을 치러야 할
때도 있었다.[2] 포도주가 비쌌던 이유는 포도 재배 기술이 발달하지
않아서 당도가 높은 포도를 얻기 힘들었기 때문이다. 포도주를 만
들 때는 물을 비롯한 다른 첨가물이 전혀 들어가지 않기 때문에 많
은 포도가 필요하다. 포도주 저장 기술도 발달하기까지 긴 세월이
필요했다. 고대에는 밀봉 기술이 발달하지 않아서 저장 기간을 늘
리는 거의 유일한 방법은 소금을 치는 것이었다. 어떤 방법을 쓰더
라도 전근대에는 포도주의 저장 기간이 2~3년을 넘기 힘들었다.

술 마시기를 즐긴 사람, 예수

고대 이스라엘 왕국에서는 일반인들도 포도주를 마신 것 같다. 유
대인의 경전인 구약성경은 포도주를 141회나 언급하고 있는데,[3]
구약성경에 따르면 대홍수 이후 노아가 처음으로 재배한 작물이
포도였고, 노아는 포도주에 취해서 살다가 죽었다. 노아는 포도주
를 마신 최초의 인간이라고 할 수 있다.

성경에는 포도주와 관련된 일화가 많이 나온다. 아브라함의 사촌
인 롯은 의로운 사람으로 소돔이 멸망할 때 구원받았지만 포도주

에 취해 근친상간을 저질렀고, 다윗의 아들 압살롬은 그의 이복형제인 암논을 포도주에 취하게 한 후에 죽였다. 이렇게 유대의 역사에서 포도주가 자주 등장하는 것은 포도주가 일상적인 술이었음을 의미한다.

예수 시절 유대인은 잔치 때 좋은 포도주를 대접하는 것을 중요하게 여겼고, 식사 때에도 빵과 함께 포도주를 먹었다. 당시 식사는 포도주를 마시고 나서 빵을 먹는 순서로 진행되었다. 이때 유대인 지도자들은 잔에 포도주를 채우기 전에 손을 씻어야 하는지, 빵을 떼기 전에 손을 씻어야 하는지 논쟁하기도 했다.[4]

포도주에 대한 논쟁 중에 예수가 바리사이파와 벌인 것이 가장 유명하다. 예수의 포도주 논쟁을 자세히 살펴보자. 예수는 본격적으로 활동을 시작한 직후에 가나의 혼인 잔치에 갔다. 잔칫집에 포도주가 떨어지자 어머니 마리아가 예수에게 포도주를 마련해달라고 부탁했다. 이에 예수는 항아리에 들어 있던 물을 포도주로 변하게 해서 손님들에게 대접하게 했다.[5] 거룩하고 근엄해야 할 예수가 물을 포도주로 바꿔 사람들에게 마시게 했다는 이야기가 이상하게 생각될 수도 있다. 그러나 성경 어디에도 술을 먹지 말라는 말은 없다. 오히려 건강을 위해 포도주를 마시라는 구절도 있다.[6] 하여튼 예수가 물을 포도주로 바꾼 것은 유대인이 포도주를 상당히 애용했기 때문이다. 유대인들은 성전 제사를 비롯한 의례에 포도주를 사용했고, 잔칫날은 물론 평상시에도 포도주를 즐겨 마셨다.

이런 전통 속에서 자랐으므로 예수도 술을 꽤 많이 마셨다. 예수는 세례 요한의 제자들의 방문을 받은 후 세례 요한과 자신을 비교하면서 이렇게 말했다.

> 너희는 세례자 요한이 와서 빵도 먹지 않고 포도주도 마시지 않으니까 "저 사람은 미쳤다" 하더니 사람의 아들이 와서 먹기도 하고 마시기도 하니까 "보아라, 저 사람은 즐겨 먹고 마시며 세리나 죄인들하고만 어울리는구나!" 하고 말한다.[7]

이 구절에 드러나듯 예수는 술을 즐겨 마셨고, 그 사실을 전혀 숨기지 않아서 '포도주 마시기를 즐기는 사람(οἰνοπότης)'이라는 별명까지 얻었다.[8] 예수는 왜 그처럼 당당하게 포도주를 마셨을까?

예수 시절 팔레스타인에는 거대한 갱생의 흐름이 있었다. 임박한 종말을 앞두고 세상을 근본적으로 바꿔야 한다는 생각이 많은 유대인의 마음을 사로잡고 있었다. 깨달음을 얻은 사람 그리고 깨달음을 얻고자 하는 사람들이 곳곳에서 자신들의 목소리를 내고 있었다. 어떤 사람들은 오염된 세상을 등지고 광야로 몰려가 독자적인 집단을 만들기도 했다. 쿰란에 정착한 에세네파, 광야의 외치는 소리였던 세례 요한파, 알렉산드리아의 필로가 전하는 테라페우타이의 무리가 그러했다.[9] 이들은 성생활이나 결혼까지 부정하면서 극단적인 금욕을 실천했다.

이에 반대하여 온건하고 윤리적인 개혁을 추구한 사람들이 바리사이파였다. 바리사이파는 백성들 속에 살면서 세상을 바꾸려고 했다. 그들은 구전 토라를 신앙의 기둥으로 삼았으며, 토라를 배우는 것을 삶의 목표로 삼았다. 이들은 대부분 결혼했으며, 음식이나 의복에 있어 극단적인 경향을 보이지 않았다. 그러나 '분리된 자들 Pharisaioi'이라는 명칭에서 알 수 있듯이[10] 바리사이파도 세속과는 어떤 형태로든 구분되어야 한다고 생각했다. 그들은 일주일에 이틀간 금식하고, 정결례와 율법을 엄격히 지킴으로써 일반 백성들과 다르다는 것을 과시했다.[11]

이러한 바리사이파에 대해 예수는 백성과 함께 개혁을 추구하는 데는 동의했지만, 경건함을 유지하는 데는 반대했다. 그래서 예수의 무리는 금식하지 않았고, 백성과 더불어 술을 마시기까지 했다. 이는 참으로 혁신적인 것이었다. 예수가 큰 영향을 받았으며 한동안 지도를 받았던 것으로 생각되는 세례 요한의 무리조차 극단적인 금욕을 행하고 있었기 때문이다.[12] 따라서 예수가 술을 마신 것은 개인적인 취향을 말해주는 것이 아니라 그가 주장한 신앙의 큰 대의, 즉 신앙이 백성과 함께 백성의 수준에서 이루어져야 한다는 생각을 상징적으로 보여주는 것이다.

그리스·로마 시대의 포도주

유대 왕국이 발전하고 있을 때 그리스는 지중해 세계의 강자로 떠올랐다. 그리스인은 포도주를 주요 산업으로 육성했다. 그들은 포도 재배와 포도주 생산에 일대 혁신을 가져왔고, 포도주 수출을 국부의 주요 원천으로 삼았다. 그리스의 척박한 토양은 오히려 포도 재배에 적합했다. 포도는 기름진 평지보다는 자갈이 많이 섞여 있어 거칠고 건조한 토양에서 잘 자라기 때문이다. 또한 포도가 익는 여름에는 건조해야 한다.

그리스인은 기후와 토양 조건을 이용하여 포도 재배에 적합한 곳을 찾아냈으며, 포도가 잘 자라도록 격자 시렁을 설치했고, 포도를 솎아내서 당도를 높였다. 포도주를 만든 다음에는 손잡이가 두 개 달린 암포라라는 항아리에 담아 발효시켰다. 포도주 수출량이 상당했기 때문에 지금도 지중해 전역에서 그리스의 암포라가 많이 발견된다.

이렇게 포도주는 고대 그리스를 상징하는 음료가 되면서 문화 깊이 스며들었다. 포도주가 그리스 문화의 일부였음을 보여주는 몇 가지 일화가 있다. 그리스 최고의 지식인 소크라테스에게는 플라톤이라는 제자가 있었다. 플라톤은 여러 작품을 써서 스승 소크라테

포도주를 마시고 있는
디오니소스가 그려진 아테네의 암포라.

스의 가르침과 행적을 전했는데, 그중 가장 유명한 것이 《향연》이
다. 향연의 원어는 '심포지엄'이다. 지금도 학술적인 모임을 가리킬
때 쓰는 이 단어는 '함께'라는 뜻의 syn(σὐν)과 '마시다'라는 뜻의
pino(πίνω)가 결합해서 이루어진 말로, 원뜻은 '함께 마시다'이다.
이때 함께 마신 것은 포도주였다. 심포지엄에 모인 사람들은 늘 포
도주의 신 디오니소스에게 세 차례 헌주하고, 포도주를 마시며 여
러 가지 놀이를 하면서 즐거운 시간을 보냈다. 이들은 여러 가지 주
제에 대해 이야기를 나누었고, 때로는 대화의 수준이 높아지기도

했다. 아테네에서는 이런 모임이 매일같이 열렸다.

지식인들이 심포지엄을 열었다면, 민중은 축제를 즐겼다. 고대 그리스에는 포도와 관련된 축제가 많았는데, 대표적인 것이 디오니소스 축제다. 아테네인은 해마다 3월 말~4월 초에 디오니소스를 기리는 성대한 축제를 열었다. 디오니소스 신을 위한 행진과 제사가 끝나고 나면 사람들은 잔뜩 취할 정도로 포도주를 마셔댔다. 이때 신나게 놀던 장면은 당시 사람들에게 삶의 가장 아름다운 순간이었기에, 암포라에도 자주 새겨졌다.

포도주는 그리스인에게 일상의 음료면서, 때로는 생명의 음료였다. 그리스의 의사 히포크라테스는 포도주가 "약으로서 가장 맛있는" 것이며 두통, 소화 장애, 신경통, 해열 작용 등에 효과가 있다고 주장했다.

그리스인은 포도 재배 지역을 넓히는 데도 기여했다. 기원전 8세기부터 그리스 본토의 인구가 늘어나자 그리스인은 지중해 연안 일대로 뻗어나가 흑해 연안의 비잔티움, 터키의 서부 해안 지역, 프랑스 남부, 이탈리아 남부 등에 많은 도시를 건설했다. 특히 이탈리아 남부를 '그리스인의 땅'으로 만들고, 그곳을 '대그리스magna graecia' 라고 불렀다.

바로 이 그리스인들이 포도 재배와 포도주 담그는 법을 로마에 전해주었다.[13] 로마인은 기원전 6세기경부터 그리스인에게서 포도주를 수입하기 시작했는데, 초기에는 30세 이상의 남자만이 포도주를 마셨다. 여성이 포도주를 마시는 것은 금지되어 있어서, 에그나투스 메케니우스라는 사람은 포도주를 마셨다는 이유로 아내를 때려죽였다.

로마는 기원전 2세기 중엽 포도 재배에 본격적으로 뛰어들었다. 그 전에는 이탈리아반도를 통일하고 카르타고를 정복하는 데 힘을 쏟았다. 기원전 146년 카르타고를 물리치고 지중해 제해권을 장악하자, 로마는 지중해 전역에 판매할 물건이 필요했다. 이때 로마의 지도자들은 카르타고에서 농업서를 들여와서 포도 재배를 본격적으로 연구했다. 로마인은 스스로 '배우기의 천재'라고 자부하곤 했는데, 이는 포도주 분야에서도 마찬가지였다. 오늘날 세계 포도주의 약 6분의 1을 생산하는 것에서 알 수 있듯이[14] 이탈리아는 포도 재배에 적합한 토양을 갖고 있었다. 이 사실을 알게 된 고대 로마의 지주들은 곡물 재배를 포기하고 포도밭을 만들기에 열성이었다. 이렇게 조성된 것이 대농장, 즉 '라티푼디아'다.

기원전 2세기 이후 로마는 그리스를 능가하는 포도 생산국, 포도주 수출국이 되었다. 그렇지만 포도밭이 너무 늘어나자 사회문제가 생겼다. 로마 시민들이 먹을 곡물이 부족했던 것이다. 기원후 92년경에 도미티아누스 황제는 이탈리아 내에서는 새로이 포도밭을 조성하지 못하게 했고, 이탈리아 밖의 경우에는 기존 포도밭의 절반을 갈아엎으라고 명령했다. 그러나 도미티아누스의 명령은 제대로 수행되지 못했다. 로마인의 포도주 사랑이 너무나 강렬했기 때문이다.

폼페이 유적은 로마인이 포도주를 얼마나 사랑했는가를 보여준다. 폼페이는 79년 베수비오 화산이 폭발하면서 통째로 땅속에 묻혀 당시 사람들의 삶과 문화를 고스란히 보존하고 있다. 발굴 결과 이 도시에는 포도주 가게가 약 100개나 있었다. 인구가 2만 명밖에 되지 않았던 것을 생각하면 폼페이인이 포도주를 얼마나 많이 마셨는지를 짐작할 수 있다. 포도주 사랑은 폼페이인에 한정된 현상이 아니었다. 거의 모든 로마인이 포도주에 완전히 매료되어 있었다. 로마의 지식인 플리니우스는 《박물지》에서 179종이나 되는 와인을 원산지별로 정리하고, 등급을 매겼으며, 과음이 가져올 수 있는 여러 가지 질병에 대해서도 지적했다.

지배자들은 로마인이 포도주에 취하는 것을 제어하기는커녕 오히려 조장했다. 로마는 근본적으로 주권이 인민에게 있었다. 지배자들이 인민의 환심을 사는 데 빵과 포도주보다 더 좋은 것은 없었다. 로마 정치가들은 명성을 얻기 위해 대량의 포도주를 시민들에게 무상 배급하곤 했다. 예컨대 기원전 1세기 로마의 정치가이자 장군이었던 루쿨루스는 동방에서 돌아와 포도주 10만 통을 나눠주었다.[15] 카이사르를 비롯한 정치가들도 중요한 행사 때면 시민들에게 포도주를 무상으로 나눠주었다. 번영하던 로마 제국 시기에는 로마 시민에게 국가 예산으로 정기적으로 포도주를 배급했다. 시대에 따라 그 양은 변했지만, 로마 시민들은 매월 일정량의 곡물, 돼지고기, 올리브유, 포도주를 무상 배급받았다. 로마인은 특히 돼지고기 요리를 좋아했는데, 암돼지의 자궁이나 젖통을 최상의 고기로 여겼다.[16] 이렇게 식품을 무상으로 배급한 것은 이른바 '빵과 서커스' 정책, 즉 시민들이 소요를 일으키거나 정치적으로 불만 세력이 되는 것을 막기 위한 노력이었다.

변방에서 복무하는 군인들도 포도주를 공급받았다. 로마는 중심부에는 소규모의 병력만을 두고, 국경선에 대부분의 병력을 배치했다. 로마의 북쪽 국경은 라인강과 다뉴브강이었다. 이곳 수비대에 복무하는 군인들은 일정량의 포도주를 받았다. 포도주를 본국에서 국경 지역까지 운반하는 일은 매우 고단하고 힘들었다. 그래서 로마는 알프스 너머 북쪽 지역에서도 포도를 재배하게 했고, 군대의 주둔지 근처에서 포도주를 구입하여 배급했다. 이 정책 덕분에 프랑스와 독일도 포도를 재배하게 되었는데, 특히 프랑스인, 당시에는 갈리아인이 포도를 잘 재배했다. 갈리아 지역에서 포도주 재배가 얼마나 성공을 거두었던지 1세기에 로마는 갈리아에서 포도주를 수입해야 했다. 앞에서 언급한 도미티아누스의 명령은 바로 이런 상황에서 로마의 포도주 생산자들을 돕기 위한 조처였다. 그러나 로마의 포도주 수요가 줄지 않았기 때문에 도미티아누스의 법령은 사실상 지켜지지 않았고, 나중에 폐기되었다.

로마 시대에는 포도주 유통에서 중요한 혁신이 이루어지기도 했다. 포도주를 암포라 대신 나무통에 보관하게 된 것이다. 누가 언제 포도주 보관용 참나무통을 만들었는지에 대해서는 여러 의견이 있는데, 3세기에 갈리아인이 발명했다는 주장이 유력하다. 포도주 보관 용기가 바뀐 이유는 나무통이 육상 운반에 편리했기 때문이다. 육로를 통해 군대 보급품을 보낼 때 암포라는 깨지기 쉬웠다. 이후 중세에도 포도주 숙성 및 운반에는 주로 나무통이 사용되었고, 이 전통은 지금까지 이어지고 있다.

.

중세 유럽인들이 포도주를 즐겨 마신 이유

서로마 제국이 멸망한 후에는 서유럽이 포도 재배의 중심지로 떠올랐다. 중세에 강성했던 이슬람은 술 마시는 것을 금지했고, 유럽의 또 다른 중심지였던 비잔티움 제국은 이슬람의 압박으로 계속 세력이 약화되었다. 반면에 서유럽은 카롤루스 대제 이후 로마의 전통을 계승하면서 발전을 거듭했다. '유럽의 아버지'라는 별칭으로 유명한 카롤루스는 포도 재배를 권장하고, 포도주 문화를 이어가기 위해 노력했다. 그는 새로운 달력을 만들면서 10월을 포도주를 만드는 달이라는 뜻의 '빈두메 마노트'라고 부르게 했고, 포도주의 위생을 염려하여 발로 포도를 밟아 포도주를 담그는 것을 금지하기도 했다. 그러나 이 명령은 거의 지켜지지 않았다.

중세의 포도 재배에서 특이한 점은 수도원이 포도 재배에 열성이었다는 것이다. 예수는 최후의 만찬에서 제자들에게 포도주와 빵을 먹으면서 자신을 기념하라고 명령했다. 그 후 기독교 신자들은 매일 미사에서 의례적으로 포도주를 마시곤 했다. 따라서 포도주는 미사에 필수적인 성물이었고, 유럽의 거의 모든 수도원이 포도주 생산에 참가했다. 유럽 전역에 포도 재배와 포도주 생산 기술을 확산시킨 것은 수도사들의 공로다. 특히 12세기의 시토 수도회는 프랑스의 포도 재배를 발전시킨 것으로 유명하다. 이 수도회의 수사들은 포도 재배에 적합한 토양을 찾아내고자 많은 실험을 했고, 효율적으로 포도주를 생산하기 위해 거대한 압착기를 만들었다. 이 때문에 부르고뉴, 나아가 프랑스는 포도주 생산을 주도하는 국가로 성장했다.

중세의 포도주 소비에 대해서는 여러 가지 흥미로운 이야기가 전한다. '유럽의 아버지' 카롤루스는 매우 경건한 사람이었다. 그는 기독교 신앙을 삶의 기준으로 삼고 날마다 예배에 참석했다. 이방인과 전쟁을 벌일 때도 사제를 동반하고 다니며 예배를 드리곤 했다.

15세기 이탈리아의 화가 시뇨렐리가 몬테 올리베토 수도원에 그린 프레스코화로, 수도사들이 포도주를 곁들여 식사하고 있는 모습을 확인할 수 있다.

이토록 경건했기에 그는 사람들이 포도주를 취할 만큼 마시는 것을 비난했고, 그 자신은 한 번에 세 잔 이상의 포도주는 마시지 않았다. 그렇지만 그가 마신 잔은 지금처럼 작은 유리잔이 아니라 사발같이 큰 것이었다. 그 때문에 카롤루스는 취해 있을 때가 많았다. 그러나 심하게 취하지는 않았다. 당시 포도주는 지금보다 알코올 함량이 낮았고, 매우 시어서 물이나 꿀 등을 타서 마시는 것이 관행이었기 때문이다.

왕뿐만 아니라 성직자들도 포도주를 좋아했다. 포도주는 기독교 의례에 쓰이기는 했지만, 더 중요한 용도는 마실 거리였다. 중세 수도사들의 다수는 고행과는 거리가 먼 삶을 살면서 포도주에 취하기를 즐겼다. 중세 역사가 미셸 루슈에 따르면 카롤링거 시대 르망 시 인근에 살고 있던 성직자들과 수도사들은 축일이면 1.6킬로그램의 빵, 1킬로그램의 고기, 2.5리터의 포도주를 배급받았다. 이런 배급은 예외적인 것이 아니었다. 819년 카롤루스 왕조의 수도인 엑스-라-샤펠에서 열린 공의회는 성직자들에게 "매일 2킬로그램의 빵과 3킬로그램의 포도주를 공급하라"고 규정했다.[17] 이렇게 많은 음식과 포도주를 마셨으면 상당수의 성직자들은 '매일 취해 있는 돼지'였음에 틀림없다.

군인들도 포도주를 즐겨 마셨다. 1300년경 스코틀랜드에 주둔한 영국군 수비대에 대한 보급 기록이 남아 있는데 이에 따르면 병사들은 매일 약 1.2리터의 포도주를 배급받았다. 같은 시기 도버 성을 지키던 병사들도 비슷한 양의 포도주를 배급받았다. 수비대에 복무하는 병사뿐만 아니라 원정에 나가는 병사들에게도 포도주는 반드시 배급되었다. 1327년 에드워드 3세는 스코틀랜드 원정을 위해 300톤의 포도주를 준비했다. 포도주가 군인들의 필수품이었기에 만약 전장에서 포도주를 공급받지 못하면 병사들은 싸우려고 하지 않았다.

이렇게 왕, 수도사, 군인에 이르기까지 포도주는 중세인에게 일상적인 음료수였다. 그렇지만 포도주는 여전히 비싸서 대개 귀족과 부자가 많이 마셨다. 이 때문에 중세 귀족들의 별명이 '포도주를 마시는 사람'이었다. 가난한 평민들도 술을 마시기는 했는데 축제와 같이 특별한 때에 주로 벌꿀 술이나 사과술을 먹었고, 평상시에는 물을 마셨다. 그래서 평민들의 별명은 '물을 먹는 사람들'이었다. 여기서 포도주의 용도에 대해 다시 생각해볼 필요가 있다. 고대 그리스부터 중세까지 사람들이 포도주를 마신 중요한 이유는 칼로리를 얻고 술에 취하기 위해서였지만, 또 다른 이유는 식수 대용이었다.[18]

한국과 비교한다면 유럽은 전체적으로 강수량이 적고, 건조하다. 강수량이 적으니 우물도 부족했다. 조선의 한양과 같은 도시에 우물이 많이 있었던 것과 달리 로마, 파리, 런던을 비롯한 유럽의 역사적 도시에는 도심 안에 우물이 거의 없었다. 이 문제를 해결하기 위해 고대 로마인은 도시에서 수 킬로미터 이상 떨어진 높은 산에서 물을 확보하여 도심까지 운반하는 수도교를 만들었고, 그것도 모자라서 집집이 수조를 설치해서 빗물을 낭비하지 못하게 했다. 중세 이후에는 수도교를 만들 능력이 없어서 도심에 흐르는 강물이 주요 식수원으로 사용되었다.

특히 대도시의 물 사정이 나빴다. 연강수량이 600밀리미터 정도인 파리를 예로 들자면 센강이 주요 수원이었다. 시민들은 물장수들이 강에서 퍼 온 물을 사 먹곤 했다. 17세기 파리에는 2만 명의 물장수가 있었는데 이들이 파는 물은 너무나 더러웠다. 위생 관념이 없는 사람들이 배설물이나 쓰레기를 아무 생각 없이 버린 탓이었다. 이 때문에 도시민들은 만성적으로 콜레라, 설사, 이질을 비롯한 갖은 병에 시달렸다. 그런데 포도주의 알코올 성분은 물속의 세균을 죽이는 역할을 했다. 따라서 고대 그리스 시절부터 사람들은 포도주와 물을 1 대 2~4의 비율로 섞어 음료수 대신 마시곤 했다.

유리병이 가져다준 혁신

참나무통에 보관된 포도주는 2~3년 안에 심하게 발효되어 식초가 되어버리곤 했다. 포도주에는 우리나라의 막걸리처럼 효모가 살아 있기 때문이다. 17세기 초 유리 기술이 혁신적으로 발전하면서 이 문제가 해결되었다. 이미 고대부터 유리 제작 기술이 있었고, 중세에도 베네치아인이 유리로 여러 가지 잔을 만들었지만, 17세기 이전의 유리병은 강도가 낮았다. 17세기 초 석탄 사용이 늘어나 유리를 고온에서 가공하면서 유리병의 품질이 좋아졌다. 그러고 나서 누가 발명했는지 확실하지는 않지만 코르크 마개가 개발되었다. 유리병과 코르크는 공기를 좀 더 효과적으로 차단하여 포도주의 보관 기간을 3~5년으로 늘렸다.

포도주 용기가 유리로 바뀌면서 새로운 현상이 생겨났다. 17세기 후반 포도주 생산자들은 유리병에 담긴 포도주에 거품이 생기는 것을 발견했다. 이는 포도주 속의 효모가 겨울에 잠잠했다가 봄이 되면서 다시 작동하여 포도주를 추가로 발효시키면서 발생하는 현상이었다. 1662년 크리스토퍼 메렛이 이 현상을 이용하여 최초로 발포성 와인을 만들었다. 몇 년 후 프랑스 샹파뉴 지방에서도 이런 종류의 와인이 만들어졌다. 샹파뉴의 수도사였던 동 페리뇽은 거품이 많이 나는 포도주를 개발하고는 신나서 동료들에게 외쳤다. "빨리 와보세요, 제가 별을 마시고 있답니다!" 이것이 훗날 샴페인으로 발전했다.

당도가 가장 높은 포도주는 아이스 와인이다. 아이스 와인은 포도를 겨울까지 내버려두었다가 알맹이가 얼고 나면 수확해서 포도주를 만든 것이다. 전설에 따르면 1775년 독일 중부의 풀다 수도원 소유의 포도원에서 포도 수확이 늦어졌다. 근대 초까지 곡물은 물론 포도를 수확할 때면 소유주가 감독관을 파견하곤 했다. 그런데 수도원이 파견한 감독관이 도중에 죽어버렸다. 감독관이 오지 않자 농민들은 포도를 수확하지 못했고, 수도원은 뒤늦게 그 사실을 알고는 다시 감독관을 보냈다. 농민들은 포도를 급히 수확했고, 포도주 담그는 작업도 신속하게 진행되었다. 포도가 제철이 지나 쭈글쭈글해졌기 때문에 사람들은 포도주의 질이 낮을 거라고 예상했다.

하지만 포도주는 매우 달았다. 이 사건을 계기로 사람들은 포도를 늦게 수확하면 당도 높은 포도주를 얻을 수 있다는 것을 깨달았다. 그 후 의도적으로 겨울이 올 때까지 포도를 방치했고, 그렇게 언 포도로 만든 것이 아이스 와인이다. 이 이야기가 어디까지 진실인지는 확실하지 않다. 이미 로마 시대에도 포도 수확을 늦추어 당도를 높였다는 기록이 있기 때문이다.

포도주는 맥주와 함께 세계에서 가장 많이 소비되는 주류다. 1년 소비량이 300억 리터나 된다. 우리나라에서도 몇 년 전부터 포도주 열풍이 불어 포도주를 즐기는 사람들이 늘어났다. 포도주 예찬론자들은 포도주를 발효 식품, 무기질과 미네랄이 풍부한 '신의 물방울'이라고 찬양하곤 한다. 그러나 파스퇴르가 포도주의 질을 현격하게 떨어뜨렸다는 사실을 잊어서는 안 된다. 1864년 나폴레옹 3세의 요청을 받은 파스퇴르는 포도주가 쉽게 부패하는 원인을 찾아 나섰다. 파스퇴르는 수많은 포도밭을 돌아다니면서 실험을 거듭한 끝에 세균이 포도주를 부패시키며, 포도주를 가열하면 세균을 죽여서 포도주를 오래 보관할 수 있다는 사실을 알아냈다.

이후 포도주 생산자들은 포도주를 저온 살균하여 유통 기한을 늘렸다. 현대에는 포도주를 저온 살균하는 게 아니라 이산화황이라는 물질을 첨가하여 포도주가 쉽게 부패하는 것을 막고 있다. 이산화황을 넣으면 포도주에 들어 있는, 몸에 유익한 세균이 살아남지 못한다. 게다가 이산화황을 과다 섭취하면 많은 부작용이 생긴다. 이 물질은 포도주뿐만 아니라 현대의 여러 식품에 많이 사용되고 있다. 설령 이산화황을 개의치 않더라도, 포도주를 많이 마셔서는 안된다. 알코올이 중독을 일으키고, 칼로리가 높아서 비만을 초래할 수 있기 때문이다.

chapter 4

Cheese

서양인의 소울 푸드, 치즈

양젖은 금방 부패한다. 아침에 짠 것을 내버려두면 저녁 때 벌써 신맛이 난다. 이때 양
젖의 상태는 처음 양젖의 상태와 다르다. 식물에 붙어 있던 박테리아가 양이 풀을 먹
을 때 양의 몸에 달라붙고, 양젖 속으로 유입되는 경우가 많기 때문이다. 이렇게 자연
스레 발효된 양젖에서 수분을 빼면 오늘날 요구르트보다 약간 강하게 응집된 치즈가
된다. 이것은 처음에는 치즈가 아니라 '엉긴 젖'이라고 불렸다. 치즈라는 말은 로마 시
대에 처음 쓰였다. 원래 유목민에서 시작한 고대 이스라엘 사람들은 이 엉긴 젖을 귀
한 음식으로 손님에게 대접하곤 했다. 구약성경에도 '엉긴 젖'이 여러 번 언급되었다.

서양의 전통이 깃든 치즈

영어의 치즈^{cheese}라는 단어는 라틴어 카세우스^{caseus}에서 유래했는데, 접두어 cas는 '시어진, 발효된'이라는 의미다. 라틴어를 사용했던 고대 로마인은 이미 현대와 거의 같은 방식으로 치즈를 만들었고, 일상적으로 치즈를 먹었다. 서양인의 사랑을 꾸준히 받아온 치즈는 해마다 약 22억 톤이나 생산된다. 이는 다른 기호 식품인 담배, 차, 커피, 카카오를 모두 합한 것보다도 많은 양이다. 서양인들은 1인당 1년에 20킬로그램 정도의 치즈를 먹는다. 2015년 기준으로 프랑스인은 27킬로그램, 독일인은 25킬로그램, 미국인은 16킬로그램을 소비한다. 일본인이 2.2킬로그램, 한국인이 2.3킬로그램을 소비한다는 점을 고려할 때 치즈는 단연 서양인의 음식이다.

서양인이 치즈를 많이 먹는 이유는 세 가지로 정리할 수 있다. 먼저 치즈는 영양 면에서 매우 우수하다. 20세기 미국의 지식인 클리프턴 패디먼은 "치즈는 우유에 불멸의 힘을 부여한 것이다"라고 말했다. 그의 말대로 치즈는 같은 무게의 우유보다 단백질은 일곱 배,

칼슘은 다섯 배가 많다. 지방, 인, 비타민 A, 비타민 B, 유산균 작용으로 생겨난 각종 유기산 등도 풍부하고, 발효 식품이라 소화와 흡수도 잘된다. 더욱이 발효 과정에서 유당이 거의 다 분해되므로 유당 분해력이 떨어지는 사람도 부담 없이 먹을 수 있다.

둘째, 치즈의 맛은 깊고 풍부하다. 서양인들은 매일, 매끼 치즈의 구린내 나면서도 고소하고 쌉쌀하며 부드러운 맛을 음미하면서 자신이 살아 있음을 느낀다. 그들에게 치즈는 소울 푸드라고 할 수 있다. 서양인은 타지 생활을 하다가 치즈 맛을 잊지 못해서 향수병에 걸리곤 하고, 서양인이 활동하는 곳이라면 어디든 치즈를 주재료로 하는 음식점이 생겨나곤 한다.

셋째, 치즈는 우유보다 보관 기간이 매우 길고, 휴대가 간편하다. 19세기까지 인류는 먹거리를 냉장 보관할 수 없었다. 봄부터 가을까지는 온갖 풀, 열매, 곡물이 생산되지만 겨울에는 먹거리를 거의 확보할 수 없었다. 음식이 너무나 빨리 썩어서 장거리 이동도 힘들었다. 따라서 썩지 않으면서 열량이 높은 음식은 대단한 경쟁력이 있었다. 치즈는 고대부터 열량을 주는 힘의 원천이었고, 군인이나 상인이 먼 거리를 이동할 수 있게 한 '휴대용 식량'이었다.

서양인은 언제부터 치즈를 일상의 음식으로 먹었을까? 먼저 젖을 제공하는 가축이 언제부터 사육되었는지부터 살펴보자. 치즈를 농경, 가축 사육, 식문화라는 좀 더 넓은 시각에서 바라볼 필요가 있다. 그러면 신석기 혁명 이후 농경민과 유목민이 나뉜 과정과 유럽 문명의 특수성을 파악하는 데 도움이 되기 때문이다.

•

가축 사육이 시작되다

현재 인류는 빙하 지대는 물론 깊은 바다까지 진출하여 거의 모든 동물을 사냥하고 있고, DNA 조작을 통해 동물을 복제할 수 있을 정도로 고도의 과학 기술을 개발했다. 그런데 인간이 가축으로 삼고 있는 동물은 수십 종밖에 되지 않는다. 몸무게 45킬로그램 이상의 대형 포유류가 14종(양, 염소, 소, 돼지, 말, 단봉낙타, 쌍봉낙타, 라마와 알파카, 당나귀, 순록, 물소, 야크, 발리소, 인도 소)이고, 그 밖에 닭, 오리, 거위, 개, 토끼, 기니피그, 대형 쥐, 흰 족제비, 고양이, 여우 등이 있다. 이렇게 가축의 종류가 적은 것은 가축으로 삼으려면 동물이 온순하고, 초식을 주로 하며, 성장 속도가 빠르고, 갇혀 있어도 생활이 가능하며, 인간의 명령에 따를 수 있어야 하기 때문이다.

개 사육은 이미 기원전 1만 4000년에 시작되었다. 개는 사육이 시작된 직후부터 삶의 동반자로 여겨지곤 했다. 기원전 1만 4000년 크로마뇽인의 무덤에 개가 함께 매장되었다는 사실이 이를 입증한다.[1]

대형 포유류 가축 가운데 인간의 식생활에 가장 큰 영향을 끼친 다섯 종은 양, 염소, 소, 돼지, 말이다. 이들의 가축화 시기와 지역은 다음과 같다.

종	연대(기원전)	지역
양	8000	서남아시아
염소	8000	서남아시아
돼지	8000	서남아시아, 중국
소	6000	서남아시아, 인도, 북아프리카
말	4000	우크라이나

대형 포유류 5종의 가축화 시기 및 지역[2]

이 표를 보면 서남아시아가 동물의 가축화에 가장 선진적이었음을 알 수 있다. 서남아시아는 보리와 밀을 최초로 재배한 지역이다. 현재 확인된 최초의 신석기 유적지는 서남아시아 요르단강 근처의 여리고 유적지로,[3] 그 연대는 기원전 9500년경으로 추정된다. 여리고 외에 야르모, 차탈휘위크 등의 신석기 유적지가 발굴되었다.

이 가운데 차탈휘위크 유적지는 동물 사육의 증거를 분명히 보여준다. 이 유적지는 아나톨리아 지방의 코니아 시 근처에 있는데, 1958년 처음 발견된 이래 여러 차례 발굴이 진행되어 그 구조와 특징이 상당히 자세하게 파악되었다. 기원전 7500년경에 조성된 이

유적지에서 양, 염소, 소의 부산물이 발견되었다. 차탈휘위크의 신석기인이 농사를 짓기 시작했을 때 양, 염소, 소와 같은 동물을 기르고 있었던 것이다.[4] 이는 농경과 목축이 거의 동시에 시작되었음을 말해준다.

신석기 혁명의 계기는 다시 고민해볼 필요가 있다. 흔히 신석기 혁명의 기원을 농경과 목축 기술의 발명이라고 이야기한다. 이 관점에서 대다수 학자들은 기원전 1만 년경에 우연히 작물을 재배할 수 있는 기술이 발전했고 그 결과 정착 생활이 시작되었으며, 농경 기술이 개발된 직후에 가축 사육이 시작되면서 유목이 시작되었다고 설명한다. 이 때문에 신석기 혁명은 농업혁명이라고도 불린다.

그러나 이 설명에는 문제가 있다. 메소포타미아에서 발굴된 화분들의 분석 결과 밀이 기원전 1만 3000년 이전에 이미 재배되고 있었다.[5] 또한 앞에서 언급했듯이 개가 기원전 1만 4000년에 사육되었는데, 이는 다른 가축도 지금까지 생각했던 것보다 일찍 사육되었을 가능성을 암시한다. 실제로 돼지가 지금까지 생각했던 기원전 8000년이 아니라 기원전 1만 년에 이미 가축으로 사육되었다는 주장도 있다.[6]

이런 증거들은 수렵 채집에서 농업으로의 전환이 일시에 혁명적으로 일어난 게 아니라 점진적으로 일어났을 가능성을 뒷받침한다. 그리고 경작 기술의 발명이 아니라 다른 요소가 신석기 혁명의 중요 요소였을 가능성을 암시한다. 이와 관련해서 최근 학자들은 근동과 아나톨리아 일대에서 종교 의례 중심지들이 정착지보다 먼저 발생했고, 그 주변에 정착지들이 형성되었다는 것을 확인했다. 구석기 시대에도 이미 인류는 종교 생활을 하고 있었고, 특정 신들에게 의례를 주관하는 사제들은 의례를 행하는 장소에 정착하기 시작했다. 이들이 지속적으로 특정 장소에 머물자 그들과 관련 있는 사람들이 모여 살기 시작했고, 그러면서 정주가 시작되었다. 정주는 이미 상당한 수준이었던 농경·목축의 기술과 결합되어 신석기 혁명이라 할 만큼 농경과 가축 사육을 확대했다.[7]

양과 돼지가 인류를 두 무리로 나누다

가축은 신석기 혁명 전부터 이미 사육되었다. 사실 야생 동물을 가축으로 만드는 일은 그리 어렵지 않다. 사냥하다 보면 사냥감의 새끼를 만나기 마련이고, 새끼를 데려다가 키우면 된다. 그렇지만 가축으로 대량 사육하려면 여러 가지 조건이 맞아야 한다. 이 조건에 부합하는 동물이 양, 염소, 소, 말, 돼지였다.

가축의 사육은 인류를 다시 두 무리로 나누었는데, 여기에는 양과 돼지가 중요한 역할을 했다. 양은 아주 유용한 가축이지만 스스로를 방어하는 능력이 매우 부족하다. 그래서 상대적으로 맹수가 적은 초원 지대, 사막 지대, 고원, 험한 산악 지역에 산다. 다 자란 양은 90킬로그램이 넘는다. 이렇게 큰 덩치로 하루 6킬로그램의 풀을 먹어치우고, 풀이 부족하면 풀뿌리까지 모두 먹어치우곤 한다. 그러니 많은 양을 좁은 지역에서 사육하기는 힘들다. 이 때문에 한 곳에 정착해서 사는 농경민은 양을 많이 키우지 않는다.

양을 전문적으로 키우는 사람들은 유목민이 되었다. 오래전부터 유목민은 아시아에서는 만리장성 이북의 몽골, 중앙아시아, 아라비아 등에, 유럽에서는 중북부 유럽에 살았다. 종족별로 살펴보면 아시아의 역사에서는 흉노, 돌궐, 몽골, 거란, 여진족이 유목민이었고, 유럽에서는 게르만족 가운데 상당수가 유목민이었다. 유목민의 삶은 고되고 힘들었다. 무엇보다, 유목민이 가장 많이 키우는 양과 염소가 기후와 지형이 좋지 않은 곳에 산다. 양이나 염소는 오랜 세월 동안 포식자를 피해 춥고 건조한 지역으로 이주했고, 그 지역에서도 생존할 수 있도록 진화했다. 예컨대 양이나 염소는 두꺼운 털이 있어서 겨울이면 섭씨 영하 50도, 심지어 영하 70도까지 내려가는 중앙아시아의 초원 지대에서도 살아남을 수 있다.

열악한 환경에서 살아남기 위해 유목민은 강인해질 수밖에 없었다. 말을 타고 수백 마리의 가축을 관리하면서 말을 잘 타게 되었고, 국가의 보호 없이 드넓은 초원 지대에서 살아남아야 하므로 자신을 지킬 수 있도록 무술도 연마해야 했다.

유목민의 무술 실력은 일반적으로 생각하는 것보다 훨씬 막강했다. 그들의 무술 능력을 보여주는 좋은 일화가 있다. 송나라가 요나라와 힘을 합쳐 금나라와 싸워 이긴 직후의 일이다. 금나라가 보낸 사절단이 협상을 마치고 북쪽으로 돌아가고 있었다. 그들은 기병 17기에 불과했는데, 송나라의 변경 사령관이 공명심에 사로잡혀 금나라 사절단을 모두 죽이려고 했다. 그는 보병 2000명을 이끌고 금나라 군대를 기습했는데, 금나라 기병들은 조금도 흐트러지지 않고 이내 대열을 정비하여 송나라 군대와 싸웠다. 금나라 기병의 일사불란한 공격에 송나라 보병 2000명은 산산이 부서져 패퇴하고 말았다. 금나라의 기병 가운데 죽은 사람은 한 명도 없었다. 이 기록은 패배한 쪽인 송나라의 자료에 나오는 것이므로 역사적 사실임에 틀림없다.[8]

유목민을 사나운 전투 부족으로 만든 것은 자연 조건만은 아니었다. 유목민은 농사를 짓지 않으므로 식량을 자급할 수 없었다. 1년 내내 고기와 가축의 부산물만을 먹고 살 수는 없는 법이다. 사람이 살아남으려면 곡물 속에 들어 있는 무기물과 비타민이 꼭 필요하다. 그래서 유목민은 가축이나 가축의 부산물을 농경민에게 팔고, 차와 같은 기호 식품이나 곡물을 구입하곤 했다. 이런 거래를 할 수 없는 경우 유목민들은 추수가 끝날 때쯤 농경민이 사는 마을로 내려가 약탈하곤 했다.

양이 유목민을 상징하는 가축이라면 돼지는 농경민을 상징한다. 돼지는 원래 활엽수가 자라는 숲속에 사는 잡식 동물이다. 나무껍질, 갖가지 곤충과 벌레, 뱀은 물론 다른 동물의 배설물까지 닥치는 대로 먹는다. 초식 동물처럼 풀과 풀뿌리도 먹으며 특히 온갖 뿌리 작물의 열매를 좋아한다. 유목민이 돼지를 키우지 않은 첫 번째 이유가 바로 이것이다. 돼지를 풀만으로는 키울 수 없기 때문에 사육할 경우 다른 식량을 줘야 한다. 지금이야 음식 찌꺼기가 풍부하지만 전근대 시기에는 남는 음식이 많지 않았다. 사람이 먹을 식량도 부족한데 어떻게 돼지에게 음식을 줄 수 있었겠는가?

유목민이 돼지를 키울 수 없는 두 번째 이유는 돼지가 한곳에 머무르려는 속성이 강하기 때문이다. 양이나 소는 '집'이라는 개념이 없지만 돼지는 보금자리를 만들고 그곳에 머물곤 한다. 출산 시기가 되면 암컷은 땅을 깊이 파서 구덩이를 만들고, 거기에 마른 풀과 나뭇잎을 충분히 깔아 보금자리를 만든다. 양 새끼는 태어난 직후에 걸어 다닐 수 있지만, 돼지 새끼는 태어날 때 매우 미성숙하다. 돼지는 새끼를 한 번에 열 마리나 낳는데 새끼들은 처음 몇 주는 보금자리에 있으면서 어미의 보호를 받아야 한다. 이렇게 미성숙한 새끼들을 데리고 먼 거리를 이동하는 것은 불가능하다. 따라서 돼지는 정착해서 사는 농경민만이 키울 수 있다.

신석기 시대부터 농경민은 돼지를 키웠는데, 돼지는 오로지 단백질 공급원으로만 이용되었다. 소고기가 귀하고 질긴 데 반해 돼지고기는 상대적으로 구하기 쉬웠고 육즙이 많아서 먹기 좋았다. 이 때문에 돼지고기를 선호하는 사람들이 많았고 때로는 돼지고기가 소고기보다 비싸기도 했다. 사람들은 자신들이 좋아하는 돼지를 잡아 우주와 인간사를 주관하는 신들에게 바치곤 했다. 특히 땅과 생명, 그리고 다산을 지배하는 지모신에게 제사를 드릴 때는 반드시 돼지가 희생 제물이었다.

유대인, 이슬람인을 비롯한 여러 유목민은 돼지고기를 먹지 않는다. 이런 관습이 지금도 계속되고 있어서 많은 학자들이 그 배경을 밝히기 위해 여러 이론을 제시하고 있다. 돼지를 숭배해서 먹지 않았다는 토템 이론, 돼지가 불결해서 먹지 않았다는 위생 이론, 유목민이 생태 환경상 키우기 힘들었다는 환경 이론, 이방인이 신성하게 여겨서 금했다는 주장 등이 제기되었다.[9]

필자는 환경 이론을 약간 변형해서 생각하는 것이 타당하다고 본다. 돼지는 기동성이 없을뿐더러 오직 고기만 먹을 수 있고 털이나 젖을 이용할 수 없는 단점이 있다. 따라서 유목민에게 돼지는 '그림의 떡'인데, 일부 유목민이 이 '그림의 떡'을 먹기 위해 농경민들과 거래하고 접촉했을 것이다. 그런 거래와 접촉이 빈번해진다면, 그것도 지도자의 통제 없이 이루어진다면 유목민 공동체는 심각한 위험에 처할 수 있다. 그래서 유목민 지도자들은 백성들이 돼지고기를 맛보는 것을 처음부터 금했던 것이다. 유목민이 만든 종교인 유대교가 세계 주요 종교의 모태 종교가 되면서 이 금기는 지금도 지켜지고 있다.

·

가난한 사람들이 키우던 동물, 돼지

돼지 이야기를 좀 더 해보자. 근대 이전 농경민이 돼지를 키우는 방식은 현대와 달랐다. 그들은 돼지를 우리에 가두어 키우지 않고 대부분 방목했다. 식량이 절대적으로 부족한 시대에 인간이 먹는 음식을 돼지에게 줄 수는 없었기 때문이다. 식량의 여유가 있었던 소수만이 현대와 비슷하게 돼지를 우리에 넣어서 키웠다.

돼지를 방목하는 방식은 양을 방목하는 것과 다르다. 로마 시대에 《농업서*de res rustica*》를 쓴 콜루멜라는 로마인이 돼지를 방목하는 방식을 자세하게 전한다. 그가 전하는 내용을 살펴보자.

돼지 몰이꾼은 돼지 새끼가 피리 소리에 반응하도록 길들여야 한다. 먼저 돼지 새끼를 우리 안에 넣은 다음 피리 소리가 날 때 우리 문을 열어 돼지 새끼들이 보리가 흩어져 있는 곳으로 갈 수 있게 한다. ……

피리 소리가 나는 곳에 그들을 모이게 하는 것은 숲속에 흩어져 있을 때 잃어버리지 않기 위함이다. (2, 4, 17~20)

먹이를 찾기에 가장 좋은 장소는 참나무, 코르크참나무, 너도밤나무, 터키참나무, 털가시나무, 야생 감람나무, 테레빈트나무, 새앙나무, 향나무, 쐐기풀, 칡, 산수유나무, 딸기나무, 자두나무, 옹가시나무, 야생 매나무로 덮인 숲이다. (7, 9, 3~7)[10]

위 내용을 보면 로마의 농민들은 돼지를 아침이면 숲에 풀어두었다가 밤이면 피리를 불어서 다시 우리로 불러들였음에 틀림없다. 오늘날에도 이런 방식으로 돼지를 방목하는 농민이 세계 곳곳에 많이 있다.

서양 중세에도 돼지는 대개 이런 방식으로 사육되었다. 많은 농민들이 돼지를 키웠는데 봄부터 가을까지는 숲에 풀어두었다. 숲의 가치는 돼지를 몇 마리 키울 수 있는지에 좌우되었다. 이렇게 숲에서 방목되었기 때문에 중세 돼지는 현대의 돼지와 생김새가 달랐다. 코는 뾰족했고, 송곳니가 앞으로 튀어나와 있었으며, 색깔도 검은색이나 암적색이었고, 무엇보다 덩치가 작고 다리가 길었다. 겨울이 오면 숲에 먹을 것이 줄어들기 때문에 농민들은 씨돼지를 제외하고 돼지를 도축하곤 했다. 이때 농민들은 돼지의 피 한 방울도

버리지 않았다. 돼지 피는 소 피처럼 응고시켜서 먹곤 했다. 물론 이렇게 도축한 돼지를 한 번에 먹어치우지 않고 대문이나 헛간에 걸어놓고 봄까지 먹었다.

1400년경부터 유럽이 중세에서 근대로 이행하면서 가축 사육 방식에 큰 변화가 나타났다. 가축의 품종 개량이 적극적으로 시도되었고, 가축 사료를 재배하는 기술이 발달하면서 소를 많이 키울 수 있게 되었다. 이후 돼지를 우리에 가두어놓고 키우는 방식이 정착되기 시작했다.

그렇지만 이후에도 돼지는 가난한 사람들이 키우는 가축으로서의 위상을 잃지 않았다. 빈민들은 산업혁명이 진행되면서 도시로 이주한 후에도 돼지를 계속 사육했다. 엥겔스는 1830년대 영국 노동자들의 생활을 직접 조사한 후《영국 노동자계급의 상태》를 썼는데 그 책에 다음 대목이 있다.

이어크강을 떠나 한 번 더 롱 밀게이트에서 반대편으로 하여 노동자 거주 지역에 들어가면 세인트 미카엘 교회에서 위디그로브와 쉬데 힐까지 뻗쳐 있는 약간 새로운 지역을 만날 수 있다. …… 이 지역에는 많은 돼지들이 골목길을 누비고 다니면서 오물 더미를 코로 헤적이거나 조그마한 돼지우리에 가두어져 있다. 맨체스터 대부분의 노동자 지역에서와 마찬가지로 여기에서도 돼지 사육인이 뒷골목 후미진 곳을 빌려 돼지우리를 만든다. 뒷골목 어디에서나 이러한 돼지우리가 여러 개씩 있는 것을 발견할 수 있으며 이곳 주민들은 찌꺼기와 오물들을 돼지우리에 다 버리며 여기서 돼지가 사육된다.[11]

이 구절에서 확인할 수 있듯이 맨체스터와 같은 대도시의 거리에서도 돼지우리를 흔히 볼 수 있었다. 돼지우리를 따로 만들어 키우는 것은 그나마 상황이 좋은 편이었다. 몹시 가난한 사람들, 특히 대도시로 이주하여 막노동을 하던 아일랜드 출신들은 집에서 돼지를 키우곤 했다. 그들은 고향에서 하듯이 집 벽 옆에 돼지를 가두는 공간을 설치했고, 그것이 금지될 때는 방 안에 돼지를 재웠다.[12] 방에서 돼지 키우기는 오늘날 상상하기 힘든 일이지만, 중세에는 매우 흔했다. 돼지는 생각보다 깨끗한 동물이고 지방질이 많아서 껴안고 자기 좋았기 때문이다.

·

유럽의 양 키우기

유목민만이 양을 키우는 것은 아니다. 농사를 지으면서 유목을 겸하는 반농 반유목 문화도 가능하다. 사실 고대 이래 유럽에서는 대부분 반농 반유목 문화가 발달했다. 이는 동양이 만리장성을 경계로 북쪽에는 전적으로 양을 키우는 유목민이 살고 남쪽에는 주로 돼지를 키우는 농경민이 살았던 것과 대조된다. 물론 중국은 매우 넓은 나라여서 만리장성 이남에도 양을 키울 수 있는 곳이 많았다. 더욱이 중국의 지배층, 특히 왕실은 전통적으로 양고기를 많이 먹었다. 송나라 때 황실에서는 양을 하루 280마리, 1년에는 약 10만 마리나 먹었다. 돼지는 양의 10분의 1정도가 소비되었다. 황실이 이렇게 양을 많이 소비했기 때문에 산시성, 장쑤성 등에 양을 특별히 사육하는 곳들이 있었다. 백성들도 양고기를 매우 좋아해서 도시의 주점이나 음식점에는 양고기를 파는 곳이 많았다.[13]

그러나 전근대 중국에서 양은 흔한 동물이 아니었다. 이는 당시 중국인의 식사에 유제품이 거의 없었다는 사실에서 확인된다. 중국에서는 남쪽으로 갈수록 양이 더 귀했다. 벼농사를 주로 짓는 중국 남쪽에서는 양 사육이 힘들었기 때문에 양고기보다는 돼지고기가 흔했고, 음식도 돼지고기가 중심이었다. 중국의 환경이 돼지를 키우기에 적합하기 때문이다. 중국인은 신석기 시대부터 오늘날까지 세계에서 돼지고기를 가장 사랑하는 민족이다. 중국의 신석기 유적지에서 발견되는 가축 뼈의 3분의 1이 돼지 뼈였으며,[14] 오늘날 세계 돼지의 40퍼센트가 중국에서 사육되고 있다.

중세 유럽에서는 양을 많이 키웠는데, 여기에는 여러 가지 요인이 작용했다. 파리 남쪽의 그리스, 이탈리아, 에스파냐, 스위스 등에서는 이목이 발달했다. 유목이 방목지를 따라 계속 이동하는 형태라면, 이목은 상호 보충적인 방목지를 계절에 따라 정기적으로 이동하며 가축을 사육한다.

이목에는 지중해적 형태와 알프스적 형태가 있다. 지중해 연안에서는 여름에 강수량이 적어서 평지에 목초지가 형성되지 않는 반면 고지에는 눈이 녹아 풀이 자란다. 이 지역의 목동들은 여름에는 고지대로 올라가 양을 키우고 겨울에는 저지대의 방목지로 내려온다. 이와 달리 알프스형 이목에서는 여름에 저지대의 풀을 '저장'해 놓기 위해 목동들이 고지대로 올라간다.[15]

그리스는 산악 지대가 국토의 80퍼센트나 되고 작은 계곡들이 많아서 양이나 염소를 키우기에 적당하다. 특히 고대에는 지금보다 훨씬 더 수목이 우거져 목장이 많았다. 따라서 고대 그리스에는 양치기가 많았고, 그리스 신화나 문학작품에도 양치기들이 자주 등장한다. 스파르타의 왕비 헬레네를 유혹하여 트로이 전쟁을 일으켰던 파리스도 양치기였고, 오이디푸스 콤플렉스로 유명한 오이디푸스가 버려졌을 때 그의 목숨을 구한 사람도 양치기였다.

고대 로마에서는 이목의 규모가 매우 커졌다. 로마는 기원전 270년경에 이탈리아반도를 통일했는데, 새롭게 정복한 이탈리아 중남부 일대에서 대규모로 양을 사육했다. 기원전 2세기 카토가 저술한

《농업서》에 따르면 라티움 - 캄파니아 저지대가 겨울 방목지로, 아브루치 산지나 아펜니노 산지가 고지대 방목지로 이용되었다. 로마인은 이탈리아 남쪽에 있는 시칠리아와 사르데냐에서도 많은 양을 키웠다. 특히 사르데냐의 목동은 무지하기로 유명해서 이탈리아에서 '사르데냐 목동 같은 사람'이라고 말하면 무식한 사람이라고 욕하는 것이다. 이때 양, 염소, 소가 사육되었는데, 양이 가장 많았으며 사육의 규모도 매우 컸다. 로마인이 양을 대규모로 사육한 것은 고대 의복의 주요 재료가 양모였기 때문이다. 양모는 의복, 직물, 카펫, 텐트 등을 만드는 데 폭넓게 사용되었다.

19세기 프랑스의 작가 알퐁스 도데는 소설《별》에서 뤼르봉산의 양치기가 예쁜 아가씨 스테파네트를 짝사랑했던 이야기를 그려냈다. 이 소설의 배경이 된 프로방스의 뤼르봉산은 알프스산맥 서쪽 끝에 있다. 알프스산맥뿐만 아니라 피레네와 쥐라를 비롯하여 산맥이 있는 곳이라면 유럽인은 어김없이 이목을 했다. 이목으로 사육되는 양은 상당히 많았을 텐데 그 규모를 정확히 알려주는 통계는 거의 없다.

중세 유럽인은 이목을 할 수 없는 평지에서도 많은 양을 키웠다. 중세 장원의 토지는 농지와 방목지로 구성되어 있었는데, 방목지에서 여러 종류의 가축이 사육되었다.[16] 중세 장원에서 재배된 곡물과 사육된 가축을 기록한 장원 문서들이 남아 있다. 그 가운데 810

년경 프랑스 북부 지역인 아나프, 비트리, 시주앵, 소맹 장원의 가축 사육 현황은 다음과 같다.

장원 가축	아나프 (릴 인근)	비트리 (두에 인근)	시주앵 (릴 인근)	소맹 (두에 동쪽)
말	72	101	53	약 53
소	127	53	30	42
돼지	365	250	160	250
양	470	220	358	450

9세기 초 프랑스 장원들의 가축 사육 현황[17]

이 표에 나타난 지역들은 프랑스 최북단 평야 지대에 있다. 이 장원들에서 가장 많이 키운 동물은 돼지와 양이었는데, 돼지보다 양이 좀 더 많았다. 이는 전근대 유럽 농경의 전형적인 모습을 보여준다. 다시 말해서 유럽을 제외한 대부분의 지역에서 농경민은 주로 돼지를 키우고 유목민은 양을 키웠지만, 유럽은 혼합농업을 하고 있었다. 따라서 중세 유럽의 어느 곳을 가든 양을 발견하는 것은 어려운 일이 아니었다.

중세 유럽에서 양을 가장 많이 키운 나라는 영국이었다. 여기에는 영국의 지형이 중요한 역할을 했다. 브리튼섬은 크기가 한반도의 1.1배 정도인데, 남쪽인 웨일스와 잉글랜드에는 산이 거의 없고 광활한 초지가 펼쳐져 있다. 북부인 스코틀랜드에는 높은 산이 있기는 해도 전체적으로 낮은 구릉이 많고 초지가 넓게 펼쳐진 곳도 제법 있다. 영국의 풍부한 초지는 연중 고른 강수량으로 풀이 매우 잘 자라기 때문에 양을 키우기에 적합하다.

이렇게 우호적인 지형 조건 덕분에 영국은 신석기 시대 이래 많은 양을 키웠다.[18] 중세 영국의 가축 보유에 대해서는 상당히 많은 통계가 존재한다. 1066년 헤이스팅스 전투를 통해 영국을 정복한 윌리엄이 장원의 실태를 자세히 조사하여 둠즈데이 북을 작성한 덕분이다. 1086년경 세 지역의 가축 보유 현황은 다음과 같다.

	노퍽	서퍽	에식스	합계
농노(명)	4,682	3,023	4,002	11,707
말	1,036	768	917	2,721
소	2,130	3,092	3,962	9,184
돼지	8,074	9,843	13,171	31,088
양	46,354	37,522	46,095	129,971
염소	3,020	4,343	3,576	10,939

11세기 말 영국 농민의 가축 보유 현황[19]

이 표는 중세 영국 농민들이 매우 많은 가축을 길렀음을 보여준다. 평균적으로 농민 한 명이 양 열 마리, 돼지 세 마리, 소 한 마리 정도를 사육하고 있었다. 이 수치는 앞에서 제시한 프랑스보다 훨씬 많다. 프랑스 장원의 경우 인구수가 나와 있지 않아서 농민 한 명이 가축을 얼마나 가지고 있었는지 정확하게 알 수는 없다. 다만 일반적으로 알고 있듯이 장원이 하나 혹은 두세 개의 마을로 구성 되어 있다고 가정하고 대략 추산해보면, 프랑스 농민은 1인당 양 한두 마리 정도를 보유하고 있었던 것 같다. 1인당 가축 보유 면에 서 보면 영국 농민이 프랑스 농민의 열 배를 가지고 있었던 셈이다.

영국은 13세기에 약 800만 마리의 양을 키우고 있었다.[20] 영국인 은 이렇게 많은 양에서 채취한 양모를 바다 건너 플랑드르 지방에 팔았다. 플랑드르는 양모를 가공하여 모직물 산업의 중심지로 떠올 랐고, 훗날 벨기에와 네덜란드는 물론 주변 지역이 산업 중심지로 성장하는 모태를 마련했다. 플랑드르가 모직물 산업을 통해 번영하 자 유럽의 지도자들은 영국에서 양모를 수입하기 위해 적극적으로 노력했다.

14세기 초 이탈리아 상인들, 특히 피렌체의 상사들이 영국 왕실 에 접근하여 양모를 이탈리아로 수입할 수 있는 특권을 얻어냈다. 이후 피렌체에 수백 개의 모직물 공장이 세워졌다. 영국의 양모 덕 분에 피렌체는 르네상스 시기에 베네치아와 쌍벽을 이루는 도시로 성장할 수 있었다.

◆

양젖과 염소젖으로 시작된 치즈

양은 의복의 재료로 사용되는 털 외에도 쓸모가 많은데 우선 고기가 맛있다. 아름다울 미美는 '양고기가 크게 맛있다' 혹은 '양고기는 큰 것이 맛있다'는 뜻인데, 이는 양고기를 맛본 사람들이 감탄사를 연발한 결과물일 것이다. 또한 양젖은 유목민의 주요 식량이다.

양젖은 염소젖에 비해 고형분의 비율이 높아서 마시기가 다소 불편하고, 약간 발효시켜 요구르트로 먹기는 좋다. 이때 발효 정도를 좀 더 높이면 치즈가 된다. 누가 언제부터 치즈를 먹기 시작했는지는 알 길이 없다. 문자가 발명되기 전이라 기록이 없기 때문이다. 중앙아시아의 유목민이 처음 만들었다는 주장도 있고, 메소포타미아 사람들이 처음 만들었다는 이야기도 있지만 확실하지는 않다. 추론은 가능한데 아마 처음에는 상당히 우연히 발견되었을 것이다.

양젖은 금방 부패한다. 아침에 짠 것을 내버려두면 저녁 때 벌써 신맛이 난다. 이때 양젖의 상태는 처음 양젖의 상태와 다르다. 식물에 붙어 있던 박테리아가 양이 풀을 먹을 때 양의 몸에 달라붙고, 양젖 속으로 유입되는 경우가 많기 때문이다. 이렇게 자연스레 발효된 양젖에서 수분을 빼면 오늘날 요구르트보다 약간 강하게 응집된 치즈가 된다. 이것은 처음에는 치즈가 아니라 '엉긴 젖'이라고 불렸다. 치즈라는 말은 로마 시대에 처음 쓰였다. 원래 유목민에서 시작한 고대 이스라엘 사람들은 이 엉긴 젖을 귀한 음식으로 손님에게 대접하곤 했다.[21] 구약성경에도 '엉긴 젖'이 여러 번 언급되었다.

치즈의 제작에서 첫 번째 혁신은 응유효소인 레닛의 발견이다. 전설에 따르면 아라비아의 한 상인이 양의 위로 만든 통에 양젖을 넣고 사막을 여행했는데, 막상 마시려고 보니 양젖 안에서 단단한 덩어리가 발견되었다. 이는 양젖이나 염소젖에 소화를 돕는 레닛이 들어 있기 때문이다. 레닛은 가축의 위뿐만 아니라 무화과 수액, 잇꽃 씨와 꽃 등에도 있는데, 가축의 젖을 단단하게 만든다.[22] 레닛을 넣어 단단해진 흰색 덩어리가 치즈의 주재료가 되는 커드다. 커드를 단단하게 만들고 여러 가지 형태로 발효시키는 기술이 점점 발달하면서 치즈가 발전했다.

기원전 6000년경부터 현재의 이라크 지역인 메소포타미아에서 수메르 문명이 발달했다. 수메르인은 쐐기문자를 발명하여 점토판에 기록했는데, 기원전 2500년경 이후 치즈가 다양한 방식으로 언급되었다. 원료에 따라 소·양·염소 치즈로 나뉘었으며, 발효 시간, 치즈의 강도에 따라 치즈가 20가지 이상으로 구분되었다. 그만큼 치즈 제조법이 발달했고 치즈가 주요 식재료였음을 알 수 있다.[23] 수메르 문명보다 약간 늦게 문명을 꽃피운 이집트인도 치즈를 먹었다. 기원전 3000년경에 만든 항아리의 조각에서 치즈가 발견되었으며 기원전 2000년경에 조성된 무덤의 벽화들에 치즈를 만드는 과정이 묘사되어 있다.

고대 그리스에서는 치즈 제조 기술이 좀 더 발전하고 치즈의 섭취도 늘어났다. 《오디세이아》를 보면 오디세우스와 그의 일행이 키클로프스섬에서 한 동굴에 들어간다. 동굴 안에는 치즈와 치즈를 만드는 데 사용되는 여러 가지 기구들이 있었다. 그들이 치즈를 먹으면서 주인을 기다리자 동굴의 주인인 외눈박이 괴물 폴리페모스가 들어왔다. '명성이 높은 자'라는 뜻의 폴리페모스는 동굴 안에 있던 양에서 젖을 짜서 반은 바로 마시기 위해 통에 넣었고, 반은 고리버들로 만든 바구니에 넣어 엉기게 했다. 《오디세이아》는 괴물이 치즈를 만드는 과정을 이렇게 간단하게만 소개한다. 아마 괴물은 양젖을 가열해서 바구니에 넣은 다음 동식물에서 채취한 효소와 소금을 넣었을 것이다. 이는 그리스 최고의 학자 아리스토텔레스가 그리스인이 치즈를 만들 때 무화과 주스나 레닛을 첨가한다고 언급한 것을 통해 알 수 있다.

《오디세이아》에 등장하는 치즈는 페타^{Feta} 치즈의 원형이었을 것이다. 페타는 양젖이나 염소젖으로 만드는데, 일반적으로 고대 그리스인은 염소젖을 선호했다. 이러한 분류는 다소 인위적이기는 하다. 공장제 대량 생산이 시작되기 전에는 농가에서 여러 가축의 젖을 섞어 치즈를 만들곤 했기 때문이다. 오늘날 몽골인이 양과 함께 염소, 소, 말, 낙타를 키우는 것처럼, 유목민은 양 외에 다른 가축도 키운다. 동물마다 좋아하는 음식물이 조금씩 다르고, 각 동물에게 투여하는 노동의 시간도 다르고, 가축 전염병에 대비하려면 하나의 종만 키워서는 안 되기 때문이다. 고대 이래 유목민은 대개 양과 염소를 3 대 1로 키웠는데 그리스에서 이 비율은 2 대 1이 되지 않는다. 1998년 기준으로 그리스에 양은 920만 마리, 염소는 560만 마리다.

그리스인이 염소를 많이 키운 것은 지형 때문이다. 양은 초지의 어린 풀을 좋아하지만 염소는 다 자란 풀, 나뭇잎 등을 좋아한다. 그리스는 산이 국토의 80퍼센트나 되기 때문에 염소가 자라기 좋다. 한국의 지형도 그리스와 비슷해서 전근대 시대 한국인은 양을 거의 키우지 않은 반면 염소는 많이 키웠다. 1980년대까지도 한국의 농촌에 양은 거의 없었고, 염소는 흔한 가축이었다.

그리스인이 염소를 많이 키웠기 때문에 그리스 신화나 문학을 보면 염소가 많이 나온다. 그리스 신화에서 신들의 왕 제우스는 염소 젖을 먹고 자랐고, 목동의 신 판은 염소의 뿔, 염소의 다리를 하고 있다. 이렇게 그리스인이 양과 염소를 많이 키웠기 때문에 그리스의 대표적인 치즈인 페타는 양젖과 염소젖을 주원료로 만들었다. 그리스인은 치즈를 '하늘의 선물'이라고 부르면서 즐겨 먹었고, 의약품으로도 사용했으며, 여러 가지 요리에 첨가하기도 했다. 그러나 그리스에서 치즈는 여전히 소수만이 먹는, 귀한 음식이었다. 고대 그리스에서 치즈가 사회적으로 얼마나 중요했는지 보여주는 자료는 없다.

염소는 에스파냐, 이탈리아, 프랑스에서도 많이 사육되었다. 특히 에스파냐 북부와 프랑스 남서부가 염소 사육지로 유명하다. 오늘날 염소 치즈로 유명한 샤비슈 뒤 푸아투Chabichou du Poitou는 732년 카롤루스 마르텔이 아바스 왕조의 이슬람군을 물리친 지역으로 유명한 푸아티에 지역에서 유래했다. 전하는 이야기에 따르면 이때 유럽으로 쳐들어온 이슬람군은 식량으로 쓰기 위해 염소를 끌고 다녔는데, 전투에 지고 후퇴하면서 염소를 두고 갔고 그 후 이 지역에서 염소 사육이 시작되었다고 한다.

로마 시대, 치즈가 일상 음식이 되다

로마는 여러 면에서 서양 문명의 근간을 마련했는데, 치즈도 그중 하나다. 로마인은 치즈 제조법을 발달시켜 오늘날과 같은 모양과 품질의 치즈를 만들었고, 최고 엘리트에서 서민층까지 널리 치즈를 먹고 즐기는 문화를 창조했다.

　로마 치즈의 특징은 주재료가 양젖이라는 것이다. 로마인은 원래 목동에서 출발했기에 로마에는 건국 초기부터 중심부에 '가축 시장'이 있었다. 이 시장 이름이 '소 시장forum Boarium'이라는 것에서 알 수 있듯이 로마인은 일찍부터 소를 매매하곤 했다. 그렇지만 소는 많지 않았고 주로 농사용으로 쓰였다. 기원후 1세기에 《농업서》를 쓴 콜루멜라도 소는 오직 마차를 끌거나 제물로 바쳐지며 다른 용도는 없다고 말했다. 그의 증언대로 로마에서는 소젖을 직접 마시거나 가공하여 치즈로 먹는 일이 드물었다. 대신 로마인은 양을 많이 키웠다. 로마는 양을 키우기에 매우 좋은 조건을 갖고 있다. 특히 이탈리아 중남부는 구릉지대가 54퍼센트나 되어 양 사육지로 적절하다. 기원전 201년 2차 포에니 전쟁이 끝난 후부터 로마인은 이 지역에 대규모 농장, 즉 라티푼디아를 조성했다.

　라티푼디아는 상품작물을 재배하여 이윤의 극대화를 추구했는데, 이때 이윤이 가장 많이 남는 것이 바로 양의 사육이었다. 양 사육이 늘어나면서 양젖으로 치즈를 만드는 사업도 발전했고, 그 후 지금까지도 양젖으로 치즈를 만드는 전통이 이어지고 있다. 양젖으로 만든 치즈를 통틀어 페코리노라고 한다. 이는 이탈리아어로 양을 페콜라pecora라고 하는 데서 유래했다. 도시 로마에 가까운 라티움 지역에서 만든 치즈가 페코리노 로마노Pecorino Romano다. 토스카나 지방에서 만든 것은 페코리노 토스카노Pecorino Toscano, 사르데냐 지방에서 만든 것은 페코리노 사르도^{Pecorino Sardo}라고 한다. 페코리노 치즈는 규격화되어 있지 않고 제조자에 따라 맛이 조금씩 다르다. 지금도 중남부의 여러 지역에서 영세업자들이 고유한 방식으로 치즈를 만들고 있다.[24]

　로마인은 치즈 만드는 기술을 정교하게 발달시켰다. 많은 로마 지식인이 치즈 만드는 과정에 대해 언급했지만, 콜루멜라의 진술이 가장 자세하다. 그가 기술한 치즈 제조 과정은 다음과 같다. 먼저 원유를 가열하는데,[25] 이때 원유가 담긴 통을 불에 너무 가까이 해서는 안 된다. 적당한 온도를 유지해야 하기 때문이다. 이렇게 살균한 원유를 식힌 후에 레닛 3.4그램을 첨가한다. 이때 응고제로 사용하는 레닛은 양의 위에서 추출한 것을 사용한다. 레닛 대신 야생 엉겅퀴 꽃, 잇꽃 씨, 무화과 즙도 넣을 수 있다. 이후 커드가 생겨나면 물기를 빼낸 후 응달지고 차가운 곳에 둔다. 그리고 표면에 소금을 친다. 적당히 발효한 후에 여러 가지 기구를 써서 압축하고 치즈 모양새를 만든다. 치즈를 제조하는 과정에서 허브를 비롯한 여러 가지 먹을거리를 첨가할 수 있으며, 치즈 덩어리에 연기를 지속적으로 씌워 훈제할 수도 있다. 치즈를 창고의 선반에 놓고 계속 발효시키면서 가공한 후 시장에 판다.[26]

　이 과정은 오늘날과 거의 같다. 로마인은 응고제를 적절하게 통제하면서 사용할 줄 알았으며, 발효의 원리를 정확하게 이해하지는 못했지만 발효시키는 과정은 확실하게 알고 있었다. 로마가 치즈를 대량 생산할 수 있었던 이유다.

로마 시대에 치즈는 군대의 필수 배급품이었다. 병사들에게 하루약 27그램의 치즈가 배급되었다. 로마 병사들이 머물렀던 유적지에서는 치즈 생산에 필요한 여러 가지 도구들이 발견되었다. 이는 로마 정부가 병사들에게 치즈를 공급하기 위해 현지에서 원유를 조달하여 치즈를 생산했다는 것을 의미한다.[27]

로마가 병사들에게 나눠준 치즈는 단단한 원형 치즈였다. 치즈가 로마의 군사 식량이 된 것은 큰 의미를 갖는다. 군대가 이동할 때 식량 조달이 가장 중요하다. 농경민의 군대는 대개 곡물과 조리 기구를 가져가야 했기 때문에 이 점에서 불리했다. 반면에 유목민은 말린 고기를 비상식량으로 삼아 신속하게 이동할 수 있었다. 몽골족이 세계를 제패하는 데도 말린 고기가 중요한 역할을 했다. 몽골 병사들은 말안장에 말린 고기를 가지고 다니면서 배고픔을 면하며 재빨리 이동할 수 있었다. 치즈는 바로 이 말린 고기 역할을 할 수 있었다. 더욱이 로마인은 빵을 주식으로 삼기 시작했는데, 빵은 매번 조리해야 하는 것도 아니고 쉽게 부패하지 않아서 1년도 먹을 수 있었다. 따라서 로마군의 식량은 기동성을 향상시켰다.

시민들도 일상적으로 치즈를 먹었다. 301년 로마 황제 디오클레티아누스는 주요 생필품의 최고 가격을 정하는 칙령을 발표했다.

이때 '부드러운' 치즈는 달걀, 과일과 같이 농촌에서 생산되는 품목에 포함시켰고, '단단한^{dry}' 치즈는 어류 항목에 넣었다. '단단한 치즈'가 어류 항목에 들어간 이유는 치즈가 물고기와 함께 소비되거나 아니면 '염장된 물고기'처럼 소금으로 가공한 음식이기 때문일 것이다.[28] 하여튼 디오클레티아누스의 최고 가격 목록에 치즈가 포함되었다는 것은 치즈가 로마인의 일상 음식이었음을 의미한다. 로마인은 하루 세 끼 가운데 아침을 간단하게 먹었는데 주로 이때 치즈를 먹었다.

이렇게 치즈는 로마 시대에 일상 음식이 되면서 서양인을 상징하는 음식으로 자리 잡았다. 고대 로마를 계승한 이탈리아는 앞에서 언급한 페코리노 치즈 외에 모차렐라 치즈 생산으로도 유명하다. 이 치즈의 원래 이름은 모차렐라 디 부팔라$^{Mozzarella\ di\ bufala}$다. 모차렐라는 '자르다'라는 뜻의 'mozzare'에서 유래했고, 부팔라는 물소라는 뜻이다. 이름에서 알 수 있듯이 이 치즈는 원래 물소젖으로 만들었다. 인도와 동남아시아가 원산지인 물소는 습지가 많은 지역에서 사육된다. 아랍인이 시칠리아를 지배했던 중세에 이탈리아로 들어왔고, 이탈리아 남부에서 상당히 많이 사육되었다.

물소젖으로 만든 치즈는 다른 치즈에서 나는 냄새가 매우 적은 데다가 촉촉하면서 표면이 매끄럽고 부드럽다. 더욱이 지방과 단백질이 많이 들어 있어서 영양도 풍부하다. 많은 사람들이 이 치즈에 반할 수밖에 없었다. 16세기 교황의 요리사 바르톨로메오는 "신선한 물소젖으로 만든 치즈는 아무리 못 만들어도 소젖으로 만든 최상의 치즈만큼 훌륭하다"라고 말했다.[29] 모차렐라 치즈는 오늘날에도 많이 소비된다. 거의 숙성시키지 않은 모차렐라 치즈는 생으로 먹기도 좋으며, 피자나 스파게티의 주재료로 많이 사용된다. 피자에 들어 있는 하얗고 말랑말랑한 치즈가 바로 모차렐라다. 오늘날에도 이탈리아 남부 나폴리 등에서 물소가 많이 사육되고, 물소젖으로 만든 모차렐라 치즈가 많이 생산되고 있다. 그런데 물소젖이 비싸기 때문에 2차 세계대전 이후에는 점차 소젖으로 모차렐라를 만드는 비율이 높아지고 있다.

다양한 치즈들의 유래

서로마 제국이 쇠퇴하자 북쪽에 있던 게르만족이 내려와 유럽에 정착하면서 중세를 열었다. 게르만족은 대개 농사보다는 유목에 열중했다. 로마의 장군 카이사르는 현재 프랑스 지역인 갈리아를 정복하면서 게르만족과 대면했는데, 게르만족이 '주로 가축의 젖, 치즈, 고기를 먹는다'고 말했다. 2세기에 게르만인에 대해 자세한 보고서를 쓴 타키투스도 "그들의 먹을거리는 간단한데 야생과일, 사냉해서 얻은 신선한 육류, 굳어진 가축의 젖이 그것이다. 그들은 세심하게 조리하거나 양념을 치지 않고 공복을 채운다"라고 썼다.

 카이사르와 타키투스의 보고에 따르면 게르만족은 서로마 지역을 차지하기 전부터 치즈를 주요 음식으로 삼고 있었다. 다만 치즈의 제조법 수준은 로마에 비해 많이 떨어졌다. 타키투스가 그들의 치즈를 '굳어진 가축의 젖'이라고 묘사한 데서 알 수 있듯이 게르만인의 치즈는 초보적인 수준이었을 것이다.

 5세기 이후 프랑크족이 유럽을 주도하면서 로마인과 게르만인이 본격적으로 융합되었다. 게르만족이 로마의 치즈 제조법을 배워서 발달시켰을 가능성이 높지만, 이를 입증해주는 자료는 거의 없다. 프랑크족이 남긴 기록이나 그들에 대한 문헌에 치즈가 별로 언급되지 않았고, 심지어 프랑크족의 생활을 규정했던 살리 법전에서도 치즈는 등장하지 않는다.

 이는 게르만족이 한동안 로마의 치즈 제조 기술을 발전시키지 않았음을 의미한다. 그들은 중세에도 레닛을 첨가하지 않고 치즈를 만들었다. 오늘날에도 게르만족의 후예인 독일은 주로 이 방식으로 치즈를 만든다. 독일은 치즈 3대 생산국이지만, 지금도 치즈 생산량의 반을 비숙성 치즈인 쿼크Quark로 만들고 있다.

 치즈 제조 기법은 로마의 전통을 보존하고 있던 수도원에서 발전했다. 이것이 중세 치즈의 첫 번째 특징이다. 그래서 오늘날 치즈

이름 중에는 웬즐리데일^{Wensleydale}, 퐁 레베크$^{Pont\ L'eveque}$, 테트 드 무안 Tête de moine처럼 수도원 이름에서 유래한 것이 많다.

웬즐리데일 치즈는 푸른곰팡이 치즈로 유명한 로크포르 지방에서 영국으로 건너온 수도사들이 만든 것으로 알려져 있다. 로크포르는 프랑스의 미디 피레네 지방 아베롱에 있는 작은 마을이다. 이 마을 근처에 있는 동굴들은 석회암 지대에 위치하여 바람이 잘 통하고, 1년 내내 습도는 95퍼센트, 온도는 섭씨 6~9도를 유지한다.[30] 치즈 숙성에 최적의 조건이라고 할 수 있다. 또한 이 지역에서는 중세 초에 염소가 많이 사육되었다. 양젖이나 염소젖으로 만든 로크포르 치즈는 이미 중세 시대에 훌륭한 치즈로 명성이 높았다. 18세기 프랑스의 지식인 디드로가《백과전서》에서 유럽 최고의 치즈로 극찬한 바 있다.

중세 치즈의 두 번째 특징은 주재료가 양젖이었다는 것이다. 중세 이탈리아, 프랑스, 영국 등지에서 양을 많이 키웠으므로 양젖이 치즈의 주재료가 된 것은 당연하다. 현대와 달리 중세에는 소젖보다는 양젖이나 염소젖으로 만든 치즈가 훨씬 선호되었다.

지금도 널리 사랑받는 로크포르와 웬즐리데일이 양젖을 주재료로 만든 치즈다. 두 치즈는 블루치즈로도 유명하다. 블루치즈는 곰팡이가 치즈 속에서 자라면서 치즈를 발효시켜 나중에 푸른색을 띠게 되는 치즈를 말한다. 이런 치즈에는 곰팡이에 산소를 공급하기 위한 구멍이 뚫려 있고, 표면에 푸른곰팡이 균이 만들어낸 줄무늬가 있다. 로크포르와 함께 영국의 스틸턴Stilton 치즈, 이탈리아의 고르곤졸라Gorgonzola 치즈가 세계 3대 블루치즈로 꼽힌다. 양젖은 1500년경까지 전 유럽, 특히 영국에서 치즈의 주재료로 사용되었다. 영국 중세의 장원 문서들에서 농민들이 양을 많이 키웠고, 양젖으로 치즈를 만들어 먹었다는 사실이 확인된다.[31]

중세 치즈의 세 번째 특징은 다양성이다. 원래 치즈는 그 속성상 다양할 수밖에 없다. 지역마다 풀의 종류, 공기 중에 존재하는 곰팡이 균의 종류가 달라서 같은 재료를 사용하더라도 제조 지역에 따라 다른 맛이 나곤 한다. 그래서 유럽에는 "한 마을에 한 가지 치즈가 있다"는 말이 있을 정도로 치즈의 종류가 다양하다. 이 다양성은 중세에 더욱 강했다. 고대에는 치즈의 주요 산지가 지중해 연안이었지만 중세에는 유럽 전역으로 확대되었고, 중세의 마을들은 각기 다양한 전통과 독자성을 유지하면서 발전했기 때문이다. 중세 특정 지역에서 만들어진 치즈, 즉 파르미지아노 레지아노Parmigiano-Reggiano, 브리Brie, 카망베르Camembert 등이 서서히 명성을 얻으면서 지역의 특산품으로 자리 잡았다.

파르미지아노 레지아노는 이탈리아 북부 포강 유역 파다나 평원 지역에서 생산되는 치즈다. 이 치즈는 최소 1년 이상 숙성시켜 매우 단단하다. 발효 버터, 말린 파인애플 향이 나고 감칠맛이 매우 뛰어나다. 이 치즈는 르네상스 시대 최고의 작가 보카치오가《데카메론》에서 극찬했고, 14~15세기 이래 이탈리아인이 외국인에게 선물하기 좋은 물건으로 여기곤 했다. 15세기 이후 많이 수출되어 유럽인의 입맛을 사로잡았고, 지금도 수프나 샐러드의 풍미를 더하는 최고의 재료로 손꼽힌다. 미국으로 이민 간 이탈리아인들이 이 치즈를 만든 후 분말로 만들면서 '파르메산'이라고 불렀다. 따라서 파르메산 치즈는 파르미지아노 레지아노의 사촌 치즈라고 할 수 있다. 오늘날 파르메산 치즈는 파스타를 비롯한 여러 음식에 조미료로 사용되고 있다.

브리 치즈는 황제의 치즈로 유명하다. 브리는 파리 근처에 있는 작은 지역의 이름이다. 전하는 바에 따르면 유럽의 아버지로 유명한 카롤루스 황제가 774년경에 어떤 주교의 관저를 방문했다. 그날이 주의 제6일, 즉 금요일이라 고기를 대접할 수 없었던 주교는 하얀 고급 치즈를 대접했다. 식탁에 앉은 카롤루스는 그가 먹을 수 없다고 판단한 겉껍질을 잘라내고 속살만을 먹으려고 했다. 그러자 주교는 "폐하, 왜 가장 맛있는 부분을 버리려고 하십니까?"라고 말했다. 겉껍질 부분을 맛본 카롤루스는 그의 말에 동감하며, 앞으로 이런 치즈를 해마다 두 수레씩 바치라고 명령했다. 이 치즈가 브리 치즈라는 것은 겉껍질에 흰 곰팡이가 있었을 거라고 추론되기 때문이다. 그렇지만 문헌에서는 브리 치즈가 좀 더 나중에 확인되므로 이 치즈가 브리 치즈가 아니라고 주장하는 사람도 있다.

카망베르 치즈는 노르망디 오주 지방의 작은 마을인 카망베르에서 만들어진 치즈다. 전하는 이야기에 따르면 프랑스 혁명 시기인 1791년에 한 사제가 파리에서 이 지역으로 도망쳐 왔는데 한 농부가 그를 숨겨주었다. 사제는 감사의 표시로 브리 치즈의 제조법을 알려주었고, 농부의 아내가 그것을 개량하여 카망베르 치즈를 만들었다. 이 치즈는 곰팡이에 의해 숙성된 것으로 겉면에 솜털 모양의 흰색 곰팡이가 끼어 있고, 가는 줄무늬가 뚜렷하게 관찰된다. 숙성 기간이 2~6주로 짧은 연성 치즈로, 진하고 강한 맛이 난다. 프랑스 혁명기에는 노르망디의 여인들이 나폴레옹에게 대접했다고 알려져 있다.

중세 치즈의 네 번째 특징은 보편성이다. 게르만족이 치즈 제조 기술을 발전시키지는 않았지만 중세에 치즈는 계속 제조되었고, 왕에서 하층 농민에 이르기까지 치즈를 즐겨 먹었다. 중세 왕이나 귀족의 식사 장면을 묘사한 문헌이나 그림에도 치즈가 자주 등장한다.[32]

중세의 엘리트들은 치즈를 약간 금기시하거나 두려워하기는 했다. 지식인들이 치즈를 많이 먹으면 몸에 좋지 않다고 주장했기 때문이다. 이런 주장은 고대부터 성인이 가축의 젖을 마시는 것에 대한 금기가 있었고, 치즈의 응고와 발효 과정을 제대로 이해하지 못한 데서 기인했다. 중세 지식인들은 그리스의 의사 히포크라테스가 수립한 사체액설에 근거해서 음식이 몸에 끼치는 영향을 탐구했다. 15세기 이탈리아 사람 플라티나는 "치즈는 위의 입구를 봉인하여 다른 기름진 음식의 역겨운 냄새를 막아주기 때문에 식사의 끝에 먹어야 한다"라고 주장했다. 이후 음식 전문가들이 그의 주장을 되풀이했고, 그 때문에 오늘날 유럽인들이 일반적으로 치즈를 식사 끝에 먹고 있다.

그러나 엘리트 사이에서도 치즈를 고급 음식으로 여기는 문화가 서서히 자리 잡았다. 여기에는 치즈가 수도원에서 생산된다는 사실이 중요한 역할을 했다. 치즈가 성직자들이 먹는, 좋은 음식이라는 인식이 점차 퍼져나갔던 것이다. 그리하여 르네상스 시기에 판탈레오네라는 사람은 "나는 자주 그것도 기꺼이 치즈를 먹는 왕, 공작, 백작, 후작, 남작, 병사 들을 알고 있다"라고 썼다.

금기가 있었다는 것은 거꾸로 평민들이 기꺼이 치즈를 먹었음을 의미한다. 농노라도 부유한 편에 속하는 사람은 거의 매일 치즈를 먹었고, 다소 가난한 사람이라도 가축의 젖이나 치즈를 자주 먹었다는 기록이 많이 있다.

치즈를 만들고 식사하는 모습. 중세인의 건강과 관련된 내용을 엮은 핸드북 《타퀴넘 사니타티스(*Tacuinum Sanitatis*)》에 실린 그림이다.

◆

우리가 가게에서
치즈를 구할 수 있기까지의 과정

근대가 되자 치즈의 제조와 소비에서 큰 변화가 여러 가지 나타났다. 먼저 주재료가 양젖에서 소젖으로 바뀌었다. 전근대에도 소젖 치즈는 많이 제조되었다. 예컨대 스위스의 소젖 치즈인 그뤼예르 Gruyère 치즈가 유명하다. 알프스 산자락에 위치한 스위스는 고대부터 소를 많이 키웠고, 12세기부터 소젖으로 그뤼예르 치즈를 만들었다. 스위스의 소들은 알프스 산지에서 나는 건강한 풀만을 먹고 자라기 때문에, 그 소의 젖으로 만든 치즈가 품질이 우수한 것은 당연하다. 이 치즈는 5개월에서 2~3년까지 숙성한 경질 치즈이고, 풍미가 강하다. 오늘날도 스위스의 대표적인 치즈로 세계 전역에서 소비되고 있다.

스위스 치즈로 그뤼예르와 쌍벽을 이루는 치즈는 에멘탈Emmental 이다. 그뤼예르가 스위스 치즈의 여왕이라면, 에멘탈은 스위스 치즈의 왕이다. 에멘탈은 만화영화 〈톰과 제리〉에 나오는 경성 치즈로 역시 소젖으로 만드는데, 지름이 1미터나 될 정도로 크다. 스위스와 같은 산악 지역은 대개 경성 치즈를 만드는데, 이들 지역에서는 긴 겨울 내내 먹기 위해 단단하고 오래 보관할 수 있는 치즈가 필요하기 때문이다. 이런 치즈를 마운틴 치즈라고도 부른다.

1400년경부터 양젖에서 소젖으로의 변화가 시작되었다. 15세기 중엽에 이탈리아 사람 플라티나는 "요즘 치즈는 양젖으로 만든 것과 소젖으로 만든 것이 우위를 차지하기 위해 경합을 벌이고 있다"라고 썼다. 이는 점차 소젖이 치즈 재료로 많이 쓰이면서 양젖의 우위가 흔들리고 있었음을 의미한다.[33] 이후 100년 이내에 소젖은 양젖을 몰아내고 우위를 굳힐 터였다.

이러한 변화는 소 사육이 확산된 덕분이었다. 이탈리아의 경우 15세기 이후 포강 유역과 남쪽 알프스 지역에서 소 사육이 증가했고, 영국에서는 아일랜드가 새로운 소 사육지로 부각되었으며, 중세에 소 사육이 활발하지 않았던 에스파냐에서도 소 사육이 크게 늘어났다. 네덜란드, 독일 북부, 발트해 연안 지역, 덴마크 등에서도 소의 사육이 크게 증가했다.

소 사육이 증가했던 것은 두 가지 이유 때문이다. 먼저 중세 말 이후 유럽인의 생활수준이 개선되면서 육류와 치즈를 비롯한 육류 부산물에 대한 수요가 크게 늘어났다. 16세기 독일의 작센 지역에서 작성된 노복들에 대한 급양給養 규정은 이 사실을 여실히 보여준다. 이 규정은 노복들에게 고기는 일요일, 화요일, 목요일에, 치즈는 일요일, 월요일, 화요일에, 우유는 수요일, 목요일, 금요일, 토요일에 배급하도록 규정했다.[34] 이는 사회의 최하층민인 노복도 매일 고기와 육가공품을 먹었다는 것을 보여준다. 노복이 매일 먹었다면 사회의 대다수 구성원의 식사에서 고기나 육가공품이 필수품이 되었을 것이다.

둘째, 16세기 이후 토지 이용 방식에 변화가 있었다. 영국을 필두로 여러 지역에서 관개 목초지가 만들어졌다. 관개 목초지는 정교한 관개 시설을 건설하여 강물의 흐름을 바꾸고, 얕은 물로 목초지를 뒤덮는 것이다. 이 방법은 목초의 성장을 크게 촉진하여 가축 수를 늘어나게 했다.

재료의 변화와 함께 근대 초 치즈에 있어 중요한 점은 치즈가 일상적인 상품이 되었다는 것이다. 중세에 치즈는 상품으로 팔리기보다는 자가 소비가 많았다. 농민들은 대개 스스로 치즈를 만들어 먹거나 고작해야 물물 교환을 통해 치즈를 구했다.

16세기가 되자 치즈는 생산지에서 소비지로 대량 판매되었다. 파리, 런던, 베네치아 등 대도시에서는 상인들이 주변의 농촌이나 수도원과 계약하여 치즈를 조달하거나, 멀리 떨어져 있는 주요 산지에서 대량으로 들여왔다. 파리는 브레, 오베르뉴, 투렌, 피카르디 등에서 치즈를 들여왔고, 나폴리, 로마 등은 사르데냐에서 치즈를 들여왔다. 사르데냐의 치즈는 특히 명성이 높아서 멀리 마르세유와 바르셀로나에까지 판매되었다. 베네치아에는 달마치아의 치즈와 칸디아의 치즈가 팔려나갔다. 스위스 치즈는 '진짜 그뤼예르' 치즈라고 불리면서 프랑스 전역에 대량으로 판매되었다. 북해 연안의 습지대와 킬만 주변에서 생산된 치즈는 대량으로 암스테르담과 독일 북부 지역으로 수출되었다. 홀슈타인 지역의 작은 지방인 아이더슈테트만 해도 1583년과 1600년 사이에 매년 200만~300만 푼트를 수출했다.[35]

치즈는 유럽 너머 세계로 뻗어나갔다. 17세기에 세계 무역을 주도한 네덜란드의 치즈는 수천 개씩 묶여서 멀리 아메리카까지 팔려나갔다. 이후 치즈는 유럽인이 진출한 아메리카, 인도, 아시아에까지 뻗어나갔다. 이는 해외에 나간 유럽인이 식사에서 치즈를 필수품으로 여겼기 때문이다.

이렇게 치즈가 거의 모든 서양인의 일상 음식이 되면서 전통적인 방식의 소규모 생산으로는 수요를 충족할 수 없었다. 따라서 대량 생산이 추구되었는데, 그 선구자는 영국 체더 마을이었다. 체더 Cheddar 치즈는 모차렐라 치즈와 함께 세계에서 가장 많이 소비되는 치즈다. 영국 남서부의 서머싯 지역에서 고대 말부터 생산된 이 치즈는 이미 중세에도 명성을 얻고 있었다. 체더 지역의 동굴에서 저온으로 짧게는 3~4개월, 길게는 몇 년간 숙성시켜 만드는 이 치즈는 경성 치즈이고, 다소 시면서 부드럽고 풍부한 맛을 낸다. 근대 초 체더 마을이 이 치즈의 생산을 주도하면서 체더치즈라는 이름이 생겼다. 17세기 체더 시는 이 치즈를 대량 생산하기 위해 일종의 협동조합을 만들었다. 주변 농촌에서 우유를 모은 다음 큰 공장에서 치즈를 생산해서 유통시켰다. 19세기에는 하딩이 치즈 제조 공정을 표준화하면서 공장의 효율을 더욱 높였다.

17세기 미국으로 건너간 영국인들이 체더 방식으로 치즈를 만들면서 미국에서 대량으로 체더치즈가 생산되었다. 체더 방식은 우유를 응고시킨 후 소금을 넣고 몇 개월간 저온에서 숙성시키는 방식이다. 체더치즈는 원래 밝은 오렌지색을 띤다. 체더 지역에서 자라는 풀에 베타카로틴이 많이 들어 있기 때문이다. 미국은 자연환경이 달라서 치즈 제조 공정을 영국과 똑같이 하더라도 이 색깔을 낼수 없었다. 그래서 미국 생산자들은 잇꽃 나무 씨로 만든 아나토색소를 넣어 인위적으로 노란색을 만들어냈다.[36]

협동조합과 공장을 통한 대량 생산 방식은 19세기 미국을 중심으로 널리 퍼져나갔는데, 이 과정에서 가공 치즈가 탄생했다. 가공치즈는 자연 발효시킨 치즈에 유화제를 넣고 가열하여 쉽게 모양을 내고 보관 기간을 늘린 치즈를 말한다. 시중에 유통되는 노란 슬라이스 치즈가 대표적인 가공 치즈다. 1911년 스위스 사람 발터 거버와 프리츠 슈테틀러가 치즈의 유통 기간을 늘리는 방법을 고민하다가, 스위스의 대표적 치즈인 에멘탈에 유화제를 넣고 다시 굳히는 실험에 성공했다. 비슷한 시기 미국에서는 크래프트가 체더치즈를 80도로 가열하여 녹인 후 병에 넣었다. 크래프트가 이 기술을 특허 내면서 가공 치즈processed cheese라는 말이 생겨났다.

이후 가공 치즈 기술이 더욱 발달하여 슬라이스로 모양을 자르는 기술이 개발되었고, 여러 가지 첨가물을 넣어 치즈의 속성을 바꾸는 제품들이 만들어졌다. 로커스트콩검이나 카라지난과 같은 점성을 높이는 재료를 첨가하여 만든 크림치즈가 대표적인 예다.

근대 치즈의 마지막 특징은 전 세계인의 음식이 되었다는 것이다. 전근대에도 치즈는 서양인만의 음식은 아니었다. 원래 유목민의 음식이었고, 이슬람권에서도 치즈를 많이 먹었다. 그렇지만 치즈를 세계의 음식으로 만든 것은 서양인이었다. 그들은 중세부터 치즈를 상품으로 개발하여 널리 유통했고, 근대에는 치즈 제조 기법을 표준화하여 대량 생산의 길을 열었다. 이런 상태에서 서양 문명이 세계의 표준 문명으로 자리 잡으면서 아프리카, 아시아의 여러 지역에 서양인이 만든 치즈가 퍼져나갔다. 오늘날 한국, 중국, 일본과 같은 국가들의 치즈 소비량은 해마다 크게 늘고 있다. 한국인의 1인당 자연치즈 소비량은 2013년 1.7킬로그램에서 2014년 1.9킬로그램, 2015년 2.1킬로그램으로 늘었다. 애호가가 계속 늘어나고 있으므로 증가 폭은 더욱 커질 전망이다.

서양 중세의 사유 구조와 음식 문화

음식에서도 '하늘'을 지향한 서양 중세 사람들

피타고라스와 플라톤 이래 그리스인들은 은하수의 밝은 빛 가운데 인간의 고향이 있다고 믿었다. 그 믿음에 따르면 인간의 영혼은 은하수의 빛 가운데 살고 있다가 운명의 실타래에 따라 이 세상으로 내려오고 이승의 삶을 마친 다음에는 다시 은하수의 세계로 돌아간다. 이런 믿음은 아리스토텔레스의 우주관에 기반하고 있었다. 아리스토텔레스에 따르면 우주는 월상의 세계, 즉 달 위의 세계와 월하의 세계, 즉 달 아래의 세계로 구성되어 있는데, 월상의 세계는 완벽하고 변화가 없는 반면 월하의 세계는 불완전하고 항상 변화한다. 그리고 두 세계 사이에는 거대한 단층이 있어서 산 자는 그 단층을 넘어갈 수 없다.

로마인들도 사람이 죽으면 영혼이 지상의 쓰레기들로 구성된 육체에서 분리되어 단층을 넘어 우주로 가며 우주로 간 영혼은 다시는 돌아오지 못한다고 믿었다. 2세기 작가인 플루타르코스는 이런 관념을 명확하게 보여준다. 플루타르코스는 로물루스의 시체가 하늘로 사라졌다는 대중의 믿음은 그들이 '원시적인 심성'을 가지고 있음을 보여주는 슬픈 예라고 말했다. 당시 사람들이 알고 있던 우주의 구조에서는 그런 일이 일어날 수 없었기 때문이다. 고결한 영혼은 신성한 별들 가운데 머무를 수 있다. 그러나 이런 일은 영혼이 육체와 분리된 후에야 가능하다. 영혼은 축축하고 밑으로 가라앉으려는 육체의 구름을 섬광처럼 빨리 떠난 후에야, 하늘을 통과하여 자신에게 합당한 장소를 다시 찾을 수 있다.

3세기에 로마 제국에서는 신플라톤주의 철학이 성행했다. 신플라톤주의는 플라톤이 추구했던 이데아의 세계에 당대인들의 세계관과 우주관이 결합된 것이다. 신플라톤주의의 대가 플로티노스는 궁극적인 단순^{simplicity}을 표현하는 절대자^{One}를 가정했다. 절대자의 단순함과 초월성은 모든 범주를 넘어서며, 서술될 수 없는 것이다. 이 절대자에서 우주의 모든 것이 파생되었다. 최초의 파생물은 정신^{Mind}이고, 여기서 세상에 존재하는 개별체들의 영혼^{soul}이 파생되어 나왔다. 이 때문에 인간의 영혼은 두 부분으로 이루어져 있는데, 상위 부분에서는 자기가 파생되어 나온 정신을 숙고하고, 그 하위 부분은 물질세계와 접촉하고 있다. 물질세계는 오염되고 불확실한 것으로 영혼을 타락시킨다. 한마디로 플로티노스는 육체의 구성에 관한 설명에서 이원주의를 제기하면서 피타고라스-플라톤 계열의 생각을 명확히 했다.

그런데 플로티노스의 사상은 너무나 난해했다. 어느 날 한 제자가 플로티노스에게 말했다. "선생님의 말씀이 너무 어려워서 이해할 수가 없습니다." 플로티노스가 대답했다. "자네가 내 말을 모두 이해한다면 나와 자네가 다를 것이 무엇이겠는가. 자네가 내 말을 이해하지 못하니 나는 선생이고 자네는 제자라네."

기독교가 로마 제국을 장악한 후 기독교인들도 이 세계관을 물려받았다. 이는 단테의《신곡》에 잘 나타나 있다. 단테는 천국이 모두 열 개의 천계로 구성되어 있다고 생각했다. 월천, 수성천, 금성천, 태양천, 화성천, 목성천, 토성천, 항성천, 원동천, 지고천이 그것이다. 이 천계의 순서는 우주의 실제 구조를 반영하고 있다. 단테는 달, 수성, 금성 등에 각각 하나의 천계가 있고 위로 올라갈수록 더 숭고한 세계가 펼쳐지며 가장 높은 천계인 지고천에 하느님이 산다고 생각했다. 단테에 따르면 하느님의 힘은 지고천에서 분출되어 아홉 개의 천계를 지나 이 세상에까지 미친다.

단테의 우주관에서 보듯 후기 로마 제국 시대 이후 기독교인들은 하늘 위로 높이 올라갈수록 완벽한 세계가 펼쳐진다고 생각했다. 따라서 중세인들은 옛날 바벨탑을 쌓았던 사람들처럼 조금이라도 더 하늘 높이 올라가려 했다. 하늘로 뻗은 중세 성당들의 첨탑은 이런 바람의 상징이었다. 중세 성당 첨탑 가운데 100미터가 넘는 경우가 여럿 있으며, 독일의 울름 성당은 161미터나 된다.

서양 중세인들은 일상생활에서도 하늘, 즉 천상을 지향했다. 그들은 음식에도 위계를 설정했다. 그들은 동식물의 수직적인 연쇄 고리를 만들었는데, 동물이나 식물의 가치는 하늘에 얼마나 가까이 있는가에 따라 결정되었다. 예컨대 땅에 가까이 있는 식물은 품질이 낮은 것이었다. 즉 순무, 부추, 양파와 같이 뿌리를 먹는 음식은 천한 것이었다. 그래서 농민들은 '순무를 먹는 사람들'이라는 별명을 가지고 있었다.

감자는 신대륙에서 들어왔을 때 천한 음식으로 취급되어 가난한 평민들만 먹었다. 땅속에 열리는 열매는 천한 것이라는 중세인들의 사고방식이 반영된 결과였다. 감자가 남자의 고환이나 버섯과 비슷하게 생겼다고 천시하는 사람도 있었고, 성경에 언급되지 않았으므로 기형 식물이라고 말하는 사람도 있었다.

감자를 천시하는 데 더 크게 작용한 요소는 사람들이 감자 먹는 법을 제대로 모르는 데 있었다. 무엇보다 감자 싹에 솔라닌이라는 독성이 있다는 사실이 알려지지 않았다. 감자를 생으로 먹은 사람들이 탈이 나자 감자를 먹으면 나병을 비롯한 온갖 병에 걸린다는 소문이 널리 퍼졌다. 이 때문에 1630년 브장송 의회는 "감자를 먹으면 나병에 걸리므로 재배를 금한다"는 법을 만들었다.[1] 18세기에도 감자는 여전히 천한 음식이었다.

감자의 보급과 관련되어 재미있는 일화가 있다. 1756년부터 1763년까지 지속된 7년 전쟁에서 프랑스군의 약사였던 파르망티에가 독일(프로이센)군에 포로로 잡혔다. 이때 독일군은 돼지와 포로에게만 이상한 음식을 먹였는데 그것이 감자였다. 파르망티에는 감자가 맛이 괜찮고 식량으로서 훌륭하다고 생각했다. 전쟁이 끝난 후 그는 감자 보급에 힘썼지만 그의 소리에 귀 기울이는 사람은 거의 없었다. 프랑스에서 감자가 널리 보급된 것은 프랑스 혁명 시기였다. 프랑스 혁명이 시작되기 전 루이 16세와 앙투아네트는 궁전의 정원에 시범적으로 감자를 심었고, 감자 꽃을 모자에 꽂곤 했다. 그러자 감자 꽃을 모자에 꽂는 것이 유행이 되었고, 감자 재배도 확산되었다. 혁명이 시작된 후 프랑스 혁명정부는 식량 부족을 극복하기 위해 감자 보급을 적극 권장했고, 덕분에 감자가 전국에 보급되었다. 이 시기에 유럽의 다른 나라들도 식량 위기를 겪었고, 그때 비로소 감자가 전 유럽의 음식이 되었다.[2]

유럽 최북단에 있는 스웨덴에도 이 시기에 감자가 보급되었다.

감자는 유럽 전역에 보급되면서 서민의 주요 식량이 되었고, 19세기에는 이를 표현한 회화 작품도 많았다. 위 그림은 밀레의 〈감자 수확〉(1855), 아래는 고흐의 〈감자 먹는 사람들〉(1885).

스웨덴 정부는 감자를 보급하기 위해 성직자들의 힘을 동원했다. 정부의 요청을 받은 성직자들은 성경에서 좋은 구절을 찾아냈는데, 그것은 "사람이 빵으로만 살 것이 아니다"라는 예수의 말씀이었다. 원래 예수는 이 구절 바로 뒤에 "하느님의 말씀으로 살 것이다"라고 말했는데 성직자들은 이 부분은 삭제하고, 빵만이 아니라 감자도 먹어야 한다고 설교했다. 성직자들이 성경을 이용하는 솜씨가 참으로 빼어나다.

반면에 하늘 가까이 있는 과일은 좋은 것으로 여겨져 귀족들의 음식이 되었다. 특히 복숭아는 최고로 평가되었던 것 같다.[3] 귀족들은 정원에 있는 복숭아를 지키기 위해 경비병을 세우거나 덫을 놓았다. 간혹 흑심을 품은 농민들이 복숭아를 훔쳐 먹다가 들켜서 실컷 두들겨 맞기도 했다.

복숭아는 동양에서도 오랫동안 최고의 과일로 여겨졌다. 고대 동양에서 복숭아는 사람의 병을 치료하고 귀신을 쫓는 데 탁월한 효과가 있다고 여겨졌는데, 이는 한자 '醫'에 나타나 있다. 한자 '醫'의 원래 모양은 毉였는데, 이 글자에는 무당이 복숭아나무로 활을 만들어 화살을 쏘아서 병을 치료하고 귀신을 쫓는다는 의미가 담겨 있다. 무당은 인간 세계와 신의 세계를 연결하는 사제로서, 신의 힘을 인간 세계에 가져올 때 신성한 복숭아나무 가지를 도구로 이용했던 것이다. 이는 복숭아가 질병 치료에 효과가 높다는 관념을 반영한 것이다.[4] 또한 중국 고대의 도가는 사람이 참선이나 섭생을 통해 진인 혹은 도사가 되는 것을 목표로 삼았는데, 이때 섭생하던 것 중에 중요한 음식이 복숭아였다.

복숭아에 대한 높은 평가는 《서유기》에도 반영되어 있다. 《서유기》에서 현장법사를 수행하는 손오공은 옥황상제의 천도복숭아 밭을 지키는 사람이었다. 천도복숭아 밭은 매우 귀했는데, 천도복숭아 한 개를 따 먹으면 천 년을 살 수 있었기 때문이다. 손오공은 그 이야기를 듣고 몰래 천도복숭아를 여러 개 따 먹었고, 그 벌로 천상에서 쫓겨났다. 그렇지만 그가 천도복숭아를 먹었기 때문에 옥황상제도 그의 목숨을 거둘 수는 없었다.

또한 신선들이 사는 장소를 무릉도원이라고 하는데 그 말은 '복숭아꽃이 피는 아름다운 곳'이라는 뜻이다. 복숭아의 맛뿐만 아니라 연한 살색은 성적 흥분을 자아낸다. 그 농도 짙은 매력을 누가 모른 체할 수 있겠는가? 그래서 야한 잡지들을 도색 잡지, 즉 복숭아색 잡지라고 한다. '도화살'이라는 말도 있는데 이는 여자가 한 남자와 평생을 같이하지 못하고 다른 남자들과 상관할 운명을 타고 태어난 것을 의미한다.

서양에서는 알렉산드로스 시절에 그리스인들이 페르시아에서 복숭아를 들여왔기 때문에, 처음에 복숭아는 페르시콘 멜론[Persikon Melon], 즉 페르시아 멜론이라고 불렀다. 나중에 로마인들이 라틴어

로 페르시캄 말룸이라고 불렀고, 이 단어가 변화되어 영어의 피치 Peach가 나왔다.[5]

중세인들은 이런 식물의 위계가 과학적으로도 매우 타당한 것이라고 생각했다. 그들은 하늘로 높이 솟아 있는 식물일수록 소화 흡수가 잘된다고 생각했다. 이 때문에 피에트로 데 크레센지라는 사람은 "식물의 영양분은 뿌리에서 풍미가 가장 떨어지고, 여기에서 멀어지면 멀어질수록 적절한 맛이 우러난다"라고 썼다.

중세인의 사유체계가 육식에는 어떤 영향을 끼쳤을까? 중세의 주역인 게르만인은 원래 사슴이나 멧돼지를 사냥한 고기를 즐겨 먹었다. 사냥한 동물을 꼬챙이에 꿰어 구워 먹는 것이 일류 요리였다. 그러나 중세 내내 하늘이 신성하다는 생각의 세례를 받으면서, 15~16세기에 오면 어떤 것이 좋은 고기인지에 대한 인식이 바뀌었다. 그 관념에 따르면 하늘 가까이 있는 새들의 고기가 최상의 음식이었고 그중에서도 꿩, 자고새 등을 최고로 쳤다. 땅에 가까운 곳에서 생산되는 육류는 천한 것으로 여겨졌다. 이 때문에 중세 귀족들은 가금류나 사냥한 고기를 주로 먹었으며, 집에서 기른 가축을 천한 음식으로 생각했다.[6]

물고기의 경우 바다에서 나는 물고기는 귀족과 부자 들이 먹었고 호수에서 잡은 것은 가난한 자들이 먹었다. 이 경우에는 아마 현실 세계와의 거리가 문제였던 것 같다. 하늘이 신성하다는 개념은 현실 세계가 부정하다는 개념을 낳았을 테고 현실 세계에서 가까운 것일수록 부정한 것이라고 유추할 수 있으니 말이다.

고기 이야기가 나왔으니 하나 더 짚고 넘어가자. 영어로 소는 cow 혹은 bull, 돼지는 pig, 양은 sheep이다. 그런데 소고기는 beef, 돼지고기는 pork, 양고기는 mutton이라고 한다. 짐승과 그 고기를 가리키는 말이 다른 이유는 무엇일까?

이는 1066년 노르망디 공작이었던 윌리엄이 영국을 정복한 사건에서 유래한다. 프랑스어를 사용하던 윌리엄과 그의 부하들이 영국을 정복한 후 그들은 영국의 상류층이 되었고, 정복을 당한 색슨 족은 하층민이 되었다. 색슨인들은 열심히 가축을 길러야 했고 노르망디 출신의 정복자들은 가만히 앉아서 고기를 먹었다. 이때 정복자들은 고기를 프랑스어로 불렀다. 프랑스어로 소가 bœuf, 돼지가 porc, 양이 mouton이라고 불리는 것을 생각해보면 쉽게 이해할 수 있을 것이다. 이렇게 역사는 일상의 작은 언어에도 흔적을 남기게 마련이다.[7] 물론 그 흔적은 때로는 상처로, 때로는 반항심으로 남는다. 프랑스어로 'preux'는 '용감한'이라는 뜻이지만 색슨족은 노르만족 기사들이 용감한 것이 아니라 '오만한proud' 존재라고 생각했다.[8]

기독교의 교리, 고기의 선택을 결정짓다

서양의 고대·중세 사람들은 하늘을 신성한 것으로 여기면서, 하늘을 향한 강한 열망을 갖고 있었다. 그런데 하늘과 땅이 아니라 바다에 사는 것은 어떻게 평가해야 할까? 구약 시대에 유대인들의 음식 금기 가운데 육류에 대한 조항은 무척 까다로웠지만 바다 고기에 대한 조항은 상당히 온건했다. 지느러미와 비늘이 없는 생선(뱀장어, 미꾸라지, 메기, 오징어 등)을 먹지 못하게 했지만[9] 다른 물고기에 대한 금지 조항은 거의 없었다.

기독교는 유대인의 음식 금기를 변형된 형태로 물려받았다. 로마 시대 기독교인들은 일주일에 이틀 이상 금식했고, 추가로 경건한 날을 정해서 그날에 고기를 먹지 못하게 했으며, 죄를 지은 사람들이 용서받으려면 금식해야 한다고 가르쳤다.

중세에 이르러 기독교의 음식 금기는 더욱 엄격해졌다. 사제들에게는 평생 고기를 먹지 않을 것이 장려되었으며, 평신도들도 죄를 용서받으려면 금식하고, 특히 고기를 먹지 말아야 한다고 가르쳤다. 이 고기에는 고기로 만든 부산물도 포함되었다. 예컨대 라드와 같은 동물성 지방도 먹어서는 안 되었다. 규정이 정교해지면서 금식일은 금욕과 금식으로 몸을 정결하게 해야 하는 날, 성행위를 하지 않고 금욕하는 날, 오직 해 질 녘의 식사 한 끼만이 허락되는 날이 되었다.

세월이 흐르면서 이 '금식일'이 점점 더 늘어났다. 4세기에 시작된 사순절 금식이 40일로 늘어났고, 예수가 십자가에 못 박혀 돌아가신 날, 즉 매주 금요일도 금식일에 포함되었다.[10] 성령 강림 축일을 비롯한 여러 기념일에도 금식을 명했다. 그런 금식일이 1년의 반(140~160일)에 해당했으며, 금식일 강제가 엄격해져 잉글랜드에서는 금요일에 육식을 하면 교수형에 처했다.[11] 교회가 금식일에 육식을 금했던 것은 육류가 성적 욕구를 자극할 수 있다고 생각했기 때문이다. 중세에 널리 퍼져 있던 이 생각은 상당히 타당한 것이다. 현대 영양학자들의 보고에 의하면 남자는 소년 시절에 붉은 고기를 별로 좋아하지 않다가, 성적 에너지가 넘치기 시작하는 청년기가 되면 기름지고 핏빛이 진한 고기를 좋아한다니 말이다.[12]

금식일 규정이 강화되면서 신자들이 모든 규정을 엄격하게 지키는 것은 큰 고욕이었다.[13] 몸이 허약한 노인이나 병자는 더욱 그러했다. '휴머니즘의 왕'이라고 불릴 정도로 학식이 높았으며, 근대 초 최고의 지식인으로 불리던 에라스뮈스도 그런 사람 가운데 한 명이었다. 에라스뮈스는 노년에 기력이 쇠약해지고 소화력이 떨어졌는데, 프라이부르크에 살던 친구 자시우스가 이를 안타깝게 여기고 있었다. 그리하여 에라스뮈스가 그의 집을 방문했을 때 그날이 금요일임에도 불구하고 닭고기 수프를 대접했다. 평소 교회의 형식주의를 비판하면서 온갖 규정보다 경건한 믿음이 중요하다고 주장했던 에라스뮈스는 친구의 선의를 받아들여 닭고기 수프를 맛있게 먹었다.[14]

그런데 이 일이 어떻게 알려졌는지 누군가 이 사실을 의회에 고소했고, 에라스뮈스는 비난을 받게 되었다. 곤란한 처지에 빠진 에라스뮈스는 "기생충corycaeus 같은 고발자가 그 새끼의 냄새를 의회까지 풍겼다"라고 말하면서 고발자를 비난했다.[15]

그러나 신자들에게도 조그마한 '숨통'은 있었다. 교회가 금식일에 육류는 금지했지만 물고기는 먹을 수 있게 했던 것이다. 물고기는 살이 흰색이고, 물에서 살기 때문에 찬 음식으로 여겨졌기 때문이다. 금식일에 물고기를 먹는 것은 기독교의 어머니 종교인 유대교의 전통이기도 하다. 유대인은 원래 안식일에 일하는 것과 동물을 도살하는 것이 금지되었다. 그러나 물고기를 죽이는 것에 대한 규정이 없었기 때문에 물고기는 먹어도 되는 것으로 여겨졌다. 이 때문에 생선은 안식일에 즐기는 가장 좋은 메뉴였다.

물론 생선 외에도 먹을 수 있는 것이 많았다. 거북이, 비버, 검둥오리, 흑기러기, 달팽이, 개구리 등의 동물도 육식으로 분류하기 애매하다는 이유로 먹을 수 있었고,[16] 규정에 없다는 이유로 설탕도 먹을 수 있었다. 13세기 중세 신학자의 거두였던 토마스 아퀴나스는 설탕은 식품이 아니라 소화를 촉진하는 약품이라고 설명하면서 먹어도 된다고 가르쳤다. 시대나 지역에 따라 달랐지만 치즈나 가축의 젖도 먹을 수 있었다. 그래도 금식일에 단백질을 섭취하면서 배불리 먹을 수 있는 음식은 생선이었다.

중세 사람들은 생선을 먹기 위해 여러 가지 방안을 마련했다. 수도원이나 마을 근처에는 물고기를 저장하기 위해 인공 저수지가 많이 건설되었다. 생선을 잡아 파는 사람들은 큰 이득을 볼 수 있었다. 가장 큰 이득을 본 사람들은 바스크인이었다. 바스크인은 선사시대부터 에스파냐 북부와 프랑스 남서부 부근에서 살았는데, 대단히 강인한 민족으로 오랜 억압과 수많은 전쟁을 겪었지만 독립을 유지해왔다. 그들은 살아남기 위해 양을 쳤고, 바다로 나아가 고기를 잡았다. 특히 유럽인이 금식일의 허기를 채우기 위해 고래를 원하자 먼 바다까지 나아가 고래를 잡았다.

그런데 바스크인에게는 한 가지 수수께끼가 있었다. 고래는 너무 비싸서 귀족의 전유물이었던 데 반해, 소금에 절인 대구는 '서민적인' 음식으로 인기가 대단했다. 1550년경 유럽에서 소비되는 생선의 60퍼센트가 대구였고, 바스크인들은 중세 중기 이후 대구를 유럽에 가장 많이 공급한 사람들이었다. 그런데 대구를 어디에서 잡아 왔는지는 밝히지 않았다.

감춘 것은 언젠가 드러나게 마련이다. 1600년을 전후하여 대서양의 제해권이 에스파냐에서 영국과 프랑스로 넘어갔다. 영국과 프랑스 선원들은 16세기 초 활동 범위를 급격히 넓혀갔고, 그 가운데 영국인 카보토와 프랑스인 자크 카티에가 뉴펀들랜드에 도착했다. 그곳에서 그들은 대구가 엄청 많다는 사실을 알고 경악했다. 다음 사료는 당시 뉴펀들랜드에 많은 대구가 살았다는 것을 여실히 보여준다.

겨우 물에 덮여 있다고 할 정도로 수심이 매우 얕은 뉴펀들랜드의 뱅크에는 대구라는 대구는 모두 모여들었다. …… 바로 이곳에서 대구들은 말하자면 그들의 황금기를 맞이하게 되는데 이 대구의 숫자는 하도 엄청나서 각국에서 이곳에 모여든 어민들이 아침부터 저녁까지 하는 일이라고는 낚시를 드리웠다가 도로 끌어올려서 잡아들인 대구의 내장을 따내고 다시 그 내장을 미끼로 다른 대구를 잡는 것이다. 한 사람이 하루에 300~400마리까지 잡기도 한다.[17]

이렇게 많은 대구는 유럽인에게 '하느님의 선물'로 회자되었으며, 프랑스에서는 100만 명이 대구를 팔아 먹고산다는 말이 생기기도 했다.

그런데 영국과 프랑스 선원을 놀라게 한 일이 또 있었다. 뉴펀들랜드 연안에 여러 척의 바스크 어선이 있었던 것이다. 이렇게 하여 중세 말기에 수수께끼로 여겨졌던 일, 즉 바스크인이 어디에서 대구를 잡아 왔는지가 밝혀졌다. 콜럼버스가 아메리카에 도착하기 오래전부터 바스크인은 아메리카 대륙 동쪽에서 대구를 잡아다가 유럽에 팔고 있었던 셈이다.[18] 결국 가톨릭의 종교 규제가 중세에 물고기의 소비를 증가시켰고, 바스크인은 그 수요를 충당하여 돈을 벌고자 그렇게 멀리 아메리카까지 가서 대구를 잡았던 것이다. 이렇게 인간의 관습이나 관념은 여러 가지 측면에서 인간의 물질적인 활동을 좌우하게 마련이다.

음식 섭취에 반영된 신분 위계

중세는 절대적으로 식량이 부족한 시대여서 평민들은 항상 배고픔에 시달렸고, 1년에 두세 달은 초근목피로 연명했다. 농민들이 애용했던 초근목피 가운데 '양귀비 풀'이라는 것이 있었는데, 이것을 먹으면 환각에 빠져든다. 즉 가난한 농민들 다수가 연중 두세 달은 환각에 빠져서 살았던 셈이다. 학자들은 중세에 많은 사람들이 천사와 같은 신적 존재를 만나거나 영적 흥분 상태에 빠졌던 것이 이런 환각과 관련이 있을 것이라고 생각하고 있다. 현대와 달리 전근대인은 환각을 정신병으로 보지 않고 신과 접촉하는 것으로 여기곤 했기 때문이다.

이와 관련해서 재미있는 사실이 있다. 고대인은 현대인이라면 상당히 감추고 싶어 하는 간질병을 신성한 병이라고 여겼다. 간질 환자는 때때로 몸을 몹시 떨면서 입에 거품을 물고 이상한 행동을 하는데, 고대인은 그것이 신의 계시를 받는 모습이라고 생각했던 것이다. 그래서 고대의 영웅들은 의도적으로 자신이 간질병 환자라고 말하곤 했다. 고대의 위대한 정복자 알렉산드로스, 로마의 최고 장군 카이사르가 대표적인 인물이다.

다시 본론으로 돌아가서, 기아선상에서 허덕이던 농민과 달리 귀족은 늘 식량이 남아돌았다. 평민이 식량을 구하기 위해 목숨을 걸고 노력할 때, 귀족들은 식량을 소비하기 위해 발버둥 쳤다.[19]

중세 귀족들은 귀족이라면 당연히 많이 먹어야 한다고 생각했으며, 온갖 핑계를 만들어서 모임을 갖고 고기를 대량으로 소비했다. 귀족들의 식사는 일종의 많이 먹기 시합이었다. 그들은 연회를 열 때면 온갖 고기, 채소, 빵을 모두 섞어서 거대한 접시에 피라미드 모양으로 쌓아놓고, 음식을 많이 차렸다고 과시한 후 모두 먹어치워야 한다고 말하곤 했다. 그래서 잘 먹는 것은 귀족의 중요한 덕목이었다. 중세의 무훈시 〈기욤의 노래〉에서 귀부인 기부르는 남편에게 다음과 같이 말했다.

맹세코, 나리! 저 사람은 정녕 당신의 혈족입니다.

저 큰 돼지 허벅살도 저렇듯 먹어치우고,

몇 말짜리 포도주도 단 두 모금에 마셔 없애니,

이웃에게 싸움을 걸면 얼마나 거셀까요.[20]

이 이야기에서 알 수 있듯이 잘 먹고 잘 마시는 것은 용맹을 측정하는 지표였다. 이러한 귀족사회에서 혹시 잘 먹지 못하는 사람이 있으면 그는 귀족의 자질을 갖추지 못했다고 비난받곤 했다. 예컨대 9세기 말 스폴레토 공 귀도는 혈통이 좋았지만 프랑크인들의 왕이 되지 못했다. 10세기의 연대기 작가 리우트프란드에 따르면, 귀족들이 식욕이 약한 그를 싫어했으며 "적은 식사로 만족하는 그는 우리를 지배할 자격이 없다"라고 불평했다. 이렇게 많이 먹는 것이 귀족의 중요한 자질로 통용되었기 때문에 중세 귀족들은 영양 상태가 과잉이었고 대부분 덩치가 컸다. 그래서 귀족들은 '뚱뚱한 사람grasso popolo'이라고 불리곤 했는데, 이는 우리말로 하면 '대인'이라고 할 수 있을 것이다.

중요한 행사가 있을 때면 귀족들의 '과식'은 그야말로 극에 달했다. 결혼식 때 매우 푸짐한 음식이 제공되었다는 기록이 상당히 남아 있는데, 그 가운데 하나만 살펴보자. 1474년 독일 란스후트 지역에서 한 귀족이 결혼식을 열었는데, 그때 상상을 초월하게 많은 음식이 제공되었다. 닭 4만 마리, 암소 323마리, 송아지 490마리,

돼지 969마리, 양과 염소 3295마리, 오리 1만 1500마리, 달걀 19만 4345개가 하객을 위한 음식으로 제공되었다.[21]

고기를 먹을 때 빠지지 않는 것이 포도주다. 고대부터 서양인들은 포도주를 매우 좋아했다. 중세에도 귀족들의 포도주 사랑은 계속되었다. 오죽하면 중세 귀족들의 별명이 '포도주를 먹는 사람들'이었을까.

중세의 술과 관련해서 재미있는 이야기가 많이 전한다. '대헌장'에 서명한 것으로 유명한 영국의 존 왕은 1216년 10월 18일에 복숭아와 덜 익은 사과술을 많이 먹은 끝에 사망했다. 한 나라의 왕이 과음해서 죽었다니 참으로 한심한 일이다. 그렇지만 존 왕을 너무 비난할 수는 없다. 전근대의 서양인들은 대부분 술을 많이 마셨기 때문이다. 어떤 통계에 의하면 프랑스 혁명 직전 파리 시민들은 1년에 술 120리터를 마셨는데, 이는 거의 모든 사람들이 늘 취해 있었다는 것을 의미한다.

고기를 먹을 때 빠지지 않는 것이 또 하나 있다. 바로 후추다. 후추는 서양인들이 로마 시대부터 음식에 널리 썼던 조미료였다. 로마의 미식가 아피키우스는 《로마 요리서》에서 500가지의 요리를 소개하고 있는데, 그 가운데 90퍼센트에 동방의 향신료, 특히 후추가 들어 있다.[22] 중세에도 유럽인들이 후추를 유달리 좋아해서 매우 비싼 후추를 대량 수입해 먹었다는 이야기는 잘 알려져 있다. 그렇지만 중세인들이 그토록 후추를 좋아한 이유는 아직 확실히 밝혀지지 않았다.

예전에는 중세인들이 가을에 돼지를 잡아서 봄까지 먹었는데, 후추를 쳐서 고기의 상한 냄새를 없앴다는 이야기가 널리 퍼져 있었다. 서양 중세에 농민들이 돼지를 많이 키웠으며 돼지가 중요한 식량 자원이었던 것은 사실이다.[23] 돼지가 얼마나 중요했던지 중세인들은 숲의 크기를 면적 단위로 이야기하는 것이 아니라 방목할 수 있는 돼지 수로 평가했다. 이 사실은 1086년에 작성된 영국의 토지 조사 대장인 둠즈데이 북에서 확인된다. 그렇지만 역사학계의 거장인 브로델조차 믿었던 이 설명은 이제 통용되지 않는다. 고기와 생선 보존에는 후추가 아니라 소금, 식초, 기름 등이 사용되었으며, 오래된 고기는 주로 가난한 자들이 먹었는데 후추가 고기보다 비쌌다. 따라서 경제적인 면에서 후추를 고기 저장에 사용하는 것은 어리석은 일이다.

최근 학계에서는 후추가 재력과 권력을 상징했기 때문에 귀족들이 신분을 과시하고 자신들 사이에 동질감을 형성하기 위해 후추를 먹었다는 설명이 가장 유력하다. 아무런 실용성이 없지만 지배층은 피지배층이 범접할 수 없는 어떤 물질이나 물건, 심지어 지식을 자기들끼리 공유하면서, 그것을 피지배층에게 과시한다. 그럼으로써 지배층은 자신들이 피지배층과 근본적으로 다른 존재라는 인식을 만들어내면서 자신들의 지배를 정당화한다. 현대의 지배층이 자신들만이 사용하는 운동 시설이나 오락시설 혹은 문화 클럽을 만드는 이유도 바로 그런 데 있다.

중세인들의 의학 지식에서 그 이유를 찾는 설명도 있다. 그리스 이래 서양 의학에서는 인간의 몸이 네 개의 체액으로 이루어져 있으며, 체액들이 균형을 이뤄야 건강하다고 믿었다. 음식도 잘 조절해서 먹어야 하는데 서양인들이 많이 먹는 고기는 '습한' 성질을 갖고 있다. 이를 조절하려면 '뜨거운' 성질의 향신료, 즉 후추를 넣어 먹는 것이 좋다. 많은 의사와 요리사 들이 이렇게 믿고 음식에 후추를 넣는 것이 건강에 좋다고 주장했고, 그 때문에 후추가 유행했다는 설명이다.

이유야 어찌 됐든 중세 귀족들은 후추를 유달리 좋아했다. 손님을 초대하면 후추를 담은 쟁반을 별도로 제공했으며, 고기에 후추를 쳐서 먹은 것은 물론 후식으로도 먹고, 물에 넣어 끓여 먹고, 그것도 모자라서 자기 전에 소화제로도 먹었다. 매운 후추가 과연 후식이나 소화제로 먹었을 때 맛있었을까? 개인차가 있었겠지만 대개는 맛있어서 먹기보다는 유행으로 먹었을 것이다. 심지어 일부 귀족들은 먹는 것만으로는 부족하다고 생각했던지, 후춧가루로 머리를 염색하기까지 했다.

중세 중기까지는 이렇게 귀족들이 독점적으로, 과시용으로 후추를 먹었다. 중세 말이 되면 상황이 바뀐다. 베네치아, 제노바를 비롯한 이탈리아 도시국가들이 후추를 대량으로 수입해 오면서 후추는 대중적인 향신료가 되었다. 후추가 서민들에게 널리 퍼지자 15세기의 한 의학자는 후추는 '시골뜨기들에게 어울리는 양념'이라고 규정했고, 한 시인은 '채소와 같이 빈곤함을 보여주는 징표'라고 말했다.[24]

음식을 통해 계층의 서열을 정하는 것은 유럽에 한정되지 않았다. 중국과 같이 위계 서열이 명확한 나라는 더 엄격한 관습이나 규정을 가지고 있었다. 원나라 시절 중국을 여행한 마르코 폴로에 따르면 "부자들은 큰 동물의 고기를 먹었지만, 가난한 사람들은 온갖 더러운 고깃덩어리를 먹었다".[25]

먹는 이야기를 하면서 빼놓고 가기에는 정말 재미있는 이야기가 있다. 지배층은 '먹는 것'에 목숨을 걸기도 했다. 이에 대해 중세 인물은 아니지만 루이 16세가 재미있는 일화를 남겼다. 프랑스 혁명이 한창일 때 그는 부인 앙투아네트를 데리고 혁명 세력이 장악하고 있는 파리를 탈출하여 오스트리아로 도망가기로 결심했다. 혁명 세력은 '광기'에 가까운 열정에 사로잡혀 있어서 탈출하다가 붙잡힌다면 죽임을 당할 수도 있었다. 그런데 불행하게도 이들은 탈출에 성공하지 못하고 바렌이라는 도시에서 붙잡혀 파리로 끌려왔고, 종국에는 둘 다 단두대의 이슬로 사라져버리고 말았다.

　이들의 탈출은 왜 실패했을까? 일반적으로 앙투아네트의 사치병이 주요 원인이라고 이야기된다. 그녀는 파리를 떠나면서도 왕비로서의 위엄을 내세우면서 마차가 크고 화려해야 한다고 주장했다. 그 때문에 열두 마리의 말이 끄는 육중한 사륜마차가 준비되었다. 이것도 모자라서 앙투아네트는 온갖 치장을 한다며 시간을 끌었다. 그러느라 마차는 더디게 출발했고, 서서히 움직였고, 결국 바렌에서 붙잡히고 만 것이다.

　그런데 부부는 유유상종이라고 했던가. 남편 루이 16세도 그녀 못지않았다. 루이 16세는 그 집안의 내력대로 대식가였다. 그는 한 끼 식사에 소고기 2인분, 구운 닭 한 마리, 포도주 한 병, 달걀 프라이 여섯 개를 빵과 함께 먹곤 했다. 그는 먹는 양뿐만 아니라 질에도 대단히 민감한 미식가였는데 이는 다음 사실에서 여실히 나타난다. 탈출하던 마차가 생 므느울이라는 작은 도시에 이르렀을 때였다. 루이 16세는 그 도시의 특산물이 돼지 족발탕이라는 것을 알고는, 마차를 멈추게 한 후 돼지 족발탕을 먹고 가자고 고집했다.

　왕이 명령했기 때문에 신하들은 따를 수밖에 없었는데, 문제는 돼지 족발탕의 조리 시간이 매우 길다는 것이었다. 돼지를 잡아 족발을 채취한 후 끓여야 해서, 조리하는 데 몇 시간이나 걸렸다. 그런데도 루이 16세는 기어이 돼지 족발탕을 먹은 후에야 다시 길을 떠났다. 결국 루이 16세는 그가 좋아하던 돼지 족발탕을 먹느라 탈

LE GOURMAND. HEAVY BIRDS FLY SLOW. DELAY BREEDS DANGER. A. Scene at Varennes June 21 1791.

1791년 영국에서 그려진 풍자화. 루이 16세는 바렌에서 체포되는 찰나에도 식사를 하고 있고, 마리 앙투아 네트는 거울을 보고 있는 모습으로 묘사되어 있다.

출하다가 붙잡혔고 그 때문에 죽었다.[26] 먹고 죽은 귀신이 때깔도 좋다고 했으니 그는 죽을 때 행복했을까? 그만이 알 일이다.[27]

이렇게 말하면 역사를 지나치게 단순하게, 혹은 일화 중심으로 설명한다고 말하는 사람이 있을 것이다. 그러나 당대인들의 생각도 이와 다르지 않았다. 당대인들은 루이 16세를 '엄청난 식욕을 가진 사람', '덩치 큰 돼지'라고 불렀으며, 바렌 사건 직후에 〈대식가. '뚱 뚱한 새'는 늦게 난다. 늦게 날면 위험에 처한다〉라는 그림을 그려 루이 16세의 식탐이 탈출 실패의 원인임을 풍자했다.[28]

지배층과 대조적으로 평민들은 음식을 제대로 먹지 못해서 늘 영양실조에 시달렸고 그 때문에 덩치가 작았다. 예컨대 고대 마야 지역에서 지배층 남자의 평균 키는 약 170센티미터였던 데 반해, 보통 남자들의 평균 키는 155센티미터였다.[29] 남자들의 키가 155센티미터라니 믿을 수 없다고 말하는 사람도 있겠지만, 엄연한 사실이다. 18세기 말에 징집된 군사들에 대한 신체 검사표가 남아 있는데, 1792~1799년 사이에 이탈리아 북부의 리구리아 해안에서 징집된 신병들의 72퍼센트가 150센티미터가 안 되었다.[30] 이렇게 키가 작았기 때문에 평민들은 '작은 사람들'이라고 불렸다.

중세의 음식 문화는 계층의 차이를 굳히는 이데올로기로 작동했다. 과학이나 의학도 이런 이데올로기를 뒷받침하기 위해 이용되었다. 중세의 의학서들은 사람들은 자신의 지위와 신분에 따라 음식을 먹어야 한다고 규정하곤 했다. 고귀한 성품을 타고난 귀족이 하층민이 먹는 수프를 먹으면 소화불량에 걸릴 것이라고 규정했고, 하층민은 위가 거칠어서 귀족이 먹는 음식을 소화할 수 없다고 가르쳤다. 귀족과 하층민의 '위'가 신분에 따라 다르다는 것을 의학이 입증했다니 정말 대단한 일이다.

신분에 따라 '위'가 다르다는 이야기는 현대인에게 기이하게 들리겠지만, 중세에는 남성과 여성의 신체도 크게 달라서 온갖 음식에 영향을 끼칠 수 있다고 믿었다. 16세기 네덜란드의 의사 레비누스 레니우스는 육두구를 남자가 가지고 다니면 통통하고 즙이 많고 좋은 모양을 유지하면서 향긋한 냄새를 오랫동안 내지만, 여자가 가지고 다니면 주름이 생기고 말라비틀어지고 색도 어둡고 지저분해진다고 주장했다.[31]

성직자들도 하층민의 배고픔을 정당화하는 데 진력했다. 중세 성직자들의 가르침에 따르면 인간은 원래 일하지 않고도 풍족하게 먹고 살 수 있도록 창조되었다고 한다. 그러나 아담이 죄를 지은 후 하느님의 명령에 따라 인간은 힘들게 일해야만 먹을 것을 얻을 수 있게 되었다. 인간은 고된 노동과 추위, 배고픔에 시달림으로써 비로소 원죄를 갚을 수 있다. 이러한 논리에 따라 중세 성직자들은 하층민에게 '너희가 배고픈 것은 하느님이 내린 운명이니 순응하라'고 가르쳤다. 물론 이런 가르침은 중세 봉건제라는 질서를 유지하는 데 기여했을 것이다.

결국 중세의 사유 구조는 추상적인 관념 세계에 머문 것이 아니라 현실 세계의 음식 문화에 깊은 영향을 끼쳤다. 이처럼 우리가 입고, 먹고, 거주하는 모든 것에는 우리의 정신세계가 투영되어 있다.

chapter 5

Tea

영국인을 사로잡은 홍차

영국 노동자들은 왜 그토록 많은 돈을 차와 설탕을 구입하는 데 썼을까? 장시간 노동에 시달렸던 그들은 간단하게 때울 수 있으면서 칼로리가 높은 음식이 필요했다. 19세기 중엽 홍차는 이런 필요를 충족해주었다. 뜨거운 물에 차와 설탕을 넣어 먹으면 정신이 맑아지고, 몸에 힘이 생기니 그보다 더 좋은 음료수가 어디 있겠는가? 더군다나 그들 다수는 영양실조에 시달리고 있었으니, 달고 뜨거운 차는 그야말로 생명수처럼 느껴졌을 것이다. 그래서 노동자들은 간단한 죽과 설탕을 듬뿍 친 홍차를 아침 식사로 먹곤 했으며, 공장에서도 '차 마시는 시간'이 제도로 정착되어갔다.

인류가 가장 많이 마시는 음료

근대에는 유럽에 새로운 음식 문화가 들어왔다. 그것은 아시아에서 건너온 차와 커피, 그리고 아메리카에서 건너온 카카오였다. 먼저 차를 살펴보자.

차는 커피와 함께 현재 인류가 가장 많이 마시는 음료다. 사람들이 두 음료 가운데 어떤 것을 더 좋아하는지 단언하기는 힘들다. 2015년 기준으로 차는 약 530만 톤이, 커피는 약 920만 톤이 생산되었다. 이 수치만을 보면 커피가 더 사랑받는 것 같지만, 차는 여러 번 우려 마시는 반면 커피는 한 번만 마시는 점을 고려하면 차가 더 사랑받는다고 볼 수도 있다.

누가 이렇게 많은 차를 마실까? 차와 커피가 기호품이므로 개인의 취향에 따라 마실 거라고 생각하기 쉽다. 그러나 근대 초 이래 세계는 차 문화권과 커피 문화권으로 나뉘었다. 두 기호품을 선택하는 데는 개인의 취향보다 여러 나라와 민족의 역사와 문화적 배경이 주요 기준이 되었다.

차 문화권에 속하는 사람들은 누구이고, 그 가운데서도 차를 가장 사랑하는 사람들은 누구일까? 중국을 중심으로 한 아시아 문화권이 차를 가장 사랑할 거라고 추측하기 쉽다. 차가 중국에서 기원했고 일찍부터 동양 여러 국가에 전파되었기 때문이다. 실제로 2016년 기준으로 차의 연간 생산량 1, 2위가 중국(235만 톤), 인도(123만 톤)이고,[1] 차의 최대 소비국 상위권에 인도, 중국, 일본이 포진하고 있다. 그렇지만 1인당 차 소비량은 이슬람 문화권과 영국 영향권이 많다.

이슬람 문화권에서 차가 사랑받는 이유는 일반적으로 술을 금지하기 때문이라고 설명된다. 그렇지만 커피의 원산지가 이슬람권이었다는 것을 고려해보면, 오늘날 이슬람이 차를 이토록 사랑하는 것은 놀라운 일이다. 오늘날 이슬람 국가 가운데 1인당 커피 소비량이 상위권에 들어가는 나라는 하나도 없다. 이슬람권이 커피를 버리고 차를 선택한 이유는 무엇일까?

영국인이 유독 차를 좋아하게 된 것도 기이한 일이다. 2014년 기준으로 중국인이 1인당 1년에 0.8킬로그램의 차를 소비하는데, 영국인은 2.74킬로그램이나 마신다. 유럽 내에서 비교해보면 차에 대한 영국인의 사랑은 더욱 눈에 띈다. 독일인은 0.23킬로그램, 프랑스인은 0.21킬로그램밖에 마시지 않기 때문이다. 근대 초 영국에는 커피가 먼저 소개되었고, 1650~1730년대에는 커피가 차보다 훨

썬 많이 소비되었다. 왜 영국인은 갑자기 커피를 버리고 차를 선택했을까?

영양학자가 '건강에 좋기 때문에'라고 말한다면 훌륭한 답변이기는 하다. 대부분의 사람이 커피를 많이 마시면 건강에 좋지 않다는 사실을 알고 있다. 반면에 차는 2002년《타임스》가 선정한 10대 건강식품에 들 정도로 몸에 좋다. 그러나 역사가는 차와 커피가 벌였던 경쟁의 역사적 배경을 살려내야 한다. 차의 역사를 살펴보면서 차가 세계사에서 얼마나 중요한 역할을 했는지 고찰해보자. 그러자면 가장 먼저 차 문화의 기원을 알아보아야 한다.

차의 기원에 대해서는 다양한 설명이 있다. 대개 중국의 남부가 원산지이고, 중국인이 춘추전국시대부터 주로 약용으로 차를 마시기 시작했다는 설명이 널리 받아들여지고 있다. 이후 차 소비가 점차 늘어나 위·진·남북조 시절에는 귀족들이 모임에서 차를 마셨다는 이야기가 자주 나오고, 당나라 때는 일반인도 차를 마시기 시작했다. 송나라 때는 차 생산과 교역이 국가의 주요 산업이 되었다. 송나라는 국가 재정 수입의 4분의 1을 차에 대한 세금으로 충당했으며,[2] 차는 인도와 티베트로도 대량 수출되었다.

♦

우아하게 찻잔 받침에 따라 마시기

중국이 춘추전국시대부터 차를 마시기 시작했다면 한나라 때 차가 유럽에 전파되었을 가능성은 없을까? 기원전 2세기 후반 한 무제가 장건을 서역에 보내 비단길을 개척했다. 후한 때에는 로마의 사신이 중국에 왔다는 기록도 있다. 이후에도 비단길은 지속적으로 사용되었고, 이 길을 통해 중국의 도자기, 칠기, 비단, 제지술이 유럽까지 전파되었다. 더욱이 13세기 유라시아에 거대한 제국을 만든 몽골 제국 시기에는 유럽인 여러 명이 중국에 다녀갔으며, 유럽과 중국의 교류도 활발했다. 고대부터 오랫동안 중국과 유럽이 교류해온 점을 생각해보면 차가 일찍부터 유럽에 전파되었을 가능성이 있다. 비단, 도자기, 제지술, 화약, 나침반 같은 중국의 주요 물품이나 기술이 유럽에 전파되었다는 사실은 이런 추측의 개연성을 높인다. 그러나 대항해 시대 이전 유럽인이 중국의 차를 마셨다는 증거는 전혀 없고, 중국을 다녀간 유럽 사람들의 기록 어디에도 차에 대한 언급을 찾을 수 없다. 《동방견문록》으로 유명한 마르코 폴로도 차를 언급하지 않았다.

유럽인이 차를 마셨다는 사실이 문헌으로 확인되는 것은 16세기의 일이다. 1549년경 이탈리아인 라무지오가 쓴 《항해와 여행》에서 유럽 최초로 차에 대한 언급이 있었고, 포르투갈인 선교사 가스파르 다 크루즈가 1568년에 발행된《중국에 관한 연구》에서 "중국인은 손님이 오면 차라는 마실 것을 내놓는데, 그것은 붉은색이고 맛이 약간 쓰다"라고 적었다. 이런 기록은 16세기에 동양을 방문한 유럽인들이 개인적으로 차를 구입해서 가져갔다는 것을 시사한다. 17세기에는 차 소비가 보편화되기 시작하면서 거대한 회사들이 차를 수입하기 시작했는데, 네덜란드의 동인도회사가 초기 수입을 주도했다.

고전 경제학을 창시한 애덤 스미스는 콜럼버스의 아메리카 항해와 바스쿠 다가마의 인도 항해를 역사상 가장 중요한 두 가지 사건이라고 평가했다. 두 사람의 항해를 후원했던 에스파냐와 포르투갈은 근대 초 대항해 시대의 선두 주자였다. 그런데 에스파냐가 아메리카에 집중할 때, 포르투갈은 인도를 거쳐 중국, 동남아시아, 일본으로 진출했다. 차 문화의 확산이라는 관점에서 보면 포르투갈의 아시아 진출이 더 중요하다고 할 수 있다. 포르투갈은 1511년에 말레이반도의 말라카(플라카의 옛 이름)를 정복하여 식민지로 삼고 동남아시아에서 생산되는 향료를 교역하기 위한 전진 기지로 삼았으며, 그 직후에 중국과 일본으로 갔다. 중국에는 1514년에 첫발을 내디딘 후 교역을 하다가 1557년에 마카오반도를 차지했으며, 일본에는 1541년에 도착하여 조총과 화약을 전파하고 나가사키를 중심으로 활동했다.

　당시 중국과 일본에는 차 문화가 널리 정착되어 있었으므로 포르투갈 사람들이 일본의 차 문화를 보고 차를 유럽에 수입했음에 틀림없다. 이는 차의 명칭에서 확인할 수 있다. 차는 중국 광둥 지방에서는 차^{Cha}, 푸젠 지방에서는 타이^{Tay}로 불린다. 지금도 세계 각지에서 차는 이 두 가지 명칭으로 불린다. 일본, 아라비아, 러시아, 터키, 포르투갈 등에서는 Cha, Chai, Chay 등으로 부르고, 네덜란드, 독일, 영국, 프랑스 등에서는 Thee, Tee, Tea, Thé 등으로 부른다. 광둥어계의 차라는 명칭은 주로 육로를 통해 한국, 일본, 몽골, 아라비아 등으로 전파되었고, 푸젠어계의 타이는 포르투갈 다음으로 중국에 와서 무역했던 네덜란드에 의해 세계 각지로 전파되었다. 네덜란드는 푸젠 지역에서 차를 수입하여 서유럽 여러 나라에 수출했다. 따라서 포르투갈인이 차라는 명칭을 쓰는 것은 그들이 네덜란드보다 앞서 광둥 지역에서 독자적으로 차를 수입했을 가능성을 뒷받침한다.

　그러나 포르투갈이 언제부터 차를 수입했는지는 기록으로 확인되지 않는다. 일반적으로 유럽에 최초로 차를 소개한 나라는 네덜란드라고 알려져 있다. 네덜란드는 포르투갈로부터 인도네시아 일대의 지배권을 빼앗고, 중국과 일본으로 나아갔다. 17세기 초 네덜란드는 페르시아, 인도, 인도네시아, 중국, 일본을 연결하는 해상 교

역로를 수립했고, 이를 통해 17~18세기 아시아와 유럽의 무역을
주도했다.

1609년에 네덜란드의 배가 일본의 히라도에 도착했고, 그곳에
서 차를 구입하여 이듬해 유럽으로 가져갔다. 이렇게 유럽에 가져
간 차는 유럽의 상류층에서 좋은 반응을 얻었다. 이는 1637년 1월
2일에 동인도회사의 총독이 인도네시아의 바타비아(자카르타) 상관
장에게 보낸 편지에서 "차가 사람들 사이에 음용되고 있으니 모든
선박에서 일본 차 외에 중국차도 구입해서 선적해주기 바란다"라
고 썼다는 사실에서 확인된다.[3] 네덜란드 동인도회사는 이 요구에
따라 중국에서도 차를 수입했는데, 네덜란드의 중국 무역은 네덜란
드가 1624년 대만 남부를 점령하고 설치한 포트 홀란디아라는 상
관을 중심으로 이루어졌다. 네덜란드 동인도회사의 사원들은 이 명
령을 수행하기 위해 대만의 맞은편 해안인 푸젠성에서 차를 수입
하여 유럽으로 보냈고, 이후 차 수입량이 늘어나면서 네덜란드에서
차 소비가 증가했다.

네덜란드에서는 차를 처음에는 동양의 신비한 약초로 취급했다.
1641년 네덜란드의 유명한 의사 딜크스는 그의 《의학론》에서 다
음과 같이 말했다.

무엇보다도 차와 비교될 수 있는 것은 없다. 차를 음용한 사람은

그 작용으로 인해 모든 병에서 벗어날 수 있고 장수할 수 있다.
차는 육체에 위대한 활력을 불어넣을 뿐만 아니라 차를 마시면
결석, 담석, 두통, 감기, 안질, 카타르(점막의 질환), 천식, 위장병도
앓지 않는다. 게다가 졸음을 막아주는 효능이 있어 철야로 집필
하거나 사색하고자 하는 사람에게 크게 도움이 된다.[4]

저명한 의사라는 사람이 특정한 식물을 만병통치약이라고 소개
하는 것은 현대에서는 보기 힘든 장면이다. 그렇지만 당시 의학의
수준은 형편없이 낮았고, 근대 초까지도 유럽 사람들은 동방에서
들여온 온갖 향신료와 식물을 의약품으로 사용하곤 했다. 더욱이
차의 기원에서 설명했듯이 차를 처음 마셨던 중국 사람들도 차에
여러 가지 의학적인 효과가 있었다고 믿었다. 따라서 딜크스의 주
장은 당시 많은 사람들의 지지를 받았다. 덕분에 17세기 후반 네덜
란드의 상류층에 차 문화가 유행했다.

1701년 암스테르담에서 '차에 미친 귀부인들'이라는 연극이 상
연되었는데, 이 연극은 귀부인이 여는 '티 파티'를 풍자하고 있었다.
티 파티는 오후 2~3시경에 열렸는데, 초대받은 손님들은 여러 가
지 차를 대접받았다. 그런데 차를 마시는 습관이 매우 특이했다. 주
인이 차를 찻잔에 따라주면 손님들은 그것을 다시 찻잔 받침 접시
에 따라 후후 소리를 내면서 마셨다. 찻잔 받침에 차를 마시는 습관

한 남자가 초콜릿 음료를 찻잔 받침 접시에 따라 마시고 있다. 19세기 초콜릿 제조 회사인 캐드버리의 광고
속에 그려진 모습이다.

은 영국에서도 관찰된다. 17~18세기 영국인 역시 주인이 찻잔에 차를 내어주면 찻잔을 받치고 있던 받침saucer에 차를 따라 식혀가면서 천천히 마셨다. 이렇게 음료를 찻잔 받침에 따라 마시는 관습은 초콜릿 음용에서도 관찰된다. 19세기까지도 일반적으로 초콜릿은 뜨거운 음료로 섭취했는데, 이때도 초콜릿을 찻잔 받침 접시에 따라서 먹었다.

차를 대접한 주인에게 예의를 표하기 위해 그렇게 마신 걸까? 이에 대해 음료의 온도를 강조하는 설명도 있다. 이 설명에 의하면 17~18세기 찻잔에는 손잡이가 없어서, 찻잔을 계속 들고 있을 수가 없었다. 따라서 뜨거운 찻물을 접시에 조금씩 따라가면서 천천히 마셨다. 빅토리아 시대, 즉 19세기 후반에 이르러 찻잔에 손잡이가 생기고, 접시에 차를 마시는 것을 저속하게 여기게 되면서, 찻잔에 차를 마시는 풍습이 일반화되었다. 이 설명이 좀 더 합리적인 것 같다.

실제 17~18세기 유럽에서 사용했던 찻잔을 보면 대부분 손잡이가 없고, 대접처럼 물을 담을 수 있는 공간이 크다. 이는 아마 유럽에서 처음 찻잔을 만들 때 중국의 찻잔을 모방했기 때문일 것이다. 지금도 중국의 찻잔은 손잡이가 없는 것이 많은데 중국인은 뜨거운 물을 70도 정도로 식혀서 차를 마시기 때문에 불편함이 없다. 반면 영국인은 팔팔 끓인 물에 바로 홍차를 넣어서 마셨기 때문에 손잡이가 없는 찻잔은 매우 뜨거웠다. 따라서 찻잔이 아니라 접시에 차를 따라 먹는 것이 합리적이었다. 그런데 습관의 힘은 무서운 것이다. 처음에 누군가 시작한 이런 관습은 찻잔에 손잡이가 생긴 뒤에도 한동안 계속되었다.

·

유럽과 영국의 엇갈린 행보

차를 만병통치약이라고 주장한 의사 딜크스는 어쩌면 네덜란드 동인도회사에서 부탁을 받았을 수도 있다. 17세기 중엽 일본이나 중국에서 차를 수입할 수 있는 나라는 네덜란드밖에 없었다. 네덜란드는 차를 동양의 신비한 약초라고 소개하면서 독일, 프랑스, 영국 등에도 팔았다. 독일과 프랑스에서는 차를 마시는 사람들이 늘어나자 차의 효능에 대한 논쟁이 일어났다. 덴마크 왕의 주치의였던 시몬 파울리는 "중국에서 들여온 차에는 유해 성분이 들어 있고 40세 이상의 사람이 마시면 빨리 죽는다"라고 말했고,[5] 독일의 선교사 마르티니는 중국인들의 깡마른 얼굴은 차를 마시기 때문이라고 주장했다. 특히 프랑스에서는 1657년 차의 효능에 대해 의사와 지식인들이 공개 토론을 벌일 정도로 논쟁의 열기가 뜨거웠다.

17세기 후반 차의 효능에 대한 검증이 늘어나면서 차가 적어도 해롭지는 않고, 오히려 여러 가지 질병에 효과가 있다는 의견이 힘을 얻어갔지만, 독일과 프랑스를 비롯한 유럽 대륙의 대부분 국가에서 차 문화는 상류층에 한정된 이색 취향에 머물고 말았다.

그 원인으로 세 가지를 생각해볼 수 있다. 먼저, 차의 가격 문제다. 차는 주로 중국에서 수입해 오는데 중국의 고압적이고 전근대적인 자세로 인해 수입이 원활하지 않았고, 그 때문에 유럽에서 너무나 비쌌다. 둘째, 차 공급의 문제다. 17세기 후반 차 공급이 원활하지 못했다. 네덜란드 동인도회사는 1624년 대만에 상륙하여 남부를 점령하고 그곳에서 중국과 무역했지만, 명나라 복원 운동을 펼치다가 대만으로 밀려온 정성공의 군대에 의해 1662년 대만에서 쫓겨났다. 이후 영국 동인도회사가 1670년 대만에 진출하여 상관을 설치했지만, 네덜란드의 방해와 중국 본토를 차지하고 있던 청나라의 공세가 심해지자 1680년 대만에서 철수했다. 그리하여 서양인들과 중국의 교역은 한동안 단절되었고, 그 때문에 중국으로부터의 차 수입도 중단되었다. 오직 일본으로부터 소량의 차가 공급되었다. 셋째, 18세기 초부터 차의 경쟁자인 커피가 대량 공급되기 시작했다.

유럽 본토에서는 차에 대한 열정이 식어가고 있었지만 영국의 사정은 이와 달랐다. 영국에 차가 처음 들어온 연대는 확실하지 않지만, 개러웨이라는 사람이 1660년에 커피하우스를 운영하면서 차를 판매하기 시작했고, 그때 차를 팔기 위해 다음과 같은 선전물을 만들었다.

- 몸을 활기 있고 튼튼하게 해주고, 두통, 현기증, 나른함을 치료해줍니다.
- 우울증 장애를 치료해줍니다.
- 설탕 대신 암벌의 꿀과 함께 복용하면 신장과 요도를 세척하여 결석을 막아줍니다.
- 차를 조금만 마셔도 놀라울 만큼 오한과 열을 방지하고 치료해줍니다.
- 변비의 통증을 강력하게 완화해주며, 장을 튼튼하게 해주고 설사를 잡아줍니다.[6]

이 선전물을 읽어보면 차가 마치 만병통치약 같은 느낌이 든다. 그렇지만 실제로 일부 의사들이 차를 여러 질병에 처방했다. 예컨대 17세기 후반 영국의 정치가이자 일기 작가로 유명한 새뮤얼 피프스는 1667년 어느 날 집에 와보니 아내가 감기약으로 차를 끓이고 있었다. 그가 무엇이냐고 물으니 아내는 의사가 권유한 약이라고 말했다. 이렇게 차가 약으로 통용되고 있었으므로 개러웨이의 선전이 허무맹랑한 과장으로 들리지는 않았을 것이다. 돈이 많은 사람들이 호기심에 이끌려, 혹은 개러웨이의 선전을 믿고 이 만병통치약을 마시기 시작했다. 당시 차는 약 450그램에 6~10파운드나 할 정도로 매우 비쌌다. 귀족 집에서 일하는 하인들이 1년에 받은 연봉이 2~3파운드였으니, 그들은 2~3년을 일해야 차 450그램을 살 수 있었다.

그런데도 차 문화는 상류층을 중심으로 서서히 퍼져나갔다. 영국에서 차 문화가 확산되는 데는 궁정의 역할이 컸다. 1662년 포르투갈의 공주 캐서린이 찰스 2세에게 시집올 때 차를 가져와서 귀족들 사이에 차 문화를 전파했으며, 1688년 명예혁명으로 남편 윌리엄 3세와 함께 공동 왕이 된 메리는 네덜란드에서 차와 찻잔을 가져와서 계속 차를 마셨다. 메리의 동생으로 다음 왕이 된 앤 여왕도 차를 애호했다. 그녀는 아침이면 거창한 식사 대신 차와 간단한 음식을 먹는 습관이 있었고, 궁정에서 자주 차 파티를 열곤 했다. 이렇게 궁정에서 차를 계속 애호하면서 영국 상류층에서 차를 마시는 것이 하나의 문화로 정착했다.

그렇지만 차의 영국 정착이 순탄하기만 했던 것은 아니다. 차의 판매가 계속 늘어나자 대륙에서 그랬듯이 차를 마시는 것에 반대하는 사람들도 생겨났다. 감리교의 창시자로 유명한 존 웨슬리는 차가 건강에 치명적인 악영향을 주며, 시간과 돈을 아끼려면 차를 마시지 말아야 한다고 주장했다. 아서 영은 "노동자들이 점심 식사

대신 차를 마시게 됨에 따라 심각한 영양 부족에 처할 수 있다"고 주장했다. 이들은 대부분 차 자체의 효능을 문제 삼기보다는 노동자들이 비싼 차를 마시려고 돈을 쓴다는 것, 그리고 차를 수입하기 위해 많은 국부가 흘러나가는 것을 염려했다. 그러나 차의 인기는 날로 높아졌고, 18세기 말이 되면 차 반대론은 거의 제기되지 않았다. 다음 표는 영국에서 차의 소비가 지속적으로 증가했음을 보여준다.

연도	수입량(톤)	수입액(파운드)
1678~1689	22	49
1690~1700	101	223
1700~1710	356	786
1721~1730	4,023	8,880
1731~1740	5,283	11,664
1741~1750	9,157	20,214
1751~1760	16,920	37,350

17~18세기 영국의 차 수입량 변화[7]

이 표를 보면 영국에서 차 소비량은 1720년대 이후 급격하게 늘어나기 시작했다. 왜 이 시기부터 차 소비가 급격하게 증가했을까? 차와 커피의 경쟁에 대해 살펴보면서 그 원인을 알아보자.

•
차는 어떻게 영국에서 커피를 제쳤나

커피는 중세 후기부터 아랍 지역에서 유행하던 음료였는데, 17세기에 지중해 무역을 통해 유럽에 본격적으로 들어왔다. 오스만 제국이 팽창하면서 유럽을 위협하는 가운데 커피가 인기를 끌자, 유럽의 지도자들은 커피가 이슬람 세력이 만든 '악마의 음료', '사탄의 음료'라고 주장하면서 금지하려고 했다. 그러나 전하는 바에 따르면 1600년경 교황 클레멘스 8세가 커피를 맛보고 그 맛에 매료되어 커피에게 세례를 베푼 후 커피 금지는 사그라들었고, 커피는 영국을 비롯한 유럽 전역에서 폭발적인 인기를 끌었다.

커피가 확산되면서 커피를 파는 가게, 즉 커피하우스가 등장했다. 1652년 런던에 최초로 파스쿠아 로제 커피하우스가 생긴 이래 17세기 말까지 런던에만 수천 개의 커피하우스가 생겨났다. 사람들은 커피하우스에서 만나 친분을 쌓고 정보를 교환하며 사업을 했다. 커피하우스에서 대개 차와 초콜릿도 팔았지만, 그 명칭에서 보듯 커피가 가장 중요한 음료였다.

그런데 18세기 말이 되면 영국 전역에서 커피하우스가 거의 전부 사라져버린다. 이에 대해 문화적인 설명이나 정치적인 설명 등도 제시되고 있지만 근본적으로는 커피가 영국에서 인기를 잃었기 때문이다. 이때 차는 커피에게 완벽한 승리를 거두고 영국의 대중적인 음료로 확고하게 자리 잡았다. 다음 표는 영국의 대외무역을 주관하던 동인도회사의 총수입량 가운데 커피와 차가 차지하는 비중을 보여준다.

연도 \ 품목	커피	차	면·견직물
1670	0	0	60.9
1680	1.3	0	78.2
1690	8.1	1.4	39.5
1700	2.4	3.0	74.7
1710	3.8		70.1
1720	8.1	4.5	72.0
1730	9.0	18.5	66.4
1740	3.7	13.0	68.3
1750	3.8	22.6	66.3
1760	5.7	39.5	42.9

동인도회사의 수입품 중 차와 커피의 비중[8]

이 표에서 보듯 18세기 중반에 커피의 비중은 크게 축소된 반면 차의 비중은 급격하게 상승한다. 영국에서 차가 커피에 승리를 거둔 이유는 무엇일까?

무엇보다 17~18세기 세계 바다에 대한 패권의 변화가 중요하다.

유럽에서 커피가 인기를 끌기 시작했던 17세기에 포르투갈, 영국, 네덜란드가 태평양에서 주도권을 차지하기 위해서 치열하게 경쟁했다. 세 나라의 본격적인 경쟁은 17세기 초 인도네시아를 차지하기 위한 전쟁에서 시작되었다.

대항해를 먼저 시작한 나라는 포르투갈이었다. 포르투갈은 1498년 바스쿠 다가마가 인도 항로를 개발한 직후부터 인도와 동남아 일대에 상관을 설치하고 인도양 무역을 장악하려고 시도했다. 포르투갈의 주요 상관은 동아프리카 소팔라(1503), 페르시아만의 호르무즈(1515), 인도 서해안의 고아(1510), 말레이 해협의 말라카(1511), 실론(스리랑카의 옛 이름)섬의 콜롬보(1518), 마카오(1533)였고, 1571년 동아프리카의 소팔라에서 일본의 나가사키까지 40여 개의 상관과 요새가 설치되었다.[9] 포르투갈은 이 상관들의 네트워크를 이용하여 중국, 일본, 인도네시아, 인도 연안, 이란, 오스만 제국, 아프리카, 유럽을 연결하는 거대한 상업 제국을 건설했다. 포르투갈은 이 상업 제국을 유지하기 위해 성인 남자의 35퍼센트(16세기 포르투갈 인구는 약 100만 명)를 해상 무역에 종사시켰다.[10]

이러한 상황에서 네덜란드가 포르투갈을 몰아내고 아시아 무역을 주도하려고 했다. 1598년에 인도네시아에 도착한 네덜란드인은 현재의 자카르타 지역에 요새를 설치하고 포르투갈과 여러 차례 전투를 벌인 끝에 인도네시아를 차지했다. 그런 상황에서 1602

년에 영국인이 자바섬 북서단의 반텐 근처에 요새를 세우고 세력의 확대를 꾀했고, 1616년에 육두구의 원산지인 반다 제도의 섬 가운데 하나인 런Run섬을 차지했다. 네덜란드가 이 섬의 지배권을 위협하자, 영국은 일찍이 아메리카 식민지 총독으로 일하다가 인디언 공주인 포카혼타스를 영국에 데려와 유명해진 토머스 데일에게 대규모 선단을 주어 런섬의 영국인을 구하라고 명령했다. 1619년 반다 제도에 도착한 데일은 자카르타에 있는 네덜란드 요새를 공격했지만 크게 패했다. 네덜란드는 1623년에 런섬에서 끈질기게 저항하던 영국인을 물리치고[11] 반다 제도를 완전히 장악했다. 이로써 네덜란드는 인도네시아에 대한 지배권을 확보했고, 네덜란드에 패한 영국은 인도로 물러났다. 이후 네덜란드는 350년 동안 인도네시아를 식민 통치했다.

차 이야기에서 17세기 네덜란드와 영국의 대립이 중요한 것은 당시 최대의 커피 생산지가 인도네시아의 자바섬이었기 때문이다. 커피를 음료로 만든 아랍인들은 커피 판매 이윤을 독점하기 위해 커피 생두를 팔지 않았다. 네덜란드는 1616년 커피 묘목을 얻는 데 성공했고, 인도네시아의 자바섬을 커피 생산지로 육성했다. 이후 프랑스나 영국도 식민지에서 커피를 생산했지만, 인도네시아만큼 대량으로 생산하지는 못했다. 이 때문에 17~18세기 네덜란드는 식민지에서 안정적으로 커피를 공급받을 수 있었지만, 영국은 그러지 못했다. 그에 반해 차의 공급 상황은 점차 안정되었다.

이런 변화는 왜 일어났을까? 무엇보다 차 공급 여건의 변화가 중요하다. 명나라 복원 운동을 펼치던 정성공이 대만을 장악하자 청나라 정부는 해상 교통·무역·어업 등을 금지한 해금海禁정책을 추진했고, 이 때문에 대외무역도 위축되었다. 이 해금정책은 이후 청나라가 대만을 정복하는 1683년까지 계속되었다. 대만에서 반항 세력을 없앤 청나라 강희제는 1684년에 해금을 정식으로 폐지하고 광저우廣州, 샤먼廈門, 쑹장松江, 닝보寧波의 네 항구를 개항하여 서양과 교역할 수 있도록 허가했다.

그러자 유럽 국가 가운데 영국이 중국과의 교역에 가장 많은 노력을 기울였다. 영국에서 차 소비가 급증하고 있어서 차 수입이 중요한 과제였기 때문이다. 1685~1757년에 중국에 온 서양 선박 312척 가운데 영국 선박이 198척이나 되었다는 사실은[12] 17세기 말 이후 서양 국가 가운데 영국이 중국과의 교역을 선도했다는 것을 입증해준다. 그렇지만 17세기 말과 18세기 초의 무역량은 그리 크지 않았다. 아직 공행公行 제도가 제대로 시행되지 않았기 때문이다. 공행은 독점적으로 외국 상인을 상대하면서 관세를 징수하는 상인 집단이었다. 강희제는 네 항구를 개항한 직후에 공행 제도를 만들었지만, 1720년대에 이르러서야 비로소 공행 제도가 정착되고 제대로 기능하기 시작했다. 그런데 이 무렵 네덜란드의 세력은 급격하게 위축되어 있었고, 네덜란드에 이어 영국의 동인도회사가 세계의 제해권을 장악했다. 이 때문에 1720년대 이후 영국이 중국과의 차 무역을 주도하게 되었다.

1720년대 이후 영국 동인도회사가 차를 대량으로 수입한 데에는 중국에서의 상황 변화 못지않게 영국에서의 상황 변화도 중요한 역할을 했다.

17세기 초 아시아에 진출한 영국의 동인도회사는 인도네시아에서 네덜란드에 패배한 후 인도 경영에 주력했고, 그 결과 봄베이(뭄바이의 전 이름)부터 캘커타(콜카타의 전 이름)에 이르는 인도의 해안 지대에 상관을 설치하고 점차 지배력을 확대해나갔다. 이때 동인도회사에서는 인도 내에서 활발하게 거래되고 있던 인도산 면직물, 즉 캘리코를 수입하여 영국에 판매하는 것을 주요 수익원으로 삼았다. 인도산 면직물은 값싸고 질이 좋을뿐더러 세탁해도 모양과 색상이 변하지 않아서 당시 영국인이 생산하던 모직물보다 훨씬 경쟁력이 높았다. 이 때문에 1670년대 이후 영국에서 인도산 면직물이 크게 유행하면서 영국 모직물 산업이 큰 타격을 입었다. 이에 영국 정부는 1700년 캘리코 수입 금지법을 통과시켰는데, 이 법은 완성된 캘리코의 수입을 금지하는 것이었다.

그렇지만 캘리코의 인기가 너무나 좋았기 때문에 동인도회사는 다른 방안을 강구했다. 동인도회사는 염색되지 않은 캘리코를 중간

재로 들여와서 영국에서 염색하여 팔았고, 이 때문에 캘리코의 인기는 지속되었다. 1719년에는 런던 외곽 모직공업지대인 스티털필드에서 직공 2000여 명이 캘리코를 태우는 폭동이 일어났다. 그후 캘리코에 대한 논쟁이 다시 일어나자, 1720년 영국 정부는 아예 '캘리코 사용 금지법'을 만들었다. 이 법이 제정되면서 인도산 면직물의 수입이 급격하게 축소되었고, 동인도회사는 주요 수익원을 상실했다. 이에 동인도회사는 새로운 수익원이 필요했고, 그 대안으로 부각된 것이 중국의 차였다. 이 때문에 1720년대 이후 차 수입이 크게 늘어났다.[13]

1720년 이후 차가 안정적으로 공급되면서 차 가격은 꾸준히 내려갔다. 런던의 한 가게에서 팔린 보이차 1파운드의 가격은 1715년에는 16~24실링, 1742년에는 6실링, 1750년에는 5실링이었다. 당시 커피의 가격은 18세기 초 상당히 올랐다가 그 후에는 떨어졌는데, 1715년에는 1파운드당 5~6실링, 1750년에는 3.5실링이었다. 이렇게 차와 커피의 가격이 모두 서서히 내려가고 있었지만 상대가격은 차가 훨씬 많이 떨어졌다.[14] 이렇게 경제적인 요인을 이야기하면 여전히 동일한 무게의 커피보다 차가 더 비쌌다고 반박하는 사람도 있다. 그러나 커피 가루는 오직 한 번만 사용되었지만, 차는 여러 번 우려 마실 수 있었다. 심지어 당시 하층민은 상류층이 먹고 버린 차를 사다가 오래 우려내어 마셨다. 이런 습관은 차 가격

이 싸지는 19세기 중엽까지 계속되었다.[15]

물론 가격이 떨어진다고 해서 차의 인기가 저절로 치솟는 것은 아니다. 영국에서 차가 가장 사랑받게 된 다른 요인으로는 무엇이 있을까?

왜 녹차가 아니라 홍차였을까

영국의 기후도 차가 유행하는 데 한몫했다. 16~17세기 영국인을 비롯해서 유럽인은 위생적인 음료를 갈망하고 있었다. 유럽의 물은 석회질이 많고, 각종 광물이나 하수에 오염된 경우가 많아서 고대부터 물을 그대로 마시는 경우가 드물었다. 여유 있는 계층은 포도주를, 가난한 사람들은 맥주나 각종 발효주를 물에 타서 물을 소독하여 마셨다. 이 때문에 유럽 전역에서 알코올 중독이 심각한 사회문제를 일으키곤 했다. 이런 상황에서 알코올을 대체할 수 있는 음료가 출현하자 유럽인은 환호했다. 특히 영국인은 따뜻한 음료의 출현을 더더욱 반겼다. 연중 흐리고 비가 많이 내리며 을씨년스럽기로 유명한 기후 탓이었다. 이런 요인은 영국인이 녹차보다는 홍차를 선택하는 데 기여했다.

차는 아열대 지역인 중국 남부의 원산지에서 차나무의 잎이나 줄기를 따서 말린 것이다. 차는 발효 정도에 따라 녹차, 백차, 황차, 청차, 홍차, 흑차로 나뉜다. 녹차는 전혀 발효되지 않은 차이고, 홍차는 80~100퍼센트가 발효된 차이며, 흑차는 100퍼센트 발효된 후 2차 발효된 것을 말한다. 중국과 동양에서는 녹차 위주로 차 문화가 발달했지만, 영국에서는 홍차가 중심이었다.

영국도 처음에 차를 수입할 때는 녹차가 반 이상을 차지했지만, 1730년 이후 홍차가 녹차를 압도하게 되었다. 홍차의 유행에 대해 반쯤은 타당한, 대중적인 설명이 있다. 동인도회사는 1849년 이전까지 영국의 차 무역을 독점했으므로 굳이 차를 빨리 운반해 올 필요가 없었다. 그 때문에 차의 운반에는 1년 이상이 걸리는 일이 흔했다.[16] 범선에 실려 왔기 때문에 운송 기간에 바람이 불지 않으면 더 오래 걸릴 수도 있었다. 이렇게 먼 길을 오는 동안 중국에서 가져온 녹차가 발효되어 홍차가 되어버렸다. 식민지 시절 미국 사람들이 홍차를 마셨던 것도 비슷한 이유로 설명되곤 한다. 중국에서 미국까지 차를 싣고 가던 배가 늦어지면 차가 발효되어 홍차가 되어버리고, 그 때문에 미국 사람들도 홍차를 마셨다.

이런 에피소드가 터무니없는 것은 아니다. 실제로 차의 원산지인 윈난성 푸얼 지방에서 차마고도를 따라 차를 운반하다 보면 차가 저절로 발효되어 홍차가 되곤 했다. 따라서 중국에서 출발한 배가 영국이나 미국에 도착하는 동안, 운반 기간이 길어지면 홍차가 될 가능성이 있었다. 그러나 이런 식으로 만들어진 홍차는 품질이 좋지 않다. 녹차가 홍차가 되는 것이 아니라 그냥 산화되어 맛이 없어질 가능성이 높다.

질이 좋은 홍차는 원산지에서 여러 가지 비법으로 발효시킨다. 18세기 영국이 수입했던 정산소종의 홍차가 대표적인데, 이 홍차는 소나무 연기로 훈제하면서 건조시킨 후에 발효시킨 것이다. 이렇게 홍차는 중국의 차 재배지에서 만들어졌고, 영국인은 원산지에서 만들어진 홍차를 구입했다.

따라서 영국 상인들은 중국에서 처음에는 녹차와 홍차를 각각 구입해서 영국에 가져갔고, 두 차의 경쟁에서 홍차가 승리했던 것이다. 앞서 말한 것 외에 홍차가 승리했던 이유는 무엇일까? 우선 영국 물의 특성 때문이었다. 미네랄이 많이 들어 있는 영국 물에서는 녹차의 떫은맛을 내는 탄닌이 잘 우러나지 않아서 녹차가 맛이 없다. 홍차는 녹차보다 탄닌 성분이 더 많다. 그래서 중국에서는 홍차가 녹차보다 더 떫지만 영국에서는 적당히 순하게 우러나와 맛이 좋다. 이런 물의 차이 때문에 영국에서는 홍차가 맛있지만, 중국이나 한국에 가져오면 별로 맛이 없다.

두 번째로는 기후 여건이 중요하다. 녹차는 찻잔에 넣고 약간 식은 물을 넣어 우려내지만, 홍차는 주전자에 넣고 끓여내기 때문에 훨씬 뜨겁다. 서늘한 날씨가 잦은 영국에서는 뜨거운 홍차가 안성

맞춤이었다.

홍차의 확산에 기여한 세 번째 요소는 설탕이다. 전근대 세계에서 단맛을 내는 거의 유일한 재료는 꿀이었다. 고대에도 유럽인은 인도의 사탕수수에서 설탕이 채취된다는 것을 알고는 있었지만 약재로 소량 수입하는 데 그쳤다. 중세에 아랍인이 지중해 섬들에서 사탕수수 재배법을 확산시키면서 설탕이 좀 더 대중화되기 시작했다. 10세기경부터 아랍인이 시칠리아를 비롯한 지중해의 섬들에서 사탕수수를 재배하기 시작했고, 거기서 제조된 설탕 가운데 일부가 유럽으로 흘러들어갔다. 12세기경부터 유럽의 왕실이나 귀족들이 설탕을 먹었으며, 십자군 전쟁 이후 설탕의 소비는 좀 더 확대되었다. 그렇지만 그때까지 설탕은 의약품처럼 귀하게 여겨지고 있었다. 16세기에 출판된 한 의학서는 설탕을 "가슴, 폐, 목의 병을 치료하는 효능이 있으며, 분말 상태로 만들면 눈병에도 효과가 있고, 기화시키면 각종 감기의 치료제로 사용할 수 있고, 또한 노인에게는 강장제로 사용할 수 있다"[17]라고 설명하고 있다.

설탕이 대중화되기 시작한 것은 16세기 이후 포르투갈, 에스파냐를 비롯한 유럽의 국가들이 아메리카에서 사탕수수 농장을 조성한 후의 일이다. 이 분야의 선두 주자는 포르투갈이었다. 포르투갈은 14~15세기에 아프리카 해안에서 노예를 잡아다가 유럽에 파는 노예무역을 하고 있었고, 아메리카가 발견된 뒤에는 브라질에 대규모 사탕수수 농장을 조성했다. 에스파냐는 14세기에 안달루시아, 발렌시아, 지중해의 시칠리아에서 사탕수수를 재배했고, 아메리카를 발견한 후 카리브 해안 일대에 사탕수수 농장을 대규모로 조성했다.

이렇게 형성된 대서양 삼각무역을 통해 아프리카에서 잡아간 노예들의 값싼 노동력으로 설탕이 대량 생산되면서, 유럽 식생활에 일대 변화가 일어났다. 16세기에 음식을 더 맛나게 하려고 설탕을 넣는 관습이 상류층에서 채택되기 시작하여, 17세기가 되면 거의 모든 계층으로 퍼져나갔다. 육류를 조리하거나 파이, 음료수 등 온갖 음식을 만드는 데 설탕이 사용되었다.

이렇게 설탕의 사용이 이미 보편화되어 있었지만, 17세기 중반 차가 처음 도입되었을 때에는 설탕을 첨가하지 못했다. 그때까지 설탕은 값비싼 의약품이나 사치품이었고 주로 부자들이 부를 과시하기 위해 먹었으며, 차가 처음 도입되었을 때도 매우 비쌌기 때문에 차와 설탕을 결합하여 먹는 것은 부자들이 부를 극도로 과시하는 수단이었다고 설명되기도 한다.[18] 1670~1680년대에 설탕과 차가 결합되었다는 것을 입증하는 자료는 확실하지 않은데, 영국과 네덜란드에서 차와 설탕이 결합되어 널리 퍼지고 있었음이 확실히 입증되는 시기는 1710년경이다.[19] 언제부터였든, 설탕과 결합되자 홍차는 맛있는 음료, 그리고 칼로리의 주요 공급원으로 각광받게 되었다. 이런 여러 가지 조건 때문에 홍차가 영국 차의 주종을 이루게 되었다.

홍차의 영국 정착에 대해 조금 다르게 설명하는 사람도 있다. 한 유학생은 몇 년간 영국에 유학하면서 홍차 문화를 생활 속에서 경험하고 사랑하게 되었다고 한다. 그의 경험에 따르면 영국 음식은 맛이 없기로 명성이 높다. 그래서 영국에 유학 온 외국 학생들은 영국 전통 음식집 대신 인도 커리 집, 프랑스 요릿집, 동남아 요릿집 등을 찾는다. 더군다나 영국 음식은 느끼하기까지 하다. 아침 식사 때에도 '소시지와 베이컨, 달걀 프라이, 구운 토마토, 기름에 볶은 버섯'이 나온다. 이렇게 맛없고 느끼한 음식을 먹으려면 진한 차가 꼭 필요하다. 그래서 홍차가 영국인의 필수품이 되었다는 것이다.[20] 영국 홍차 문화를 직접 경험해본 사람의 말이니 완전히 틀린 말은 아닐 것 같다.

'티타임'이 만들어진 사연

홍차에 설탕을 넣어 마시는 습관은 상류층이든 하류층이든, 지식인이든 노동자든, 남자든 여자든 한결같았다. 그런데 홍차에 설탕을 첨가해 마시면서 식생활에 큰 변화가 나타났다. 설탕 섭취량이 늘어나면서 1900년경 영국인은 칼로리의 5분의 1을 설탕으로 흡수했다.[21] 덕분에 적은 음식을 먹어도 생활할 수 있어서 음식 소비량이 줄고 식사가 간단해졌다. 이는 아침 식사에서 두드러졌다. 차가 도입되기 전 영국인들은 아침 식사를 성대하게 차려 먹었다. 상류층은 구운 고기, 다양한 종류의 가축의 젖, 그리고 맥주와 포도주를 먹곤 했는데, 18세기 이후에는 이 메뉴 가운데 술과 고기가 빠지고, 차와 빵이 주요 메뉴가 되었다.

아침을 가볍게 먹는 습관은 19세기에 하층 계급에까지 널리 퍼졌다. 19세기 영국은 '세계의 공장'이라고 불릴 정도로 산업 발전이 활발했는데, 노동력이 크게 부족했기 때문에 여성은 물론 13세 미만의 아동까지 많이 고용되었다. 이들은 너무나 열악한 조건에서 일했고 노동 시간도 몹시 길었다. 1816년 영국 의회가 실태 조사를 위해 구성한 필[R. Peel] 위원회가 맨체스터의 면공장 41개소를 조사한 결과 식사 시간을 제외한 실제 노동 시간이 두 곳은 하루 14시간을 초과했고, 13시간을 초과한 곳이 24개소였으며, 거의 모든 작업장이 12시간을 초과했다. 즉 대부분의 아동은 오전 6시부터 오후 8시까지 일해야 했다. 이런 장시간의 노동으로 인해 아이들은 키가 제대로 크지 않았으며 무릎이 뒤틀리기까지 했다.[22] 시간이 흐르면서 상황은 더 악화되었다.

1831~1832년에 영국 의회가 조사단을 꾸려 공장의 실태에 대해 엄밀하게 조사를 했다. 그때 공장 노동자 새뮤얼 콜슨은 의회에

나가서 다음과 같이 증언했다.

- 여자들은 아침 몇 시에 공장에 갑니까?

  약 6주일간 아침 3시에 가서 밤 10시 혹은 10시 반이 넘어서 일이 끝납니다.

- 19시간이나 일하는 동안 휴식 또는 음식물을 섭취하는 시간으로 얼마가 허용되고 있습니까?

  아침 식사에 15분, 저녁 식사에 반시간, 물 마시는 데 15분이 허용되고 있습니다.

- 이 과도한 노동에 나가도록 아이들을 깨울 때 큰 어려움이 없었나요?

  아침 일찍이 일터에 내보내기 전에 자고 있는 것을 깨워서 옷을 입히려고 방바닥에서 일으킬 때에는 몸을 흔들지 않으면 안 되었습니다.

- 몇 시간을 잘 수 있었습니까?

  음식을 조금 먹이고 아이들을 재울 때에는 벌써 밤 11시가 됩니다. 그래서 아내는 아침에 제시간에 닿지 않을까 걱정하여 온 밤을 새우기 일쑤입니다.

- 아이들은 이 일로 과도하게 피로하지 않습니까?

굉장히 지칩니다. 기껏 소량의 음식을 아이들에게 줄 수밖에 없어서 울기도 했습니다. 아이들을 흔들어 깨워야 했고 아이들은 몇 번이고 먹을 것을 입에 문 채 잠에 쓰러지기도 합니다.[23]

이 증언은 산업혁명기 노동 조건이 얼마나 열악했는가를 뼈저리게 보여준다. 하루 19시간 일하는 삶은 얼마나 고되었겠는가? 어린 아이한테까지 장시간 노동을 강요한 자본가들은 얼마나 비인간적인가? 영국의 지배 엘리트들은 이 문제에 대해 일말의 가책을 느꼈고 여러 차례 공장법을 만들어 상황을 개선하려고 했다. 1833년에 만들어진 공장법에서는 18세 미만의 연소자는 12시간, 11세 미만의 아동은 8시간 이상의 노동을 금지했다.[24]

이런 상황에서 노동자들의 식사는 간소할 수밖에 없었는데, 그들의 식사에서도 차는 빠지지 않았다. 사회주의의 창시자 마르크스의 동지, 엥겔스는 1840년대 영국을 방문하여 노동자들의 실태를 직접 목격하고 《영국 노동자계급의 상태》를 썼는데, 이 책에서 노동자계급의 음식 섭취에 대해 이렇게 적었다.

노동자계급의 하층은 단지 빵, 치즈, 죽, 감자 등만을 먹었다. 후식으로는 약간의 설탕과 우유, 알코올 등을 탄 차를 가볍게 마신다. 차는 잉글랜드뿐만 아니라 아일랜드에서도 독일에서의 커피 와 같이 필요불가결한 것이며, 차를 먹지 못하는 곳은 그야말로 빈곤이 극에 달한 곳이다.[25]

엥겔스의 이 묘사에서 세 가지 사항이 눈에 띈다. 먼저, 노동자들 가운데 가난한 사람들도 일상적으로 차를 마셨다. 둘째, 커피가 독 일인의 국민 음료라면 차는 영국인들의 국민 음료다. 셋째, 노동자 들은 차에 설탕이나 알코올을 첨가해서 마셨다.

노동자들의 차에 대한 사랑은 거의 광적이었다고 할 수 있는데, 이는 그들이 차에 지출한 비용을 보면 명확히 알 수 있다. 무역업자 이자 사회사업가로 일했던 조나스 한웨이는 1756년에 발표한 《차 에 관한 에세이》에서 가난한 사람들이 차와 설탕을 섭취하는 것에 대해 다음과 같이 비판했다.

가난한 부모들이 자녀의 식량을 살 돈으로 차를 사는 사치를 부 린다. 그들은 영양가도 없는 차를 아침과 오후에 꼭 마시고, 심지 어 빵이 없는 자도 차를 마신다. 부모들이 급료 30펜스 중 14펜 스를 차와 설탕을 사는 데 쓰고 나면 생활비는 어떻게 하나? 가 난한 자들의 차 마시는 사치는 위험하다.[26]

한웨이가 여기서 말한 사례가 얼마나 보편적인 것인지는 알 수 없다. 그가 차 소비에 대해 극히 부정적인 태도를 취했기 때문에 일부 과장된 사례를 제시한 것일 수도 있다.

최근 연구에 따르면 1850년경 영국 노동자들은 수입의 2.82퍼센트를 차를 구입하는 데, 4.07퍼센트를 설탕을 구입하는 데 사용했다.[27] 이는 한웨이의 주장보다는 덜 충격적이지만, 현대의 관점에서 보면 놀랍다. 수입의 거의 3퍼센트를 차를 구입하는 데 쓰고, 수입의 약 4퍼센트를 차를 비롯한 여러 음식에 넣을 설탕을 구입하는 데 사용했다는 것은 차와 설탕이 식생활에서 그만큼 중요한 의미를 갖고 있었다는 것을 의미한다.[28]

노동자들은 왜 그토록 많은 돈을 차와 설탕을 구입하는 데 썼을까? 장시간 노동에 시달렸던 그들은 간단하게 때울 수 있으면서 칼로리가 높은 음식이 필요했다. 19세기 중엽 홍차는 이런 필요를 충족해주었다. 뜨거운 물에 차와 설탕을 넣어 먹으면 정신이 맑아지고, 몸에 힘이 생기니 그보다 더 좋은 음료수가 어디 있겠는가? 더군다나 그들 다수는 영양실조에 시달리고 있었으니, 달고 뜨거운 차는 그야말로 생명수처럼 느껴졌을 것이다.

그래서 노동자들은 간단한 죽과 설탕을 듬뿍 친 홍차를 아침 식사로 먹곤 했으며, 공장에서도 '차 마시는 시간'이 제도로 정착되어 갔다. 자본가들도 홍차의 효과를 알아보고, 노동자들에게 쉬는 시간을 허용하고 그 시간에 간단한 음식과 차를 먹을 수 있도록 했다. 이처럼 차와 설탕의 결합은 환상적인 음식을 탄생시켰고, 영국인의 식생활을 바꿔놓았다.

중국의 차 독점 시대가 저물다

18~19세기 영국에서 홍차는 이렇게 국민 음료가 되었다. 홍차는 영국인에게 안전한 음료를 제공했고, 알코올 중독에서 벗어나게 해주었으며, 식사 습관의 변화도 가져왔고, 19세기 노동자들에게는 칼로리를 섭취하게 해주었다.

그런데 차 문화의 확산이 긍정적인 변화만 가져온 것은 아니었다. 여러 가지 부작용이 일어났는데, 우선 차를 수입하느라 많은 돈이 중국으로 빠져나갔다. 차가 영국 전체 수입액에서 차지하는 비중은 1740년대에 3퍼센트를 차지한 후 지속적으로 증가하여 19세기 초에는 9퍼센트에 이르렀다.[29] 이후 차의 소비가 더 늘어나 전체 수입액 가운데 차가 차지하는 비중은 10퍼센트를 초과했다. 하나의 물품이, 그것도 차라는 기호 식품이 전체 수입액의 10퍼센트를 넘었다는 사실은 경이로운 일이다. 이렇게 많은 차를 거의 전적으로 중국에서 수입하면서 영국은 세계에서 돈을 벌어 중국에 갖다 바치는 형국이 되었다.

영국은 이런 상황을 개선하기 위해 두 가지 정책을 구사했다. 하나는 인도에서 아편을 대량으로 재배하여 중국에 밀수출하는 것이었다. 1773년 인도의 무굴 황제로부터 아편 전매권을 획득한 영국의 동인도회사는 인도에서 농경지를 갈아엎고 양귀비 재배지로 만들어 아편 재배를 급격하게 늘렸다. 그리하여 19세기 초 인도에서 아편의 수출은 국민총생산의 6분의 1을 차지하게 되었다.[30] 영국의 아편 수출이 늘어나는 데 비례해서 중국의 아편 소비는 폭발적으로 증가했다. 중국의 아편 수입량은 1767년 연간 1000상자에서 1820년대에는 1만 9000상자, 1835년 3만 상자, 1880년대에는 10만 상자로 늘어났다.[31] 한 상자의 아편은 100명의 아편쟁이가 소비할 수 있는 양이었으니, 중국인 1000만 명이 아편에 중독되어 있었던 셈이다.[32]

아편쟁이가 급격히 늘어나자 중국은 아편 판매를 단속하고 아편금지 캠페인을 벌였지만 별 효과가 없었다. 아편 중독으로 아들 셋을 잃은 도광제(1820~1850년에 재위)는 1838년에 임칙서를 흠차대신으로 광둥에 파견하여 아편 무역을 단속하게 했다. 임칙서가 아편 3만 근을 몰수하여 폐기하고 외국 상인들에게 아편 무역에 종사하지 않겠다는 서약을 받았는데, 영국은 상인의 서약을 금지했다. 임칙서가 그들을 추방하자 영국은 전쟁을 일으켰고, 중국에게 승리한 후 난징조약을 통해 홍콩을 차지하고, 광둥을 비롯한 5개의 항구를 개항하도록 강요했다. 이후 영국은 공공연하게 아편 무역을 계속했다.

영국은 아편 무역을 통해 무역수지의 개선을 꾀하는 한편[33] 중국 외의 지역에서 차를 재배하기 위해 노력했다. 19세기 초 자바섬과 인도의 몇몇 지역에서 차 재배를 시험하다가 1831년 인도 아삼 지방에서 상당량을 재배하는 데 성공했다. 아삼 지역의 차는 버마 일대에 자생하던 품종이었다. 이곳의 원주민은 찻잎을 씹어 먹는 문화를 가지고 있었고, 이것을 발견한 영국인은 중국차를 대용할 수 있는지 시험했다. 그러나 아삼 차는 자극성이 강하고 매운맛이 나서 상업성이 떨어졌다. 결국 영국은 중국산 차 묘목과 씨앗을 구하는 수밖에 없다는 것을 깨닫고, 영국의 식물학자 로버트 포천에게 좋은 품종의 중국차 묘목과 씨앗을 구해 오게 했다.

1848년 로버트 포천은 중국인으로 변장하고 중국의 차 생산지에 잠입하여 차 묘목과 씨앗을 구해 인도로 보냈다. 그리고 차 제조법을 상세하게 파악하여 동인도회사에 보고했다. 영국은 포천이 구한 차 묘목과 씨앗을 히말라야산 기슭에서 재배하는 데 성공했다. 그 후 영국은 히말라야 산록, 아삼 지역, 실론섬 일대에 거대한 차 재배지를 조성했고, 이를 위해 산림을 제거하고 원주민을 대거 쫓아내기도 했다. 차 재배 면적이 1850년 1876에이커에서 1871년 3만

1303에이커로 급격하게 늘어나면서, 차 생산량이 증가했다. 그리하여 인도는 세계 2위의 차 생산국으로 부상했고, 세계 차 시장에서 중국의 독점 시대는 끝났다. 특히 영국은 50퍼센트 이상의 차를 인도에서 수입하게 되었다.

·

미국 독립 전쟁의 계기

차의 유행은 사람들의 사적인 삶에도 여러 가지 문제를 일으켰다. 가장 큰 문제는 치아를 썩게 하는 것이었다. 전근대인은 치아 건강에 별 문제가 없었다. 설탕을 비롯해 단것을 거의 먹을 수 없었거니와, 평균 수명이 30세였기 때문이다. 노인이 워낙 귀했으므로 늙어서 치아가 빠진 모습을 보기가 힘들었다. 그런데 18~19세기 영국과 영국 식민지 국가의 사람들, 특히 차를 즐겨 마시는 여성은 20세만 넘으면 치아가 없는 경우가 흔했다. 설탕을 넣은 차를 마시고 그냥 잠들곤 했기 때문이다. 스웨덴의 식물학자 페르 칼름이 쓴 《미국 여행》은 이 사실을 잘 보여준다. 그는 스웨덴에서 재배할 만한 유용한 식물이 있는지 조사하라는 스웨덴 왕립 협회의 명령을 받고 1747년에 미국을 둘러보았다. 그의 견문을 상세하게 적은 《미국 여행》에서 칼름은 "미국 여자들은 대개 치아가 하나도 없다"라고 썼다.

칼름이 만난 미국 여자들이 치아가 없었던 것은 그들이 설탕을 많이 넣은 차를 마셨기 때문이다. 18세기 아메리카 식민지인은 영국에서 건너오면서 차를 마시는 습관, 그것도 설탕 친 차를 마시는 습관을 가지고 왔던 것이다.

이 시기에 차는 식민지의 역사에서 결정적인 역할을 했다. 미국은 17세기 초 이래 영국인들이 대서양을 건너가서 만든 식민지였고, 1774년까지 영국의 지배를 받았다. 식민지 건설 초기 미국은 상당히 자유로웠지만, 1756년부터 1763년까지 이어진 7년 전쟁 이후 영국의 간섭이 심해졌다. 이 전쟁은 원래 아메리카에서 영국과 프랑스가 식민지 쟁탈전을 벌이면서 시작되었다. 지금의 캐나다 동쪽 지역을 차지하고 있던 프랑스는 남하하면서 세력을 확대하려 했고, 지금의 미국 동부 지역을 차지하고 있던 영국은 북쪽으로 세력을 확대하려 했다. 이 대립이 전쟁으로 격화되자 영국은 육군 6개 연대와 해군을 파견하여 프랑스군을 격파했다.

그러고 나서 영국 정부는 프랑스의 위협에 대비하여 아메리카에 군대를 계속 주둔시키기로 했는데, 문제는 비용이었다. 이를 해결하기 위해 영국 정부는 식민지인에게 세금을 거두기로 결정했다. 1764년에는 설탕법을 만들어 설탕, 포도주, 커피, 견직물 수입에 관세를 부과했고, 1765년에는 인지세법을 만들어 법정 문서는 물

1773년에 일어난 보스턴 차 사건을 묘사한 그림. 식민지 사람들이 인디언처럼 옷을 입고 동인도회사의 배를 습격해서 차 상자를 바다에 던져 버리고 있다.

론 신문, 홍보 책자, 광고 등을 포함한 모든 공문서에 인지를 붙이도록 했다.

이에 식민지인은 '자유의 아들들'이라는 단체를 만들어 영국의 조치에 반대하고, 영국이 식민지에 내국세를 부과할 권리가 없다고 주장했다. 그러자 영국 정부는 인지세법을 폐지했지만, 영국에서 식민지로 실어 오는 유리, 종이, 차 등에 관세를 부과하는 타운센드법을 만들었고, 동인도회사에 미국의 차 무역 독점권을 주었다. 이 조처로 미국의 차 무역업자들이 가장 큰 타격을 입었다. 이들은 '자유의 아들들'과 협력하여 차 불매 운동을 주도하고 보스턴 차 사건을 일으켰다. 이 사건을 계기로 미국 독립 전쟁이 일어났다. 1774년 독립 전쟁을 시작하면서 미국인들은 독립선언서를 발표했는데, 이 선언서에 가장 먼저 서명한 사람은 차 무역업자였던 존 행콕John Hancock이었다. 지금도 미국 사람들이 '사인해주세요'를 '행콕 플리즈'라고 표현하는 건 이 때문이다. 이렇게 미국 독립 전쟁에서 차 무역이 주된 이슈였기 때문에 미국인은 차 대신 커피를 선택했고, 이 선택은 지금까지도 유지되고 있다.

·

현대 영국의 홍차 문화

영국 여왕 엘리자베스 2세는 1952년부터 60년 넘게 왕위를 지키고 있다. 그녀는 오랜 통치를 제외하면 눈에 띌 만한 업적이 별로 없지만, 2012년 영국의 여론조사업체 ICM이 실시한 여론조사에서 35퍼센트의 지지율로 영국 역사상 가장 위대한 왕으로 선정되었다. 19세기 영국의 최전성기를 이끈 빅토리아 여왕(1837~1901)이 24퍼센트로 2위였고, 에스파냐의 무적함대를 격파하고 영국을 강대국의 지위에 올려놓은 엘리자베스 1세 여왕(1558~1603)이 15퍼센트로 3위였다.[34]

엘리자베스 2세가 인기를 얻은 비결은 무엇일까? 그녀는 사람들과 홍차 마시기를 좋아하며 차를 소재로 한 드라마를 즐겨 본다고 말하곤 했다. 그리고 서민들의 집을 여러 번 방문하여 스스럼없이 홍차를 마셨다. 그런 장면을 보고 영국인들은 동질감을 느끼며 그녀를 진정한 친구처럼 생각했다. 영국인들이 이렇게 느끼는 것은 그들이 일상생활에서 차를 정말 자주 마시고, 차를 마시며 친구를 사귀고, 차가 삶의 진정한 일부라고 생각하기 때문이다. 그들은 아침에 눈을 뜨면 '얼리 모닝 티'를 마시고, 아침 식사 때는 '브렉퍼스트 티'를 마신다. 일터에서 노동자들은 11시가 되면 티타임을 갖고, 늦은 오후에는 '애프터눈 티'를 마신다. 그것도 모자라 저녁을 먹은 뒤에는 '애프터 디너 티'를 마신다. 이렇게 홍차는 영국인의 정체성을 이루는 핵심 요소다. 한국 사람이 김치나 막걸리를 먹는 것과 같은 이치라고 할 수 있다.[35]

chapter 6

Coffee

혁명에 기여한 '이성의 음료', 커피

청교도 혁명의 주역인 크롬웰은 경마, 닭싸움, 곰 놀리기와 같은 놀이나 도박을 금지했고, 술에 취함, 경건하지 않음을 범죄로 규정하여 술집을 강제로 폐쇄했다. 술집이 문을 닫자 사람들이 모일 공간이 필요했고, 커피하우스가 그런 필요를 충족해주었다. 청교도 혁명이 끝난 후에도 영국의 지도자들은 시민들이 술을 너무 많이 마시는 문화를 개선하기 위해 새로운 음료인 커피와 차의 보급을 권장했다. 이런 사회 분위기 때문에 청교도 혁명이 끝난 후에도 커피하우스의 인기는 시들지 않았다. 무엇보다 지식인과 상인 들이 커피하우스의 매력을 잊을 수 없었기 때문이다.

커피의 기원을 찾아서

2016년 세계는 약 920만 톤의 커피를 소비했다. 커피 소비가 많은 유럽 사람들은 하루에 평균 대여섯 잔의 커피를 마신다. 한국은 유럽이나 아메리카 국가들에 비해 커피 소비가 적지만 한 사람이 1년에 2.3킬로그램을 마신다. 커피는 경제적으로도 의미가 크다. 커피는 열대작물이어서 주로 적도 부근에서 재배되지만, 주로 북반구의 선진국 사람들이 소비한다. 이렇게 커피는 생산지와 소비지가 완전히 다르며, 거래액은 석유를 제외한 다른 모든 원자재보다도 크다. 사람들은 왜 '악마의 음료'라고 불리는 커피에 이토록 열광할까?

누가 최초로 커피를 마셨는지에 대해 먼저 살펴보자. 시중에 퍼진 설명 중에는 칼디의 이야기가 가장 유명하다. 전설에 따르면 6세기경 아프리카 에티오피아에 칼디라는 소년이 있었다. 그는 염소치기였는데, 어느 날 염소들이 유별나게 흥분하여 난리를 치더니 밤에는 잠도 자지 않았다. 다음 날 칼디가 유심히 관찰하던 끝에 염소들이 빨간 열매가 달린 나무 잎사귀를 따 먹는 것을 보았다. 칼디가 그 나무 열매를 따 먹으니 이상하게도 기분이 좋아지고 기운이 났다. 칼디는 이 사실을 주위 사람들에게 알렸다. 그 이야기를 들은 이슬람 수도사가 커피가 수도 생활에 도움이 된다고 생각해서 주변 사람들에게 권하면서 커피가 퍼져나가기 시작했다.

세계사 지식이 조금만 있다면 이 이야기가 완전한 허구임을 알 수 있다. 먼저, 칼디가 살던 시절에는 이슬람 수도사가 없었다. 칼디 이야기의 시대적 배경은 6세기(시중에는 기원전 6세기라는 설명도 있음)인데, 이슬람교는 622년, 즉 7세기에 창시되었다. 더욱이 에티오피아는 기원후 2세기 이래 기독교 국가였으므로 수도사가 있었다면 이슬람교가 아니라 기독교를 믿었을 가능성이 높다.

둘째, 사람들이 커피를 마시기 시작한 것은 6세기경이 아니라 그보다 훨씬 전이다. 약 3000년 전부터 에티오피아 남부에 거주하는 유목민인 오로모족이 커피의 정체를 알고 있었다. 그들은 이웃 부족인 봉가족과 전투를 벌이기 전에 특별한 음식을 만들었는데, 그것은 커피 열매를 가루로 만들고 식용 기름을 섞어 만든 작은 '주먹밥'이었다. 오로모족은 커피가 정신을 맑게 하고 기운을 북돋워주는 것을 알고 전투에서 이기기 위해 커피를 먹었던 것 같다.[1] 이들의 풍습은 오랫동안 계속되었는데, 에티오피아 목동들은 사발에 커피 생두와 양고기를 넣고 갈아서 먹곤 했다. 최근 고고학 연구는 커피 음용의 시대를 훨씬 더 앞당겼다. 고고학자들은 10만 년 전에 살았던 에티오피아 사람의 배설물에서 커피 원두를 찾아냈다.[2] 이는 커피의 역사가 매우 오래되었음을 물질적으로 입증해준다.

에티오피아인의 커피 먹는 습관이 아프리카 밖으로 전파된 것에 대해서도 여러 가지 설이 있다. 기원전 1000년경 아프리카에서 노예를 잡아 팔던 노예상인들이 아라비아로 가져왔다고 주장하는 사람도 있고, 525년 에티오피아가 아라비아를 침공했을 때 에티오피아 병사들이 커피를 전파했다고 말하는 사람도 있다. 이런 이야기의 신빙성을 확인할 수는 없지만 7세기경부터 아라비아 남단의 예멘에서 커피가 재배되기 시작한 것은 사실인 듯하다. 10세기경 아라비아 의학자 라제스가 그의 의학서에서 커피를 약품의 하나로 소개하고 있기 때문이다.[3]

상당한 시간이 흘러 15~16세기에는 예멘이 세계의 커피 공급지가 될 터였다. 예멘의 모카에서 수출되는 커피에서 모카커피라는 단어가 생겨났다. 모카커피는 에티오피아와 예멘에서 재배되었던, 초콜릿 향이 나며 부드러운 고급 커피다. 이 커피의 수요가 늘어나자 상인들은 커피에 초콜릿을 섞어 모카커피라고 속이곤 했다. 이 속임이 관행이 되어 지금은 커피에 초콜릿을 섞은 커피를 모카커피라고 부르기도 한다.[4]

그렇지만 16세기 이전 아라비아에서 커피는 어디까지나 극소수만이 아는 '의약품'이었을 뿐이다. 14세기 이슬람 여행자 이븐바투타는 1325년 고향 모로코를 떠나 당시 알려진 세계 각지, 즉 북아프리카, 서아프리카, 동유럽, 중동의 여러 지역, 인도, 중국 등을 28년간 여행하고 여행기를 남겼다. 그의 여행기는 세계 3대 여행기 중 하나로 꼽히고, 그가 방문한 지역의 역사와 생활 풍습을 상세히 전하고 있어 귀중한 역사 연구 자료로 평가된다. 그런데 그의 여행기 어디에도 커피에 대한 언급이 없다. 이는 14세기 아랍 지역에서 커피가 대중화되지 않았다는 것을 의미한다.

욕망을 줄여주는 것

16세기까지 커피는 커피라고 불리지도 않았다. 앞에서 언급한 의학자 라제스는 커피를 '분카Bunka' 혹은 '분쿰Bunchum'이라고 불렀다. 에티오피아에서 원래 커피를 그렇게 불렀기 때문이다. 지금도 에티오피아에서는 커피를 '부나buna'라고 부르기도 한다. 커피라는 이름은 12~13세기에 이슬람 신비주의 수도사인 수피들이 커피를 집단적으로 마시기 시작하면서부터 생겨났다. 이들은 커피를 카와Qahwa라고 불렀는데, 카와는 원래 '무언가에 대한 욕망을 없애다, 적게 하다'라는 의미를 갖고 있다. 기이하게 들리겠지만 커피가 등장하기 전에 이슬람 사람들은 백포도주를 카와라고 불렀는데, 와인이 음식에 대한 욕망을 줄여주고 식사를 대용해준다고 생각했기 때문이다. 따라서 '카와'는 원래 '음식에 대한 욕망을 줄여주는 것'을 지칭하다가 나중에 커피를 가리키는 말로 변한 것이다. 훗날 유럽 사람들은 카와를 카페, 커피, 코베, 카바 등으로 불렀다. 세간에는 커피의 어원이 칼디가 살던 지역 이름이 카파였던 데서 유래했다는 주장도 있다. 에티오피아에 카파라는 지역이 있기는 하지만 앞에서 설명했듯이 칼디의 이야기가 전설이므로 이 설명의 근거는 약하다고 할 수 있다.

수피는 200여 개의 종단이 있을 정도로 다양한 신앙과 관습을 지니고 있었지만, 대개 극단적인 고행을 일삼는 수도사들이었다. 수피 중에서 극단적이었던 리파이야 종단은 불 위를 걷기, 유리 조각 먹기, 뱀의 머리 먹기, 울부짖기, 송곳으로 자기 몸 찌르기 등으로 유명하다.[5] 물론 이들은 특수한 사례지만 대다수의 수피가 자기 초월을 통해 신과의 합일을 추구하며 고행과 기행을 하곤 했다. 수피는 특히 잠자는 것과 먹는 것을 극단적으로 싫어했다. 씹는 음식을 먹을 때면 신을 찬양하는 시구를 70회나 암송해야 했고, 밤에도 잠을 자지 않고 수련에 몰두했다.

커피는 이들의 취향에 딱 맞는 음식이었는데, 씹을 필요도 없고 커피를 많이 마시면 잠도 오지 않을뿐더러 육체적인 욕구가 현격

하게 줄어들기 때문이다. 그래서 수피는 언젠가부터 커피를 즐겨
마셨는데, 유명한 수피인 아흐마드 벤 알라비 바 자하다브(1565년경
사망)는 생애 말년 몇 년간 오직 커피만을 마셨다. 그가 너무나 모범
적인 수도사였기에 사람들은 그의 죽음을 애도하며 "커피를 몸속
에 넣고 죽은 자는 불타는 지옥에 떨어지지 않는다"는 속담을 만들
어냈다.

　16세기 오스만 제국이 번성하던 시절에 커피 마시는 습관에 중
요한 변화가 일어났다. 먼저 커피 마시는 방식이 바뀌었다. 수피는
커피 열매 말린 것을 달여서 내린 추출액을, 큰 사발에 담아 여럿이
돌려가면서 마셨다. 16세기 언젠가 커피를 볶고 그 추출물을 내린
후 작은 잔에 따라서 마시는 현대 방식이 도입되었다. 이 시기에 커
피를 볶기 시작했던 것은 커피가 아라비아반도 밖으로 진출한 사
실과 관련이 있는 듯하다. 커피는 열매를 가져가서 심으면 나무가
자라서 다시 열매를 딸 수 있다. 따라서 아랍인은 커피 산업을 독
점하기 위해 커피를 살짝 볶아서 팔기 시작했고, 그것이 아랍 내에
서 커피 마시는 방법에도 변화를 가져왔다. 커피를 개인용 작은 잔
에 마시기 시작한 것은 커피의 대중화와 깊은 관련이 있다. 수피가
커피를 마시는 것은 하나의 의식이었다. 따라서 그들은 각자 커피
를 마시기도 했지만 집단으로도 마셨다. 그들은 이른바 수피 춤을
추기 전에 빨간색 큰 잔에 커피를 담아서 돌려 마시곤 했는데, 잔은

오른쪽으로 돌렸다.[6] 수도사들이 아니라 일반인들이 마시기 시작
하면서 커피는 개인의 취향을 만족시키는 음료로 변했고, 그러자면
개인용 작은 잔에 마셔야 했다.

커피는 15~16세기에 아라비아반도 남쪽의 예멘에서 메카, 메디
나, 이집트의 카이로 등지로 확산되었다. 커피의 확산과 대중화는
'메카 사건'에서 확인할 수 있다. 1511년 6월 20일 메카의 총독 하
일 베이 미마르가 모스크에서 기도를 하고 있었는데, 모스크 한쪽
에서 신자 한 무리가 무언가를 마시고 있었다. 미마르는 그들의 행
동을 수상하게 여겨서 그들이 마시던 것을 가져오게 했고, 부하들
을 모아 과연 이 음료가 정당한 것인지 물었다. 부하들이 커피가 정
신을 흥분시키고 신체의 균형을 깨뜨리는 사악한 음료라고 말하자
미마르는 커피의 유통을 전면 금지했다.

그러나 미마르의 커피 금지는 오래가지 못했다. 사람들이 카이로
에 있는 술탄에게 커피 마시는 것을 허가해달라고 청원했고, 카이
로의 술탄은 커피를 무해한 음료로 규정했기 때문이다. 이후 커피
마시는 습관은 이슬람 세계에서 급격하게 확산되었고, 1554년에는
이스탄불에 커피를 파는 가게가 최초로 생겨났다. 이후 10여 년 만
에 이스탄불의 커피 가게는 600개로 늘어났으며, 카이로를 비롯한
이슬람권 도시들에서도 커피 가게가 확산되었다. 왜 16세기 아랍
인은 커피에 매료되었을까? 그것은 이슬람의 교리와 깊은 관련이

있다. 이슬람 문화권에서는 술을 금지하고 있다. 무함마드 이래 이슬람 신자들은 이 금기를 잘 지켜왔는데, 그 때문에 삶이 무미건조할 수 있었다. 이런 상황에서 커피는 사교 모임에 필요한 음료로서 크게 환영받았다.

유럽 최초의 커피하우스

16세기 오스만 제국의 최고 라이벌은 이탈리아의 도시국가 베네치아였다. 중세 말 베네치아는 인구 20만에 수만 명의 군대를 거느린 강국으로 신성 로마 제국이나 프랑스와 전쟁을 벌여 승리할 정도로 세력이 강했다. 베네치아는 레판토라는 곳에서 오스만 제국에 맞서 1499년, 1500년, 1571년 세 차례나 큰 전투를 치렀고, 마지막 전투에서는 제노바, 에스파냐 군대와 힘을 합쳐 오스만 제국 군대를 격파한 것으로 유명하다. 그러나 이렇게 전쟁을 치르면서도 뼛속까지 상인이었던 베네치아인은 오스만 제국과의 교류와 교역은 중단하지 않았다. 16세기에도 베네치아는 동방과 유럽을 연결하는 동지중해 무역을 주도하고 있었으며, 특히 면화, 건포도, 설탕을 비롯한 동방의 상품을 얻기 위해 소아시아, 이집트, 발칸반도 등을 자주 오갔다.[7]

이 베네치아인이 유럽에 최초로 커피를 소개했다. 시중에는 십자군이 커피를 소개했다는 주장도 있지만 이는 시대적으로 맞지 않다. 십자군 전쟁은 1270년경에 종식되었는데 그때까지 이슬람 세계에서 커피를 마시는 사람은 극소수의 수피 수도사들뿐이었다. 따라서 십자군이 이슬람 세계에서 커피를 맛보고 유럽에 소개할 수는 없었다. 물론 십자군 전쟁이 끝난 후에도 유럽 사람들은 이슬람 세계를 계속 여행했고, 그 가운데 커피를 맛본 사람들은 있었다. 예컨대 독일의 식물학자 레온하르트 라우볼프는 소아시아, 예루살렘, 페르시아 등을 여행한 후 1573년 《여행기》를 집필하면서 커피나무와 원두를 묘사했다. 그 직후에 이탈리아인 알핀, 네덜란드인 팔루다누스도 커피의 존재를 유럽에 알렸다. 그렇지만 커피를 본격적으로 유럽에 알리기 시작한 것은 베네치아인이다. 그들은 1645년 유럽 최초로 베네치아의 산마르코 광장에 커피를 파는 가게, 즉 커피하우스를 만들었다.

베네치아에서 커피하우스가 어떻게 운영되었고, 커피가 사회에 얼마나 큰 영향을 끼쳤는가는 잘 밝혀져 있지 않다. 커피와 커피하우스의 역사적 의미에 대해 많은 연구가 진척된 곳은 영국이다. 1650년 영국의 옥스퍼드에 유럽에서는 두 번째로 커피하우스가 생겼고, 1652년에는 런던에도 커피하우스가 만들어졌다. 이후 수십 년 사이에 런던에만 수백 개의 커피하우스가 생겨났다. 영국에서 이렇게 일찍 커피하우스가 생겨난 이유는 무엇일까?

1600년을 기점으로 세계 무역의 중심지가 지중해에서 대서양으로 바뀌고 있었는데, 새로 개막된 대서양 시대의 첫 주역은 영국이 될 가능성이 가장 컸다. 영국은 헨리 8세 이후 해외 진출을 적극 모색한 끝에 에스파냐의 무적함대를 격파했다. 영국은 또한 유럽 최초로 인도와의 교역을 활성화하기 위해 동인도회사를 세웠다. 무엇보다 17세기 초 영국은 유럽 어느 곳보다 활력이 넘쳤다. 인구가 폭발적으로 늘어나고 경제도 비약적으로 발전하고 있었다. 이 시기의 경제 발전을 보여주는 여러 지표가 있지만, 그 하나로 연극 공연 수를 들 수 있다. 1617년 영국을 여행한 모리슨은《여행기》에서 이렇게 썼다. "내 생각에 내가 알고 있는 세계의 다른 모든 지역의 연극을 합한 것보다 더 많은 연극이 런던에서 상연되고 있고, 더욱이 런던의 배우나 희극 배우는 다른 모든 지역보다 우수하다."[8] 이 말은 영국 사람들의 경제 수준이 그만큼 높았고, 영국이 세계의 최고 중심지였다는 것을 의미한다.

이 시기 영국의 상인들은 아메리카, 인도, 인도네시아, 동방의 레반트로 나아가 세계 교역을 주도하고 있었다. 더욱이 영국은 대륙의 다른 나라들보다 정치가 안정되어 있었고 종교의 자유가 어느 정도 허용되었다. 특히 17세기 중반 청교도 혁명의 주역인 크롬웰은 1653년에 발표한 통치 헌장을 통해 가톨릭을 제외한 모든 종교에 관용을 허락하는 정책을 추진했다. 이 조처로 인해 1650년대 많은 유대인들이 영국으로 들어왔고, 영국의 해외 무역이 활성화 되었다. 17세기 중엽 커피의 유행은 영국의 활발하고 자유로운 사회 분위기를 상징한다. 옥스퍼드에 최초의 커피하우스를 만들었던 야곱이 유대인이었고, 2년 후 런던에 최초로 커피하우스를 연 파스쿠아 로제가 영국인 무역상 다니엘 에드워즈가 고용한 튀르크인이 었다는 사실이 이를 여실히 보여준다.

●

'똑똑해지는 음료'를 먹고 토론하다

1650년대 영국에는 레반트 무역회사가 있었다. 레반트는 소아시아 지역을 말하는데 이곳은 고대 이래로 중국, 인도, 동남아시아에서 나는 온갖 산물이 서방으로 가는 길목이었다. 이 회사에 소속된 상인들 중에는 소아시아에서 유행하고 있는 커피를 맛보고 거기에 매료된 사람들이 많았다. 그런 사람 가운데 한 명이 에드워즈였다. 에드워즈는 1651년 그가 머물고 있던 이즈미르라는 도시에 페스트가 돌자 런던으로 귀국했다. 이때 그는 자신에게 늘 커피를 타주던 파스쿠아 로제를 데려왔다. 런던에서 에드워즈는 방문객들에게 커피를 대접하곤 했는데, 사람들의 반응이 매우 좋았다. 이에 착안

하여 에드워즈는 파스쿠아 로제에게 가게를 열어 커피를 팔아보라고 권했다. 이에 파스쿠아 로제는 가게를 열고 홍보를 위해 다음과 같은 광고를 만들었다.

진정한 음료, 커피

파스쿠아 로제가 처음으로 만들어 시중에 판매함.

아라비아 사막에만 있는 작은 나무에 커피라는 열매가 자랍니다. 커피는 그곳에서 매매되고 광범위한 지역에서 마신답니다. 이를 음료로 마시기 위해서는 깨끗한 원두를 오븐에서 가열하고 가루로 만들어 끓는 물을 사용합니다. 식사 한 시간 전후에 가능한 한 뜨겁게 하여 마십니다. ······

커피는 두통에 효과가 있고 콧물, 위장 통증, 폐결핵, 심한 기침을 그치게 하는 데 도움이 됩니다. 커피는 부기, 통풍, 괴혈병을 예방하거나 치료하는 데에 탁월한 효과를 냅니다. ······ 커피는 임산부의 유산을 막는 데에도 탁월합니다.[9]

이 광고를 읽고 있으면 파스쿠아 로제가 사기 치고 있는 느낌이 든다. 커피를 만병통치약으로 선전하고 있지 않은가. 그러나 당시 커피를 소개하는 여러 글은 파스쿠아 로제 못지않게 커피의 의약적인 효능을 선전하곤 했다. 심지어 의사들도 커피를 원기 회복제,

강심제로 처방하곤 했으며, 기든 하비 같은 사람은 페스트에도 효과가 있다고 주장했고, 당시 최고의 의사로 왕실 주치의였던 윌리엄 하비는 커피가 혈액 순환을 원활하게 한다며 많은 사람들에게 커피를 권장했다.[10] 왜 이 시기의 상인, 지식인, 의사 들이 커피를 만병통치약이라고 선전했을까?

의학 지식이 발달하지 않았던 고대·중세에 서양인들은 동양에서 유래한 향신료를 의약품으로 인식하는 경향이 있었다. 의사의 아버지로 통하는 히포크라테스는 향신료를 의약품으로 여겼으며, 중세의 의사나 지식인 들은 육두구, 메이스mace(육두구 껍질을 말린 향료), 정향clove을 비롯한 동방의 향신료가 감기에서 페스트까지 온갖 질병에 효과가 있다고 주장하곤 했다. 심지어 중세의 여성 지식인으로 명성이 높았던 힐데가르트는 새해 첫날에 육두구를 선물받아 주머니에 넣고 다니면 넘어져도 절대 뼈가 부러지지 않는다고 주장했다. 근대 초에도 많은 의사들이 육두구를 몸에 지니고 있는 것만으로도 페스트를 이길 수 있고, 정향은 귀의 통증이나 치통을 치료하고, 후추는 감기를 없애준다고 주장했다. 의사들의 이런 주장은 많은 사람들의 마음을 사로잡았다. 사람들은 페스트가 돌면 확산을 막기 위해 마을 입구에 후추를 쌓아두고 태우기도 했다.

이 때문에 동방 향신료는 매우 비쌌다. 물론 시대와 장소마다 가격이 달랐는데, 육두구를 예로 들면 1393년 독일에서는 1파운드

(450그램)가 황소 일곱 마리의 가치가 있었고, 16세기에 영국에서는 사파이어와 맞먹는 가치를 지니고 있어서 육두구 주머니 하나만 있으면 꽤 괜찮은 집을 사서 하인을 부릴 수 있었다.[11] 동방의 식품에 대한 이런 인식 때문에 커피가 만병통치약으로 통용될 수 있었을 것이다.

커피를 처음 접한 영국 사람들은 상인과 의사들의 이런 '속임수'에 넘어가 커피를 사 먹기 시작했다. 그런데 커피의 카페인은 담배의 니코틴처럼 강한 중독성을 가지고 있다. 보통 커피 한 잔에 100밀리그램의 카페인이 들어 있는데, 이는 콜라에 든 것보다 많은 양이다. 커피의 강한 중독성은 16세기에 이미 널리 알려져 있었다. 1573년 커피의 종주지인 오스만 제국을 방문하고 돌아온 이탈리아 사람 코스탄티노 가르초니는 이렇게 말했다. "오스만 제국 사람들은 즐겁고 행복한 삶을 위해 아침마다 검은색 음료를 마시는데, 아편으로 만든 이 음료는 고민과 함께 좋은 감정도 잊게 만든다. 이 음료를 습관적으로 즐기던 사람이 복용을 그만둘 때 결과는 사망으로 이어진다. 이 음료를 찾는 것이 이들의 본성이 되어버렸기 때문이다."[12]

하여튼 로제의 커피하우스는 큰 성공을 거두었다. 그는 한 잔에 1페니나 하는 커피를 하루에 600잔 팔았다. 당시 보통 사람들의 하루 식비는 2펜스(페니의 복수형)밖에 되지 않았다. 로제의 성공을 지켜본 사람들은 커피하우스가 돈벌이가 됨을 깨닫고, 경쟁하듯 커피 사업에 뛰어들었다. 어떤 기록에 의하면 17세기 말 런던에 3000개의 커피하우스가 있었다. 물론 이 숫자는 과장일 수 있다. 1734년 이후 영국은 여러 가지 사실에 대해 정확한 통계를 내기 시작했는데, 이 통계에 의하면 1739년 런던에 551개의 커피하우스가 있었다.[13] 영국 정부가 커피하우스에 연간 12펜스의 세금을 거두기 위해 작성한 이 통계는 정확한 것이라고 판단된다.

중독성이 커피 성공의 주요 원인이라고 단정할 수는 없다. 중독적이지 않아도 맛있거나 사회적 효용이 있다면 얼마든지 마실 수 있기 때문이다. 영국에서는 특히 사회적 요인이 중요한 기여를 했다. 런던에 커피하우스가 처음 생겼을 때 영국은 청교도 혁명의 주역인 크롬웰이 집권하고 있었다. 그는 엄격한 청교도주의를 국민들에게 강요했다. 그는 경마, 닭싸움, 곰 놀리기와 같은 놀이나 도박을 금지했고, 술에 취함, 경건하지 않음을 범죄로 규정하여 술집을 강제로 폐쇄했다. 술집이 문을 닫자 사람들이 모일 공간이 필요했고, 커피하우스가 그런 필요를 충족해주었다. 청교도 혁명이 끝난 후에도 영국의 지도자들은 시민들이 술을 너무 많이 마시는 문화를 개선하기 위해 새로운 음료인 커피와 차의 보급을 권장했다. 이런 사회 분위기 때문에 청교도 혁명이 끝난 후에도 커피하우스의 인기는 시들지 않았다. 무엇보다 지식인과 상인 들이 커피하우스의 매력을 잊을 수 없었기 때문이다.

17~18세기 영국을 비롯한 유럽의 지식인들은 커피를 '이성의 음료'라고 불렀다. 커피는 영국 혁명기에 처음 소개되었다. 혁명이 일어나면서 시민들은 많은 모임과 토론을 통해 새로운 세상을 추구하곤 했다. 이런 모임을 위한 장소로 커피하우스만큼 좋은 곳은 없었다. 커피하우스는 민주적인 곳이어서 시민이라면 누구나 신분에 상관없이 자유롭게 의견을 펼 수 있었다. 1650년대 한 커피하우스에 대한 다음 자료는 이 사실을 여실히 보여준다.

신기하고 새로운 바^{bar}와 눈길을 끄는 음료는 중요하지 않았다. 일단 토론이 뜨거워지고 한 참석자가 다수의 견해를 확인하자고 하면 "영국에서 최초로 나무로 만든 투표 상자가 이용되었다".[14]

커피하우스가 이렇게 토론과 투표의 장이 되었다는 것은 놀라운 일이다. 민주주의의 기본이 어떤 일을 토론하고 투표하여 정하는 것인데, 이 문화가 대중 속으로 확산되고 있었음을 의미하기 때문이다. 커피는 이런 문화의 발달에 적합한 음료였다. 커피의 카페인이 각성 효과가 뛰어나서 사람을 '똑똑하게' 만들어주기 때문이다. 17~18세기 유럽인은 이런 효과를 인지하고 커피를 '이성의 음료'라고 부르며 높이 평가했다.

　토론의 장소로 제대로 기능하려면 정보 수집 능력이 뛰어나야 했다. 커피하우스의 주인들은 정부, 시민단체, 심지어 해외에 정보원들을 두고 정보를 모았고, 그렇게 모은 정보를 기반으로 신문을 만들기도 했다. 이 신문들에는 국내의 정치·경제 동향은 물론 후추를 비롯한 향신료의 국제 시세까지 실렸다. 예나 지금이나 최신 정보를 갈망하는 사람은 상인들이다. 커피하우스의 편리성을 깨달은 상인들은 정치색이 좀 약한 커피하우스를 사업장으로 활용했다. 상업적인 용도는 다양해서 커피하우스는 값비싼 물품들의 경매장, 증권 거래자들의 정보 교환소, 보험회사의 사무실 등으로 이용되었다.

　또한 커피하우스에서는 온갖 '거래'가 이루어졌다. 특정한 물건을 팔고 싶은 사람, 특정한 기능을 갖춘 작업자를 구하는 사람, 누군가를 만나고 싶은 사람 등등 여러 가지 목적을 가진 사람들이 커피하우스가 발행한 신문에 광고를 내거나, 커피하우스에 설치된 게시판에 메모를 남겼다. 시간이 지나면서 커피하우스 주인들은 이 기능을 더욱 보강하기 위해 사람들의 우편물까지 받아주었다. 누군가 편지나 물건을 커피하우스로 배달해달라고 요구하면, 커피하우스 주인은 그것을 받아 보관하고 있다가 고객에게 돌려주었고, 또 고객이 어딘가에 물건이나 편지를 보내고 싶다고 하면 그것을 받아서 우체국에 가서 처리해주었다.[15] 이렇게 커피하우스는 정치·

경제·문화의 중심지, 사교의 장소로 활용되면서 날로 인기를 키워
갔다. 물론 때때로 '나쁜' 용도, 즉 매춘이나 도박의 장소로 이용되
기도 했다.

커피와 커피하우스의 인기는 영국에만 국한되지 않았다. 네덜란
드, 프랑스, 오스트리아, 독일 등 유럽의 주요 국가들에서도 커피하
우스가 우후죽순처럼 생겨났다. 특히 오스트리아의 커피하우스 성
립에 대해서는 재미있는 일화가 전해온다. 오스만 제국은 1453년
콘스탄티노폴리스를 함락한 후 계속 서진하여 유럽을 통째로 이슬
람화하려 했다. 16~17세기 유럽은 전력을 다해 오스만 제국에 맞
섰다. 오스만 제국의 서진은 1683년 빈에서 저지되었다. 포위된 빈
의 시민들이 한 달이나 버티던 중에 독일·폴란드 연합군이 합세하
자, 오스만 제국 군대는 패배하여 철수했다. 오스만 제국 군대가 도
망하면서 못 가져간 보급품 가운데 막대한 양의 커피 생두가 있었
다. 이 전쟁에서 연락병으로 공을 세운 콜시츠키라는 인물이 이 커
피를 상품으로 받았다. 그는 이 커피로 사업을 하기로 마음먹고 빈
에 커피하우스를 세웠다. 이후 빈에는 많은 커피하우스가 생겨났
고, 커피 문화가 발달하면서 여과 장치로 커피를 거르고 우유와 꿀
을 넣어 먹는 '빈 커피'가 생겨났다.

유럽 최대의 커피 공급국, 네덜란드

17세기 중엽 이후 유럽 전역에서 커피의 소비가 급증하자 오스만 제국, 구체적으로 말하면 오스만 제국이 지배하고 있던 예멘이 가장 큰 이익을 보았다. 당시 유통되던 커피는 거의 다 예멘에서 재배된 것이었기 때문이다. 오스만 제국은 커피 무역을 통해 많은 수익을 얻기 위해 예멘 근처의 모카를 유럽인이 이용할 수 있는 유일한 교역항으로 지정했다. 17세기 후반~18세기 초 유럽의 커피 수입량은 엄청나게 늘어났는데, 예컨대 1715년 프랑스의 1년 수입량만 1150톤이었다. 오스만 제국에서도 커피 수요는 갈수록 증가했다.

그렇지만 18세기 초 예멘의 커피 생산량은 연간 1만 2000~1만 5000톤에 불과했고, 생산량을 갑자기 늘릴 수도 없었다.[16] 더욱이 이슬람 지배자들은 이슬람의 수요를 먼저 충족시켜야 한다고 생각했다. 그리하여 이집트의 지배자는 1703년 카이로에서 유럽으로 커피를 수출하는 것을 금지했고, 그 후 오스만 제국도 유럽에 대한 커피 수출량을 제한했다. 커피 생산량이 만성적으로 부족한 데다가 이슬람 지배자들이 통제까지 하니 커피 가격이 오를 수밖에 없었다.

  이런 상황을 타개하고자 유럽인들은 커피를 스스로 생산하기 시작한다. 이 분야를 개척하고 가장 큰 성공을 거둔 나라는 네덜란드였다. 네덜란드 성공의 첫 번째 원인은 강력한 해상 제국을 구축한데 있었다. 17세기 초 이래 네덜란드는 세계의 제해권을 두고 영국과 경쟁했다. 중세 중기부터 네덜란드는 북방 무역의 중심지였다. 네덜란드는 스칸디나비아와 발트해, 영국, 독일, 동유럽을 무대로 펼쳐지는 북방 무역에서 지리적으로 중심지에 있었고, 암스테르담을 비롯한 좋은 항구를 갖췄기에 중계 무역으로 번영했다.

  또한 네덜란드는 제조업이 강했다. 네덜란드의 중심 도시인 레이던은 17세기 유럽의 최대 직물 공업 중심지로서 1670년경 인구 7만 명 가운데 4만 5000명이 직물 공장에서 노동자로 일했다. 직물업과 함께 네덜란드가 자랑하는 산업은 조선업이었다. 네덜란드는 스칸디나비아반도에서 재료를 쉽게 구할 수 있었고, 배를 만드는 작업을 표준화, 기계화할 수 있었다. 덕분에 17세기 네덜란드는 매우 빠르면서도 많은 화물을 실을 수 있는 배를 적은 비용으로 만들 수 있었다. 17세기 후반 세계의 바다에서는 약 2만 척의 무역선이 활동하고 있었는데, 그 가운데 1만 5000척이 네덜란드에서 만든 배였다.[17]

  16세기 말 네덜란드는 전통적인 교역 구역을 넘어 세계로 진출하기 시작했다. 네덜란드의 선단이 지브롤터 해협을 넘어 이탈리아 및 레반트 지역과 직교역하기 시작한 것이다. 또한 네덜란드는 에스파냐와 포르투갈이 해외에 많은 식민지를 개척하는 것을 보고, 1602년에 동인도회사를 설립하고 해외 무역과 식민지 확대에 본격적으로 착수했다. 그 결과 네덜란드는 북극해의 아르한겔스크에서 지중해 동쪽 끝, 아프리카 열대 지역, 일본의 나가사키에 이르는 거대한 교역망을 구축했다.

16세기 말 네덜란드가 레반트 지역에 진출했을 때 그곳에는 이미 커피 문화가 광범위하게 확산되어 있었다. 1616년 네덜란드 동인도회사의 상인 브뤼케는 커피가 먼 훗날 큰돈이 될 것임을 알고, 몰래 커피 씨앗을 구해서 암스테르담으로 가져갔다. 이후 네덜란드는 암스테르담 식물원에서 커피를 재배하는 데 성공했지만 이때의 재배는 어디까지나 시험용 혹은 관상용 재배에 지나지 않았다. 커피는 열대 지역에서 자라는 식물이어서 네덜란드 지형에는 맞지 않았다. 이후 네덜란드는 또 다른 지역에서 커피 묘목을 얻었다. 1658년 네덜란드는 포르투갈로부터 실론섬을 빼앗았는데, 그곳에 상당히 많은 커피 묘목이 자라고 있었다. 이로써 네덜란드는 커피 씨앗을 충분히 확보할 수 있었다.

17세기 중반에 영국도 이미 커피 씨앗을 확보해서 마드라스를 비롯한 인도의 여러 지역에서 상업 재배를 시험했다. 그렇지만 여전히 네덜란드가 경쟁에서 유리했다. 당시 유럽 식민지들 가운데 적도 위치에 있으면서 농장을 조성하기 좋은 곳은 아메리카 중부와 동남아시아밖에 없었다. 아프리카는 아직 말라리아 치료약이 개발되지 않아서 유럽인들이 내륙으로 진출하지 못했기 때문이다. 중남미를 차지한 에스파냐는 커피 재배에 관심이 없었다. 당시 그들은 또 다른 노다지로 여겨지고 있던 사탕수수에 매료되었다. 17세기에 설탕은 소금보다 비싸게 팔렸고, 중남미 지역의 사탕수수 재배는 엄청난 돈을 벌 수 있는 기회였다. 더욱이 당시 에스파냐 사람들은 커피가 아니라 초콜릿 음료에 매료되어 있었다. 에스파냐에서 커피가 유행하기 시작한 것은 시간이 한참 지난 19세기에 가서의 일이었다.

네덜란드 커피 재배의 혁신은 1680년경에 이루어졌는데, 바타비아의 총독 판 호룬이 자바섬에 커피 묘목을 들여와서 대량으로 재배하기 시작했다.[18] 자바섬은 열대에 속하면서도 산지가 많아 고도에 따른 기온 차가 커서 좋은 커피를 생산하는 데 최적지였다. 네덜란드는 자바섬에 거대한 커피 농장들을 세웠다. 이 때문에 자바섬의 지형이 크게 바뀌었다. 섬 전체가 커피 재배지처럼 변해가면서 쌀 재배지가 크게 줄어 농민들은 식량 부족에 시달렸다. 그에 반해 네덜란드의 무력을 등에 업은 커피 농장의 주인들은 농민들을 강제 노역시키거나 낮은 임금으로 착취하면서 큰돈을 벌었다.

1706년에 최초로 커피가 자바섬에서 암스테르담으로 운송된 후,

15년 뒤에는 150만 파운드가 운송되었다. 그러나 이는 네덜란드의 전체 커피 수입량에 비하면 얼마 되지 않는 양이었다. 당시는 여전히 모카커피가 전체 수입의 90퍼센트를 차지했다. 그러나 불과 5년 뒤인 1726년이 되면 네덜란드 커피 수입액 가운데 자바산의 비중이 90퍼센트나 되며,[19] 이는 19세기 중반까지 대체로 계속 유지되었다. 1855년에는 자바산 커피의 수입액이 1억 7000만 파운드나 되었다.[20] 이렇게 17~18세기 네덜란드는 자바산 커피를 통해 유럽 최대의 커피 공급국이 되어 거대한 부를 축적했다.

∙

북유럽의 커피 사랑

18세기에는 유럽의 커피 지형도가 바뀌기 시작했다. 유럽에서 이탈리아 다음으로 커피 문화를 수입했고, 네덜란드보다 앞서 커피를 사랑했던 영국은 이제 커피에 대한 사랑을 멈추고 차로 돌아섰다. 영국에서 커피 소비가 급격하게 감소하기 시작한 것은 1730년대부터인데, 이때는 바로 네덜란드가 커피 최대 공급국이 된 직후였다. 영국에서 커피 문화가 급격히 축소 혹은 쇠퇴한 데 대해서는 여러 가지 원인이 제시되고 있다.

가장 널리 통용되는 사회적 설명에 의하면 커피하우스에서는 신분의 구분 없이 취향이 가지각색인 사람들이 자유롭게 모였는데, 1730년대 이후 같은 사회적 배경과 취향을 가진 사람들의 클럽 문화가 발달하면서 커피하우스가 쇠퇴했다. 1730년대 이후 영국에서 혁명의 시대가 끝나면서 사회 변혁에 대한 열기가 안정되어갔기 때문에 이 설명이 전혀 개연성이 없는 것은 아니다. 그렇지만 프랑스, 독일을 비롯한 다른 나라들은 혁명의 시대가 끝난 후에도 커피 문화가 결코 축소되지 않았다. 따라서 이 설명은 설득력이 약하다. 둘째, 홍차 문화가 급격하게 확산되면서 커피 문화가 쇠퇴했다는 설명이다. 이 설명은 얼핏 보면 정확한 것 같지만, 왜 홍차 문화가 커피 문화를 급격하게 대체했는지를 설명하지 못한다. 이 시기 홍차 문화가 급격하게 확산되었던 것은, 영국이 네덜란드와의 커피 경쟁에서 패배하면서 커피의 수입이 원활하지 않았던 반면, 중국의 차를 대량 수입할 수 있었기 때문이다.

이렇게 18세기 중엽 이후 영국이 커피 대신 차를 마시고 에스파냐가 초콜릿을 선호하자, 커피 문화는 네덜란드, 프랑스, 독일 지역을 중심으로 발전하기 시작했다. 이 중에서 커피를 가장 사랑한 이는 네덜란드 사람들이었다.

네덜란드인의 커피 사랑은 지금도 통계로 입증되는데, 현재 커피 소비가 가장 많은 나라를 조사해보면 네덜란드는 거의 모든 통계에서 세계 5위 안에 든다. 2014년 유로모니터라는 매체가 조사한 바에 따르면 네덜란드인은 세계 1위로 하루 2.5잔을 마신다. 핀란드, 스웨덴, 덴마크, 독일이 그 뒤를 잇고 있다.[21]

이렇게 커피 소비가 많은 국가들의 특징은 첫째, 네덜란드와 가까운 나라라는 것이다. 네덜란드는 중세 이래 북방 무역의 중심지였고, 17세기 이후에도 네덜란드와 이 나라들의 거래가 매우 활발했다. 둘째, 이 나라들은 대부분 신교를 믿고 있다. 16세기 종교 개혁이 일어난 후에 종교가 유럽 나라들을 나누는 하나의 기준이 되었다. 17세기 초 벌어진 30년 전쟁에서 유럽 대부분의 국가들은 종교가 다르다는 이유로 편을 갈라 전쟁을 치르기까지 했다. 당시 스웨덴, 노르웨이, 핀란드를 비롯한 북유럽의 여러 나라는 신교를 믿고 있었다. 따라서 네덜란드와 이 지역의 교류는 더욱 활발해졌고, 커피는 18~19세기 독일과 북유럽 지역으로 크게 확산되었다. 예컨대 스웨덴은 네덜란드 암스테르담과 독일 로스토크를 통해 커피가 전해진 후, 1728년 스톡홀름에 열다섯 개의 커피하우스가 생길 만큼 커피 소비가 꾸준히 증가했다.

그렇지만 이 지역에서 커피하우스는 영국이나 프랑스와 같은 서유럽 국가들에 비하면 많이 늘어나지 않았다. 영국이나 프랑스에서는 시민 계급이 일찍 형성되었고, 커피하우스가 그들에게 자유로운 모임의 장을 제공했지만, 독일과 북유럽에서는 상대적으로 시민 계급의 형성이 늦었고 시민 혁명의 강도도 약했기 때문이다.[22] 따라서 영국과 프랑스에서 커피가 커피하우스에서 공적으로 그리고 남성들 중심으로 소비되는 것이었다면, 독일과 북유럽 지역에서는 주로 개인 집에서 사적으로 여성들 위주로 소비되는 것이었다. 이 지역의 여성들은 "지옥에 가더라도 커피를 마실 수 있다면 만족한다"는 말을 만들어낼 정도로 커피를 좋아했다.

19세기 중엽 스웨덴에서 커피는 대중적으로 소비되었다. 지식인을 비롯한 상류층뿐만 아니라 농민과 노동자도 커피를 마시는 일이 점차 일상화되면서, 커피의 1인당 연 소비량이 1822년에서 1855년 사이에 0.25킬로그램에서 1킬로그램으로 크게 증가했다. 1855년 이후에는 커피 소비가 더욱 가파르게 증가했다. 이즈음에 집에서 술을 빚는 일이 금지되면서 술 소비가 크게 준 대신 커피 소비가 기하급수적으로 늘어났다. 이후 스웨덴의 커피 소비는 세계 최고 수준으로 늘어났고, 현재 1인당 연간 15킬로그램 정도를 소비하고 있다. 성인들의 경우 거의 하루에 서너 잔을 마시는 셈이니, 하루를 커피로 시작해서 커피로 마감한다고 말해도 과언이 아닐 것이다. 스웨덴뿐만 아니라 덴마크, 핀란드를 비롯한 북유럽 국가들은 스웨덴과 비슷한 시기, 비슷한 이유에서 커피가 유행했고, 그 결과 현재 세계에서 커피를 가장 사랑하는 사람들이 되었다.

뒤늦게 떠오른 커피 강국, 프랑스

프랑스에는 이탈리아나 영국보다 늦게 커피가 들어왔다. 1669년 오스만 제국의 대사가 태양왕 루이 14세의 베르사유 궁전을 찾아 왔다. 당시 오스만 제국은 오스트리아 공격을 염두에 두고 있었기 때문에 프랑스의 오스트리아 지원을 막기 위한 방문이었다. 오스만 제국 대사는 목적을 달성하지는 못했지만 파리에 상당 기간 머물렀는데, 그때 자신을 방문한 사람들에게 커피를 대접했다. 이후 프랑스의 상류층을 중심으로 커피 문화가 퍼져나가기는 했지만 그 속도는 느렸다. 1672년에 프랑스 최초로 아르메니아인 파스칼이 생제르맹에 커피 가게를 열었지만 손님이 없어서 곧 접었고, 3~4년 후 또 다른 아르메니아인 말리반이 파리에 커피 가게를 차렸지만 장사가 안 되어 곧 포기했다. 1689년에 그레구아르가 프랑스 국립 극장 맞은편에 커피 가게를 열면서 비로소 커피하우스가 자리 잡게 되었다. 이후 파리 여기저기에서 커피하우스가 생겨났는데, 1700년에 발행된 한 팸플릿은 파리의 커피하우스에 대해 이렇게 묘사했다.

카페는 남녀를 불문하고 성실한 사람들이 찾는 장소가 되었다.

그곳에서는 온갖 종류의 사람들을 볼 수 있다. 세련되고 풍류를
아는 사내, 짙은 화장에 바람기 넘치는 여자, 교양 있는 수도사에
교양 없는 수도사, 장교와 병사, 소문을 좋아하는 무리, 시골 사
람, 낯선 이방인, 소송 당사자, 술꾼, 프로 도박꾼, 식객, 사기꾼,
젊은 색남 색녀에 늙은 구애자, 허풍쟁이, 멍청한 작가 나부랭이
등등.[23]

이 글에서 눈에 띄는 것은 커피하우스에 남녀가 함께 모인 점이
다. 영국의 커피하우스는 철저하게 남성의 공간이었다. 이 때문에
영국 여성들은 남성들의 커피 문화에 반대했으며, 남성들이 돈을
낭비하고 가정을 소홀히 한다는 청원서를 발표하기도 했다. 거의
같은 시기였는데도 프랑스에서는 여성이 커피하우스에 출입할 수
있었다. 그 이유는 무엇일까?

영국 문화는 프랑스보다 훨씬 보수적이다. 지금도 영국인의 정체
성을 나타내는 가장 중요한 특징으로 개인주의와 보수성이 제시되
곤 한다. 영국인들은 작은 변화도 꺼리며, 제도나 관습을 가능한 한
그대로 유지하려는 속성을 가지고 있다. 이런 보수성 때문에 영국
여성이 가정의 울타리에 갇혀 있었을 가능성이 높다. 프랑스 여성
이 영국 여성보다 자유로웠다는 것은 살롱에서도 드러난다. 살롱은
17세기 후반부터 프랑스의 상류층 여성들이 주관한 사적인 모임이

었는데, 이 모임에는 여성도 다수 참여하여 음악과 문학을 감상하고, 철학과 자연을 공부하고, 사회와 인간을 논했다. 그러나 남녀가 함께 어울리는 모임이 일반적인 것은 아니었다. 18~19세기 프랑스 여성들도 축제나 종교 행사와 같은 특별한 경우가 아니면 남성들이 모이는 장소에 참가하기 힘들었고, 여러 가지 형태의 사회적 회합, 일터에서 남녀의 구분이 지속되었다.

영국에서 커피하우스는 '이성의 음료' 커피를 마시며 정치적 모임을 갖는 장소였는데, 이 점은 프랑스에서 더욱 강하게 나타났다. 프랑스의 역사가 쥘 미슐레는 1719년 "파리는 하나의 거대한 카페가 되었다. 300곳의 카페가 사람들의 수다를 위해 문을 열고 있다. 다른 대도시, 보르도, 낭트, 리옹, 마르세유도 마찬가지다"[24]라고 썼다. 시간이 흐르면서 카페는 더욱 늘어나 1789년 일어난 프랑스 혁명 직전에는 파리에만 2000개의 카페가 있었다.

카페는 계몽사상과 사회 변혁의 공론을 나누는 장이었다. 볼테르, 몽테스키외, 루소, 디드로 등 18세기 프랑스 계몽사상을 이끈 주역들도 카페에서 커피를 마셨는데, 특히 볼테르는 하루에 커피를 열두 잔이나 마시는 커피 애호가였다. 이들은 커피가 사람의 이성을 깨우고, 지력을 높여주는 음료라고 생각했다. 이에 대해 몽테스키외가《페르시아인의 편지》에서 한 말을 들어보자.

커피는 파리에서 매우 흔한 음료라서 많은 상점들이 커피를 제
공하고 있지. 어떤 가게에서는 세상 돌아가는 이야기를 하는가
하면 어떤 상점에선 체스를 두곤 해. 그중 한 집은 커피를 끓여내
는 방법이 특별해서 그 커피를 마시는 사람들의 정신을 확 트이
게 만들어. 그 집에 들어갔다 나오면 들어갔을 때보다 네 배는 더
정신이 맑아져서 나온단다.[25]

"커피 가게에 가면 정신이 네 배는 더 맑아진다"는 몽테스키외의
말은 커피의 효과를 과대 선전하는 것이 틀림없지만, 커피에 대한
당시 지성인들의 우호적인 태도를 대변한다. 이렇게 커피 가게에서
'똑똑해진' 프랑스 사람들은 많은 학습과 토론 가운데 프랑스 사회
가 근본적으로 바뀌어야 한다는 인식을 공유하게 되었고, 그 인식
은 프랑스 혁명을 일으키는 사회적인 토양이 되었다. 따라서 커피
때문에 프랑스 혁명이 일어났다고 비약해서 말할 수는 없지만, 커
피가 프랑스 혁명에 어떤 형태로든 기여했다고 말할 수는 있겠다.

 이렇게 커피 열풍이 불면서 프랑스는 18세기에 커피의 최대 소
비국이 되었다. 프랑스인들은 아랍이나 네덜란드에서 커피를 수입
하지 않고 자체 조달하여 외화 유출을 막고 싶었다. 18~19세기 프
랑스는 신속하게 커피의 자급을 이루었을 뿐만 아니라 커피를 대
량 생산함으로써 네덜란드를 넘어 커피 무역을 주도하게 된다. 그

18세기 프랑스 철학자들이 모여 저녁 식사 하는 모습을 상상하여 그린 그림으로, 손을 들고 있는 사람이 볼테르다. 스위스 화가 장 위베르의 작품.

과정을 살펴보자.

　프랑스는 원래 유럽 국가들 가운데 러시아를 제외하면 국토가 가장 넓고 인구도 많다. 유럽의 중앙에 위치한 데다가 기후 조건이 좋고 땅이 기름져서 농사가 매우 잘된다. 따라서 중세 이래 프랑스는 유럽의 최강대국이었고, 18세기에는 더욱 그랬다. 태양왕 루이 14세가 절대왕정을 수립한 후 국력을 하나로 묶어 더욱 근대적인 국가로 발전해가고 있었다. 그런데 프랑스는 에스파냐, 네덜란드, 영국에 비하면 해외 진출이 늦었다. 프랑스가 지중해와 대서양에 연해 있기는 하지만 육지 국가로서의 전통이 강해서 해외 진출의 중요성을 조금 늦게 깨달았기 때문이다.

16세기 중엽 해외 진출을 시작한 프랑스는 가장 먼저 아메리카에 관심을 보였다. 프랑스는 북아메리카의 여러 지역에서 금광을 찾아보려 했지만 성과를 거두지는 못하고 뉴펀들랜드부터 미시시피 델타 지역에 이르기까지 많은 식민지를 건설했다. 그리고 아메리카 중부의 카리브해에 있는 여러 섬에도 식민지를 건설했다. 다소 기이하게 생각될 수도 있지만, 프랑스인은 처음 카리브해에 진출할 때 영국인과 협력했다. 에스파냐와 포르투갈이 중남미 일대에서 패권을 장악하고 있었으므로 그들에게 맞서려면 서로 협력해야 했기 때문이다. 그리하여 영국과 프랑스 이민자들은 세인트크리스토퍼섬에 최초의 식민지를 건설했다. 여기에 발판을 마련한 프랑스인은 1635년 마르티니크, 과들루프섬에 식민지를 건설한 후 생도맹그로 진출했다. 18세기 생도맹그에는 에스파냐인, 영국인, 프랑스인이 진출해 있었다. 프랑스는 이 지역을 차지하기 위해 1664년에 총독을 파견했고, 많은 프랑스인을 이주시켜 프랑스령으로 만들었다. 프랑스는 생도맹그에 처음에는 사탕수수 농장을 조성했다가 18세기 중엽부터 산지에 커피 농장을 조성했다.

생도맹그는 1804년에 아이티라는 나라를 세워 독립한 곳인데, 이곳이 커피 생산 중심지가 되는 데 크게 기여한 사람이 있다. 1714년 네덜란드는 우호협정의 일환으로 프랑스의 루이 14세에게 커피 묘목을 한 그루 보냈다. 루이 14세는 이 묘목을 파리 식물원에서 재배하도록 했다. 가브리엘 드 클리외라는 군인이 이 식물원에서 자라던 커피 묘목을 1720년대에 프랑스령 서인도제도로 가져갔다. 이 일은 클리외에게 엄청난 고역이었다. 당시 배는 범선이어서 항해하는 데 몇 달씩 걸리기 일쑤였고, 식수와 식량이 늘 부족해서 선원들은 배에 사는 쥐까지 잡아먹으면서 근근이 생명을 유지하곤 했다. 그는 한 번의 실패를 맛본 후 열대작물인 커피 묘목이 죽지 않도록 특별히 유리 상자를 만들었고, 햇볕이 부족하다고 판단되면 인공적으로 열을 가하기도 했다. 그의 이런 노력과 선견지명 덕분에 18세기 중엽 프랑스령 서인도제도는 커피 생산의 중심지로 떠올랐다. 18세기 중엽 생도맹그의 커피 생산량은 7000톤이나 되었으며, 프랑스 혁명이 일어난 1789년에는 4만 톤으로 세계 시장의 2분의 1을 공급했다.[26] 아이티 외에도 마르티니크, 과들루프섬 등 프랑스 식민지가 생산한 커피는 세계 커피 공급량의 3분의 2를 차지했다. 유럽의 소비를 충족하고도 남았으며, 커피의 원산지인 이슬람 세계에까지 수출할 정도였다.

그러나 커피 무역을 주도하던 프랑스의 영광은 18세기 말에 갑작스럽게 끝나버린다. 1789년 프랑스 혁명이 일어나자 혁명의 이념이 식민지인 생도맹그에까지 전파되었다. 이곳에서 흑인 노예들이 1798년 투생 루베르튀르를 중심으로 반란을 일으켰다. 그들은 프랑스를 몰아내고 나서 1804년에 아메리카 대륙에서 두 번째로 공화국을 세운다. 이 나라가 바로 아이티다. 그런데 반란 과정에서 노예들은 유럽인들과 싸우면서 커피 농장을 많이 파괴했고 그 때문에 19세기 전반 아이티는 주요 커피 생산국으로서의 지위를 상실했다. 19세기 중반에 커피 생산이 복원되었지만, 한창 때 생산량의 40퍼센트를 넘지 못했다.[27]

프랑스 식민지와 커피를 이야기할 때 베트남 커피를 빼놓을 수 없다. 베트남은 현재 세계 커피 생산량 2위로 브라질 다음으로 많은 커피를 생산한다. 베트남에 커피 문화를 전파한 나라가 프랑스다. 17세기에 베트남에 진출한 프랑스는 18세기 중엽부터 베트남을 식민 지배했고, 베트남에 쌀, 고무 등 여러 작물의 플랜테이션을 시도했다. 19세기 중엽부터는 베트남에 커피 문화가 정착한 것이 확실하다. 1857년 프랑스의 선교사들이 베트남의 남부 지역에 커피를 들여온 후, 베트남 중남부 지역에 커피 플랜테이션이 세워지면서 커피 생산이 점차 확대되었다. 그렇지만 프랑스의 식민 지배 동안 베트남의 커피 생산은 세계 시장에서 의미 있는 비중을 차지할 만큼 성장하지는 못했다. 베트남이 베트남 전쟁에서 승리하고 사회주의 공화국이 수립된 1976년까지 베트남 내의 커피 생산지는 수천 헥타르에 지나지 않았고, 그 생산량은 3500톤에 불과했다. 그러나 공산화되고 나서 베트남은 주로 사회주의권에 공급하기 위해 커피를 대량 생산했고, 1986년 베트남 공산 정권이 개혁 개방을 추진하면서 커피 생산량을 획기적으로 늘렸다.

이렇듯 베트남은 20세기 말이 되어서야 커피 생산 대국이 되었지만, 커피 문화는 19세기 프랑스의 식민 지배 시기에 확고하게 자리 잡았다. 따라서 베트남의 커피 문화는 프랑스의 영향을 크게 받았다. 특히 프랑스의 카페오레^{Cafe au lait}가 베트남에서 유행했는데, 여기에는 재미있는 사연이 있다. 18세기 초 프랑스에서 커피가 처음 유행하기 시작했을 때 커피가 몸에 해롭다는 소문이 돌았다. 동방과 교역하던 콜베르라는 상인이 죽자 사람들은 그가 커피를 많이 마셨고, 커피가 위에 침전되어서 죽었다고 말하곤 했다. 이에 모닝이라는 의사는 좋은 우유를 끓여 커피에 넣으면 커피가 위에 침전되는 것을 막을 수 있다고 주장했다. 여기서 커피에 우유를 타먹는 카페오레가 탄생했다. 이를 계기로 커피 소비가 크게 늘었지만, 카페오레 자체는 얼마 후에 변질되어 저급 음료로 자리 잡았다. 19세기에 광장이나 시장에서 여인네들이 카페오레를 팔았는데, 그것은 부자들이 카페에서 한번 우려내고 마신 커피의 찌꺼기를 사다가 질이 낮은 우유를 넣은 것이었다.

한편 베트남 식민지에 온 프랑스 병사들은 본국에서처럼 커피에 우유와 생크림을 첨가해서 먹으려 했지만, 열대 지역인 베트남 남부에서는 재료의 보관이 쉽지 않았다. 그래서 대체품으로 등장한 것이 우유를 농축한 다음 설탕을 첨가한 연유다. 커피에 연유를 넣으면 일반적인 밀크 커피보다 달고 부드러워진다. 지금도 베트남 사람들은 이런 방식으로 커피를 즐긴다.

지금까지 커피의 탄생부터 여러 나라의 커피 문화가 갖는 특성까지 커피의 역사를 간략하게 살펴보았다. 현재 지구상의 거의 모든 성인들이 커피를 마시고 있는데, 커피를 마실 때 생각해보아야 할 것이 있다. 커피는 열대작물이어서 적도 지역을 중심으로 한 이른바 커피 벨트에서만 생산된다. 이 일대에서 커피를 생산하는 농민들은 대부분 고된 노동을 하면서도 보상을 제대로 못 받고 빈곤에 시달리고 있다. 한 잔의 향기로운 커피에 생산자들의 땀과 피가 녹아 있다는 것을 잊어서는 안 된다. 이들이 공정한 대가를 받을 수 있는 무역 구조가 하루빨리 성립되어야 할 것이다.

chapter 7

Chocolate

기호 식품이 된 '신들의 음식', 초콜릿

초콜릿은 여러 면에서 평판이 좋았다. 마야인이나 아스테카인은 초콜릿이 훌륭한 식품이며, 의약품으로서 신체를 활성화하고, 나아가 여러 가지 질병을 치료하는 데 효과가 크다는 것을 알고 있었다. 그들은 전사들이 초콜릿을 먹으면 다른 것을 먹지 않고도 온종일 힘을 낼 수 있으며, 밤에 애인과 사랑을 나눌 때도 강력한 힘을 준다고 말하곤 했다. 신대륙에서 초콜릿을 들여온 상인들은 이런 말을 과장을 섞어 선전하곤 했으며, 그 때문에 많은 사람들이 초콜릿을 유용한 음료라고 여겼다.

·

아메리카 원주민의 화폐

1502년 콜럼버스는 인도를 찾아 네 번째 항해에 나섰다. 그해 8월 콜럼버스는 중앙아메리카 온두라스 인근 과나하 해안에서 원주민들을 만났다. 원주민들의 카누에는 목검, 돌칼, 구리로 만든 도끼, 종, 메달, 카카오 콩이 실려 있었다. 원주민들은 콜럼버스의 배로 옮겨 탔는데, 카카오 콩 몇 알이 떨어지자 마치 눈알이라도 떨어진 듯 재빨리 허리를 숙여 그것들을 주웠다.

콜럼버스가 만난 원주민들은 아스테카인이었다. 그들에게 카카오는 화폐였다. 카카오 한 개는 토마토 한 개 값과 같았다. 토끼를 사려면 카카오 열다섯 개가 있어야 했고, 닭을 사려면 카카오 마흔 개가 필요했다. 이렇게 귀했던 카카오는 북위 20도와 남위 20도 사이에서 자라는 열대작물로 '테오브로마 카카오*Theobroma Cacao*'라는 학명을 가지고 있는데, 이는 생물학의 거두인 린네가 붙인 것이다. 이 학명은 매우 특이한데, 테오브로마*Theobroma*가 그리스어로 '신들의 음식'을 의미하기 때문이다. 린네가 무슨 이유로 이 학명을 붙였는지는 확실하지 않다. 다만 카카오가 다른 기호 식품보다 자극성이 약하며 몸에 이로운 성분이 많다는 사실을 고려하면 훌륭한 작명이라고 할 수 있다.

카카오를 최초로 재배한 사람들은 올메카 문명의 사람들이었다. 올메카 문명은 기원전 1500년경 멕시코만의 저지대에서 시작되어 기원전 400년까지 번영한 문명으로, 메소아메리카의 모문화母文化로 간주된다. 뛰어난 조각, 특히 거대한 두상 조각으로 유명한 올메카인은 달력을 고안했고 아마도 초보적인 상형 문자로 글을 썼을 것이다. 그들이 남긴 질그릇에서 카카오의 흔적이 발견되었으며, 언어학적인 연구 결과에 따르면 그들은 '카카와kakawa'라는 단어를 사용했다. 이는 올메카 사람들이 카카오를 재배하고 사용했음을 의미한다. 그렇지만 남아 있는 유산이 많지 않아서 그들이 카카오 콩을 얼마나 많이 먹었고 어떻게 사용했는지는 알 수 없다.

올메카 문화가 쇠퇴하면서 중앙아메리카 지역에는 300년경부터 마야 문명이 발달했는데 그들은 풍부한 문화유산을 남겼다. 마야인은 상형 문자를 사용했고, 나무껍질로 만든 종이를 사용하여 많은 책을 만들었다. 그들의 책 네 권이 남아 있는데, 그 가운데 드레스덴 고문서고에 보관되어 있는 책에는 마야의 신화와 세계관을 보여주는 그림이 많이 그려져 있다. 이 그림 가운데 하나에는 신들이 앉아 있고 그 옆에 카카오가 산처럼 쌓여 있는데, "이 카카오는 그의 것이다$^{u\ kakaw}$"라고 쓰여 있다. 이는 마야인이 신들이 카카오를 먹고 살며, 인간은 그들에게 카카오를 제물로 바쳐야 한다고 생각했음을 보여준다.

마야인이 남긴 항아리도 많이 발견되었다. 그 가운데 미국 펜실베이니아의 허시 연구소가 보관하고 있는 화병들에서는 초콜릿 성분이 많이 검출되었고, 화병의 외부에는 초콜릿과 관련된 그림이 그려져 있다. 이 그림들에는 카카오를 수확하고, 가루로 만들고, 소비하는 과정이 세밀하게 묘사되어 있다. 이에 따르면 수확된 카카오는 사람들이 거주하는 도시로 옮겨져 가공되었다. 도시에서 여자들이 카카오 콩을 볶은 후 절구에 빻아 가루로 만들었다. 이 과정에서 칠리, 바닐라, 허브와 같은 향신료가 첨가되었다. 가루로 빻은 다음에는 물을 타서 마시거나, 좀 더 걸쭉하게 만들어 죽으로 먹기도 했으며 이때 옥수수 가루와 섞어 먹기도 했다. 또 반죽을 말려서 덩어리를 만들어 고체 상태로 먹기도 했다. 어떻게 보면 이 고체 덩어리가 현대 초콜릿과 유사한 형태라고 할 수 있다. 이렇게 카카오로 만든 죽이나 덩어리는 마야인의 주요 축제나 의례에 중요한 음식으로 사용되었고, 부유한 사람의 무덤에 부장되기도 했다.

신기하게도 마야인은 모조 카카오를 만들기도 했다. 과테말라 인근에서 1~2세기경에 조성된 대규모 건축물이 발견되었는데, 이 건축물 네 귀퉁이에서 커다란 항아리 네 개가 발견되었다. 이 항아

마야의 항아리에 그려진 그림. 높은 자리에 앉은 왕이 거품이 이는 초콜릿 항아리를 향해 손짓하며 상대방에게 만지지 못하게 하는 듯 보인다.

리들에는 카카오 콩이 담겨 있었다. 이 콩들은 학자들이 면밀하게 조사한 후에야 모조품이라는 것이 밝혀졌다. 왜 모조 카카오를 만들었을까? 그 이유는 확실하지 않지만 카카오가 매우 귀했다는 사실만은 명확하다. 그렇지 않다면 모조품을 만들 필요가 없기 때문이다.[1]

마야 문명이 멸망한 후 톨텍인이 중앙아메리카를 지배했지만 얼마 안 가 쇠퇴하고, 1300년경부터 아스테카가 주도권을 장악했다. 이들은 에스파냐가 정복할 때까지(1520년) 번성했다. 아스테카인은 카카오를 화폐로 사용했고, 왕궁에는 거대한 카카오 저장고가 있었

다. 아스테카의 왕들은 그곳에 엄청나게 많은 카카오를 저장해놓았
다가 군인들의 급료를 비롯한 각종 비용으로 지출했다.

물론 카카오가 화폐로만 사용된 것은 아니다. 16세기 프란치스코
파 수도사로 멕시코 지역에서 활동했던 토리비오 모톨리니아 신부
는 아스테카인에 대한 기록에서 "카카오는 매우 대중적인 음료다.
사람들은 카카오를 빻은 것에 옥수수나 다른 곡물을 빻아 섞은 후
마신다"라고 기록했다. 이 증언에 따르면 아스테카인은 카카오를
대중적인 음료로 마신 것 같다. 그러나 화폐로 사용될 만큼 귀한 음
료를 일반 서민이 마음껏 마시지는 못했을 것이다.

이 시대에 대한 또 다른 증언도 있다. 16세기 프란치스코파 수사
였던 사아군은 초콜릿 음료를 마시는 것은 선택된 소수의 특권이
었고, 축제를 할 때도 오직 남성에게만 초콜릿 음료가 제공되었다
고 전한다.[2] 두 증언 가운데 어떤 것이 더 진실에 가까울까? 사아군
의 진술이 사실에 더 가까울 테지만, 아스테카인 가운데 상당수, 특
히 도시의 지배층 다수가 초콜릿 음료를 마셨을 것이다. 아스테카
인은 초콜릿 음료를 '카카오 물'이라는 뜻의 '초코아틀'이라고 불렀
는데, 이 단어에서 초콜릿이라는 말이 유래했다.

◆

에스파냐를 홀린 초콜릿 음료

16세기 중엽 에스파냐 출신의 백인들이 아메리카로 이주하여 아스테카인의 초콜릿 문화를 접하게 되었다. 초기에는 낯선 음료에 대한 거부감이 강했다. 16세기 중엽 니카라과를 방문한 이탈리아인 지롤라모 벤초니는 1565년 발행한 그의 책 《신세계의 역사》에서 "인간이 마실 음료라기보다 돼지에게 더 적합한 것 같다. 이 나라에 1년 넘게 있었지만 그걸 마시고 싶었던 적은 한 번도 없었다"라고 말했다.[3]

그렇지만 머지않아 대다수의 백인은 초콜릿 음료를 사랑하게 되었다. 특히 여성들이 초콜릿을 애호했다. 이 시기 여성들이 초콜릿을 얼마나 좋아했는지를 보여주는 일화가 있다. 멕시코 치아파스 지역의 주교가 여신도들에게 미사 중에는 초콜릿 음료를 절대 마시지 말라고 했다. 여성들이 하녀에게 초콜릿 음료를 가져오게 해서 마시는 통에 분위기가 어수선해지곤 했기 때문이다. 여신도들은 주교의 요청에 아랑곳하지 않고 계속 초콜릿 음료를 마셨다. 어느 날 주교는 너무 화가 나서 여자들이 마시던 초콜릿 음료 컵을 빼앗아버렸다. 그러자 남자들이 칼을 뽑아 들고 주교에게 항의했고, 다음 주에 여자들은 교회에 나오지 않았다. 그들은 초콜릿 음료를 규제하지 않는 다른 교회로 가버렸다. 그 후 얼마 안 있어 주교가 죽었는데, 초콜릿을 사랑했던 한 여인이 독살했다는 소문이 돌았다.[4] 이 이야기는 정말 역사적 사실인지 확실하지는 않지만, 중남미에서 에스파냐 사람들이 초콜릿을 매우 좋아했다는 것을 실감 나게 보여준다.

초콜릿의 인기는 곧 에스파냐 본토로 퍼져나갔다. 에스파냐의 유명한 정복자 에르난 코르테스가 본토에 카카오를 처음 가져갔다고 알려져 있지만 확실하지는 않다. 그보다는 1544년에 도미니쿠스파 수도사들이 당시 왕세자였던 펠리페 2세의 궁정을 방문했을 때 초콜릿과 옥수수를 선물했으며, 이때 초콜릿이 에스파냐에 처음 소개되었다는 이야기가 좀 더 믿을 만하다.[5] 1585년부터는 상업적인 목적으로 초콜릿이 수입되기 시작했다.

이렇게 초콜릿은 16세기 말부터 에스파냐에 수입되어, 17세기가 되면 에스파냐 음식 문화의 중추 요소로 자리 잡는다. 귀족은 물론 평민들도 초콜릿 음료를 마시기 시작했으며, 각종 연회나 공공 행사에서 초콜릿 음료가 제공되었다. 예컨대 종교 재판이 열릴 때면 재판관과 피고에게 모두 초콜릿을 주었고, 공개적인 고문과 처형장에서도 피고들에게 제공되었다.

약간의 저항이나 의심이 없었던 것은 아니지만 초콜릿이 쉽게 주요 음료로 자리 잡은 데에는 두 가지 요인이 있었다.

먼저, 초콜릿은 여러 면에서 평판이 좋았다. 마야인이나 아스테카인은 초콜릿이 훌륭한 식품이며, 의약품으로서 신체를 활성화하고, 나아가 여러 가지 질병을 치료하는 데 효과가 크다는 것을 알고 있었다. 그들은 전사들이 초콜릿을 먹으면 다른 것을 먹지 않고도 온종일 힘을 낼 수 있으며, 밤에 애인과 사랑을 나눌 때도 강력한 힘을 준다고 말하곤 했다. 신대륙에서 초콜릿을 들여온 상인들은 이런 말을 과장을 섞어 선전하곤 했으며, 그 때문에 많은 사람들이 초콜릿을 유용한 음료라고 여겼다.

둘째, 식물학자나 의사와 같은 전문가들이 초콜릿을 유용한 음료이자 의약품이라고 선전하곤 했다. 1576년 펠리페 2세의 명령을 받고 신대륙의 식물들을 조사한 에르난데스는 초콜릿이 원기 회복과 열병 치료에 도움이 된다고 기술했으며, 17세기 초에 마라돈, 콜메네로와 같은 의사들이 초콜릿은 취함을 야기하지 않고, 원기 회복, 치통, 변비, 이질, 소화 불량 등에 효과가 있다고 주장했다.[6] 상인들은 전문가들의 이런 주장을 과대 포장하는 데 뛰어난 자질을 발휘했다. 1660년대 옥스퍼드 대학 동문 인근에 초콜릿 하우스를 열었던 서리M. Sury는 "온갖 노력을 다했지만 임신하지 못해서 슬피 울던 여인도 초콜릿을 한 모금만 마시면 슬픔이 가시며, 시골에서 일하느라 손과 얼굴이 갈색이 된 아가씨도 최고의 미인이 될 수 있다"고 선전했다.[7]

물론 전문가들이 아무리 좋다고 해도 사람들은 기호에 맞지 않으면 초콜릿을 마시지 않았을 것이다. 무엇보다도 초콜릿 음료는 맛이 좋았다. 초콜릿은 다른 첨가물을 넣지 않고 먹으면 쓰다. 아마 설탕을 첨가했기 때문에 초콜릿 맛이 좋았을 것이다. 이미 신대륙에서 백인들은 초콜릿에 설탕을 쳐서 먹었기 때문에, 에스파냐 본토에서도 도입 초기부터 초콜릿 음료가 설탕과 결합되었을 것이다. 그리고 초콜릿에는 커피나 홍차보다 함량이 적기는 하지만 카페인이 들어 있다. 이 카페인은 각성 효과를 주고 동시에 중독성이 있다. 이런 여러 가지 요인이 결합되어 에스파냐에서 초콜릿을 마시는 문화가 정착했던 것이다.

17세기 초부터 초콜릿 음료를 마시는 문화는 유럽 각 지역으로 전파되었다. 1607년 안토니오 카를레티라는 이탈리아 사람이 에스파냐의 초콜릿 제조법을 이탈리아에 소개했고, 1615년 에스파냐의 공주 안 도트리슈가 루이 13세와 결혼하면서 프랑스 궁정과 귀족들에게 전파했으며, 1657년에는 프랑스인이 런던에 초콜릿 하우스를 세우기도 했다. 유럽 각 지역에 전파된 초콜릿은 상당한 마니아 소비층을 확보해나갔다. 초콜릿 음료는 특히 상류층에서 유행했는데, 이를 비판적으로 바라본 사람들은 방탕한 귀족들이 가난한 이들의 삶을 외면하고 초콜릿을 먹으며 사치를 부린다고 말하곤 했고, 또 성적으로 방탕한 사람들이 먹는 음료라고 주장하기도 했다.

"코에틀로곤 후작 부인이 임신한 상태에서 초콜릿을 너무 많이 마셔서 악마같이 새까만 작은 사내아이를 낳았다"거나,[8] 새디스트인 사드가 '초콜릿으로 여자를 홀렸다'는 죄목으로 투옥된 것은 이런 시대 분위기의 산물이었다.

초콜릿은 18세기 말까지 유럽 전역에 전파되었지만 대중적인 음료로 자리 잡지는 못했다. 1768년 파리에서 "명사들은 코코아를 가끔 마시고 늙은이들은 자주 마시며 일반 사람들은 결코 마시지 않는다"는 말이 유행했으며, 외국인들이 에스파냐의 마드리드에서 계피 향을 첨가한 코코아가 유행하는 것을 보고 기이한 음식을 먹는다고 놀려대곤 했다는 사실에서 이를 확인할 수 있다.[9]

그러나 적어도 에스파냐에서는 18세기까지 코코아가 가장 사랑받는 음료였다. 카를로스 3세 시절, 즉 18세기 후반에 에스파냐의 수도 마드리드에서만 매년 540만 킬로그램의 초콜릿이 소비되었고 초콜릿 분쇄업자들도 150여 명이나 있었다.[10]

에스파냐에서 코코아의 위상이 흔들린 것은 19세기에 커피가 유행하기 시작하면서부터다. 19세기 마드리드, 바르셀로나를 중심으로 도시 곳곳에 카페가 생겨나고 커피를 마시는 사람이 늘어났다. 특히 사회주의자, 자유주의자, 아나키스트와 같이 정치적으로 진보적인 사람들은 카페에서 커피를 마시면서, 자신들이 새로운 세계를 꿈꾸고 있음을 상징적으로 보여주고자 했다. 소설가, 시인과 같은 문학가들도 커피를 파는 카페를 선호했다. 이에 반해 에스파냐의 전통을 지켜야 한다고 생각하는 보수 우파 인사들, 성직자들은 커피를 비난하면서 카카오 음료를 고수하려 했다. 그러나 이들이 시대의 흐름을 막을 수는 없었다. 20세기가 되면 카카오 음료를 파는 가게는 점차 줄어들고 커피를 파는 카페가 주도하게 되었다. 그렇다고 해도 에스파냐 사람들의 초콜릿 사랑이 사라진 것은 아니다. 그들은 지금도 남녀노소를 가리지 않고 초콜릿을 사랑한다. 에스파냐의 주요 도시에는 초콜릿에 우유와 설탕을 혼합하여 음료로 만든 초콜라테를 파는 가게가 있다. 에스파냐 사람들은 간식으로 초콜라테를 즐기며, 밤늦게까지 술을 마신 후 아침에 해장으로 초콜라테를 마시기도 한다.

변화와 마케팅으로 최고의 기호 식품이 되다

카카오는 19세기에 유럽 전역에서 최고의 기호 식품으로서 위상을 재정립했다. 그러한 변화에는 여러 가지 요소가 작용했다.

먼저 먹는 방법이 바뀌었다. 마야 시절부터 초콜릿은 카카오 열매를 빻은 후 가루를 물에 타서 음료로 먹었고, 에스파냐에 건너온 뒤에도 마찬가지였다. 이 방식은 지금도 유지되고 있지만, 19세기에는 초콜릿을 고체 형태로 만들어 과자처럼 먹는 방법이 유행하기 시작했다. 시중에는 19세기 유럽에서 처음으로 초콜릿을 막대기 모양의 고체로 만들어 먹었다는 주장이 널리 퍼져 있지만, 최초로 고형 초콜릿을 만든 사람들은 아스테카인이었다. 아스테카인은 전투에 나가거나 멀리 여행할 때 비상식량으로 초콜릿을 고형으로 가져가서 먹었다. 물론 이는 특별한 경우였다. 고형 초콜릿은 16~17세기 멕시코의 수녀원에서 식용으로 본격적으로 개발되기 시작했다.[11]

기호 식품으로 고형 초콜릿이 탄생하기 전에 또 하나의 변화가 나타났다. 초콜릿이 단독 음료가 아니라 다른 음식의 보조제로 변형된 것이다. 17세기부터 이탈리아 요리사들은 코코아 가루를 과자, 빵, 파스타, 고기 요리 등에 첨가하기 시작했다. 이때 차게 만든 달콤한 초콜릿 케이크, 초콜릿이 들어간 아이스크림 등이 만들어졌다. 같은 시기 프랑스인들도 초콜릿 비스킷, 알약 모양의 초콜릿, 얼린 초콜릿 치즈 등을 만들어 식사 후에 제공하거나 간식으로 먹었다.

그런데 이때까지 만들어진 고형 초콜릿에는 큰 단점이 있었다. 카카오 가루는 지방질이 너무 많아서 고체 형태로 만들면 매우 무르고 잘 부서졌다. 이런 카카오 가루를 틀에 넣어서 초콜릿 바를 만들기는 힘들었다. 현재 널리 유행하고 있는 초콜릿 바를 만들려면 초콜릿에서 지방의 함유량을 낮춰야 했다.

1828년 네덜란드 화학자 반 호텐이 초콜릿에서 지방을 제거하는 새로운 방식을 고안했다. 그 전에는 카카오 가루를 끓여서 위에 뜬 기름을 제거했다. 반 호텐의 압착기는 높은 압력으로 볶은 카카오를 압착해서 노란 지방 덩어리를 빼냈다. 그의 압착기를 쓰면 지방 성분이 53퍼센트에서 27퍼센트까지 낮춰진 카카오 가루를 얻을 수 있었다. 물론 압력을 더 높이면 지방질을 더 낮출 수도 있지만 적정한 비율의 지방질을 유지하는 것이 초콜릿의 맛과 성질을 유지하는 데 중요하다. 초콜릿이 실온에서 안 녹다가 입속에서 잘 녹는 것이 이 지방 성분 덕분이다.[12] 반 호텐은 카카오를 압착해서 지방 성분을 줄인 다음 알칼리염을 섞었는데, 이 과정은 카카오 가루를 물과 잘 섞이게 하고 맛을 부드럽게 하며, 색을 검은색으로 만들었다.[13] 이 발명으로 초콜릿 바를 쉽게 만들 수 있게 되었고, 이후 여러 회사들이 고형 초콜릿 바를 만들어 대량으로 판매하기 시작했다.

또한 19세기에는 초콜릿을 대중화하는 이미지 메이킹이 발달했다. 이미지의 핵심은 초콜릿이 건강에 좋다는 점이었다. 초콜릿이 인체에 유익한 여러 가지 물질을 포함하고 있는 것은 사실이다. 초콜릿의 주요 성분으로는 페닐에틸아민, 테오브로민, 폴리페놀, 리그닌 등이 있다. 페닐에틸아민은 엔도르핀을 돌게 하여 두뇌 건강 및

스트레스 해소에 도움이 되며, 테오브로민은 대뇌피질을 자극하여 집중력, 기억력을 향상시키고 심지어 감기에도 효과가 있다. 폴리페놀은 활성산소를 억제하여 피를 맑게 하고, 혈압을 낮춰 심혈관 질환과 고혈압을 예방하는 효과가 있고, 리그닌은 혈압 상승을 억제하고 장운동을 돕는다.

19세기 산업가들이 이런 과학적인 분석을 제대로 알고 있었을 리 만무하다. 하지만 먼 옛날 마야 시대부터 초콜릿이 건강한 음료로 알려져 있었고, 근대의 여러 학자와 의사 들이 그것을 인정했기 때문에 초콜릿은 건강식품으로 팔리기에 더할 나위 없이 좋았다. 19세기 산업가들은 여러 가지 광고 기법을 동원하여 초콜릿의 효과를 선전했다.

19세기 중반 이후 스위스와 벨기에가 초콜릿 생산을 주도했는데, 두 국가의 산업가들은 초콜릿의 주재료가 그들 국가에서 생산된 건강한 농산물이라는 점을 강조했다. 여기서 초콜릿의 주재료는 우유를 말한다. 1875년 스위스 사람 다니엘 페테르가 앙리 네슬레가 개발한 가루우유를 초콜릿 가루에 넣어 밀크 초콜릿 바를 만든 후, 우유가 초콜릿의 주재료로 자리하고 있었다. 스위스 산업가들은 초콜릿 포장에 알프스의 풍경과 소 떼, 소젖을 짜는 여인의 그림 등을 그려 넣음으로써 스위스 우유의 우수성을 선전했다.[14] 이에 질세라 벨기에 산업가들도 소와 풍차, 소젖 짜는 아낙과 같은 베네룩스의 모습을 그려넣어 벨기에가 전통적인 목축 우수 국가임을 선전했다. 이런 마케팅이 큰 성공을 거두면서 건강식품으로서의 이미지가 더욱 부각되었다. 이들의 성공 덕분에 현재 스위스인은 1인당 1년에 9킬로그램이나 되는 초콜릿을 먹어 이 분야에서 세계 1등 국가가 되었고, 벨기에는 소비에서는 스위스에 못 미치지만 생산에서는 주도 국가로서 위상을 지키고 있다. 인구 약 1000만 명의 작은 나라 벨기에에서 초콜릿으로 먹고사는 사람이 8만 명이나 된다.[15] 우리나라에도 벨코라도^{Belcolade}를 비롯한 벨기에산 초콜릿이 많이 수입되어 팔리고 있다.

20세기에 자본가들은 초콜릿 소비를 더욱 늘리기 위해 초콜릿의 이미지를 새롭게 바꾸기 시작한다. 새로운 이미지의 중심은 '성적 매개성'이다. 1934년 어떤 초콜릿 판매 회사는 광고에서 미녀 배우에게 이렇게 말하게 한다. "우리 여자들은 남자가 우리한테 최고의 선물을 줄 가치가 있다고 생각하면 언제나 짜릿한 전율을 느껴. 생각해봐. 새로 나온 이 블랙 매직 초콜릿의 커다란 상자가 내 화장대 위에 놓여 있는걸. 오, 세상에. 초콜릿 하나하나가 맛의 향연이야!"[16] 이 광고는 여성이 가장 받고 싶어 하는 선물이 초콜릿이라는 이미지를 만들어내고 있다.

우리나라 사람들은 대개 초콜릿 하면 밸런타인데이 선물을 떠올린다. 밸런타인데이는 서양에서 유래했지만, 현대 서양인 중에는 이날이 무슨 날인지도 모르고 지내는 사람이 많다. 유독 한국에서 이날 유난을 떠는 것은 강한 상업 문화 때문이다. 최초로 밸런타인데이를 초콜릿 선물과 연계한 것은 영국의 캐드버리 회사다. 이 회사는 1868년에 밸런타인데이 특별 상품으로 초콜릿이 든 하트 모양의 상자를 팔았다. 그렇지만 이때에는 밸런타인데이가 여성이 남성에게 초콜릿을 선물하는 날이라는 생각이 없었다. 1936년 일본의 고베 모로조프 제과도 "밸런타인데이에 고마운 분들에게 초콜릿을 선물합시다"라는 이벤트를 펼쳤지만 큰 관심을 불러일으키지는 못했다. 이후에도 일본의 백화점들이 밸런타인데이에 초콜릿을 선물하는 행사를 열곤 했지만 역시 큰 반향을 일으키지 못했다. 지금도 일본에서 밸런타인데이 행사가 열리지만 한국과 같은 떠들썩함은 없다.[17]

밸런타인데이를 여성이 사랑하는 남성에게 초콜릿을 선물하는 날로 정한 것은 1950년대 말 일본의 메리초코라는 회사였다. 일본에서 이 생각이 어느 정도 자리 잡자 1980년대 한국의 초콜릿 판매사와 백화점 들이 그렇게 광고하면서 대대적인 이벤트를 열기 시작했고, 이 상술이 사람들을 사로잡았다.

이렇게 우리는 자본가들이 만든 이미지나 관념에 따라 소비하는 존재가 되어버렸다. 자본이 초콜릿을 만들어낸 것을 생각하면 하나 더 고민할 문제가 있다. 오늘날 카카오는 서아프리카에서 70퍼센트가 생산된다. 2016년 기준으로 코트디부아르가 190만 톤으로 1위고, 가나가 85만 톤으로 2위다. 그런데 카카오를 생산하는 농민들에게 지급되는 돈은 정말 얼마 되지 않는다. 영국에서 밀크 초콜릿 바가 하나 팔렸을 때 가나 농민에게 돌아가는 몫은 소비자 가격의 4퍼센트밖에 되지 않는다.[18] 이런 현실을 개선하기 위해 노력하는 사람들이 있기는 하지만, 자본의 위력을 이겨내는 문제는 인류에게 큰 숙제로 남아 있다.

서문

1 쌀을 동양 문명의 상징으로 여기는 것은 송나라 이후로 보아야 한다. 북송 때까지 화북 지방에서는 밀, 보리를 비롯한 밭작물이 중심이었다. 남송 때 강남 지역이 중국의 중심 지로 등장하면서 강남 지역에서 생산된 쌀이 중국인의 주식으로 자리 잡기 시작했다. 그 렇지만 남송 때도 여전히 밀은 중요한 작물로 재배되었다. 이에 대해서는《남송 시대 복 건 사회의 변화와 식량 수급》113~123쪽 참조.

2 유럽에 가보면 누구나 쉽게 이 사실을 알 수 있다. 유럽 국가들의 식당에서는 대부분 물 이 제공되지 않는데, 이는 수돗물에 석회질이 많기 때문이다. 유럽에서는 하루만 설거지 를 안 하고 그대로 두면 그릇에 하얗게 석회가 낀다. 유럽의 중심 국가인 프랑스의 물에 대해서는《프랑스 음식문화》66~72쪽 참조.

3 음식의 종류뿐만 아니라 먹는 방식에서도 남녀의 차별이 있었다. 서양 사람들은 16세기 부터 포크를 많이 사용했다. 그런데 평민들 사이에서는 20세기 초까지도 남성은 포크를 사용했지만 여성은 손으로 음식을 먹어야 했다. 이에 대해서는《맛의 천재》56쪽 참조.

1. 육식이 인류 역사에 끼친 영향

1 *Meat-Eating and Human Evolution*, pp. 122~130.

2 *Primate Societies*, p. 166. 침팬지가 먹는 동물성 음식의 양에 대해서는 다양한 의견이 존재한다.《제인 구달의 생명 사랑 십계명》136쪽은 2퍼센트를 제시한 반면,《미각의 지 배》53쪽은 10퍼센트를 제시하고 있다.

3 《물질문명과 자본주의 Ⅰ-1》139쪽.

4 《인류의 선사문화》172쪽. 닭의 수명도 크게 달라졌다. 야생 상태에서 닭의 수명은 7~12년이지만, 가축화된 닭은 몇 주 내지 몇 개월 만에 도살당한다. 닭이 생후 3개월이 면 몸무게가 최대가 되기 때문이다.

5 "Nutrition and the Early Medieval Diet", *Speculum* 72-1, p. 28.

6 "Female Longevity and Diet in the Middle Ages", *Speculum* 55-2, pp. 317~320.

7 《근대 유럽의 형성 16-18세기》344쪽.

8 《대분기》86쪽. 이에 반해 육류 섭취량이 적은 아시아의 경우 19세기 만주 지역에서 남 성의 기대 수명은 35.7세였지만 여성은 29세였다.

9 《물질문명과 자본주의 Ⅰ-1》269쪽. 브로델은 1829년 한 관찰자의 증언을 다음과 같이 전한다. "프랑스의 90퍼센트인 극빈자와 소농은 일주일에 오직 한 번 고기를 먹으며, 그 것도 소금에 절인 고기를 먹을 뿐이다."

10 *Agriculture in the Middle Ages: Technology, Practice, and Representation*, p. 14.

11 이에 반대하는 의견도 있다. 《대분기》80~81쪽은 근대 초 유럽의 1인당 가축 수가 다 른 지역보다 많았다는 것은 인정하지만, 가축 수의 부족에도 불구하고 아시아의 생산 성이 더 높았다고 지적한다.

12 《돈가스의 탄생》6~7쪽.

13 중국 주나라 때의 법에 따르면 제후는 함부로 소를 잡지 못했으며, 대부는 양을, 사대 부는 개와 돼지를 함부로 잡지 못했다. 서민들은 이들 음식을 함부로 먹지 못했다. 이에 대해서는 〈중국의 돼지문화〉, 《중앙민속학》13, 18쪽 참조.

14 물론 이런 금기는 동양에만 있었던 것은 아니다. 서양인도 메소포타미아 문명 때부터 소가 농사에 필수적인 동물이었기 때문에, 가급적 소를 잡지 못하게 했다. 소는 노동의 가치가 다 없어졌을 때만 도살되었고, 그렇게 잡은 소는 고기가 몹시 질기고 힘줄이 많 아 식용에는 적절하지 못했다. 그렇기 때문에 서양인은 일찍부터 소고기 대신 양고기 나 염소고기, 돼지고기를 먹는 문화를 발전시켰다. 특히 유목민은 양을 많이 먹었는데, 그들은 양고기 가운데서도 양 꼬리 고기를 즐겨 먹었다. 특히 메소포타미아의 '꼬리가

통통한 양'은 무게가 약 27킬로그램일 때 꼬리가 약 4.5킬로그램이나 되었다. 그리스의 역사가 헤로도토스가 전한 이 사실은 한동안 이는 전설로 여겨졌지만 오늘날 사실로 밝혀졌다. 이에 대해서는《음식의 역사》92쪽 참조.

15 《동인도회사와 아시아의 바다》148쪽.

2. 서양의 주식, 빵의 역사

1 조는 서양에서도 밀의 보조 작물로 오랫동안 재배되었다. 19세기 초까지도 서양에서 조가 많이 재배되었고, 식량이 부족할 때면 구황 작물로 중요한 역할을 했다는 기록이 많다.

2 《물질문명과 자본주의 I-1》140쪽.

3 한성우는《우리 음식의 언어》에서 우리나라가 산악 지형이 많아서 밀을 재배할 수 있는 조건을 갖추고 있는데도 쌀을 주식으로 선택했던 이유를 쌀과 밀의 경쟁 관계에서 찾고 있다. 이 설명에 따르면 두 작물 모두 봄에 씨를 뿌려서 가을에 수확한다. 따라서 농민은 두 작물 가운데 하나를 선택해야 한다. 만약 밀과 쌀을 모두 재배할 수 있다면 쌀이 더 우수하기 때문에 농부는 쌀을 선택할 것이다. 그러나 이 설명에는 생각해봐야 할 점이 있다. 밀은 봄에 뿌려서 가을에 수확하는 봄밀, 가을에 뿌려서 봄에 수확하는 가을밀이 있다. 우리나라에서 밀은 대개 가을에 뿌려서 봄에 수확한다. 봄밀은 가을밀이 재배에 실패했을 경우 특별히 재배하지만 수확량이 적다.

4 《돈가스의 탄생》92쪽. 빵 반죽하는 사람(loaf kneader)에서 lady가 유래했다고 소개하고 있다.

5 《초콜릿의 지구사》76쪽.

6 이에 대해서는《네덜란드》33쪽 참조.

7 "Grinding flour in Upper Palaeolithic Europe (25000 years bp)", "New evidence for the processing of wild cereal grains at Ohalo II, a 23000-year-old campsite on the shore of the Sea of Galilee, Israel".

8 세계적으로 보리는 밀보다 질이 낮은 식품으로 여겨졌는데, 이는 글루텐을 형성하지 않아서 분식이 힘들기 때문이었을 것이다. 보리는 서양 고대에는 많이 재배되었지만, 중세 이후에는 하층민이나 가축이 먹는 곡물로 전락했다. 특이하게도 티베트와 일본은 보리를 밀보다 귀하게 여기고, 보리를 많이 재배하고 있다. 이에 대해서는 《국수와 빵의 문화사》 30쪽 참조.

9 《음식궁합》 41쪽.

10 《맛있는 세계사》 14쪽.

11 《길가메시 서사시》에 현자 우트나피쉬팀의 아내가 길가메시를 위해 빵을 구워주는 장면이 나오는데 세 번째 빵이 '촉촉하게 부풀었다'는 표현이 나온다. 이는 우트나피쉬팀의 아내가 구운 빵이 발효 빵이라는 것을 의미한다.

12 *Food in Medieval Times*, p. 4. 그러나 이것은 기록으로 확인되는 것이 아니기에 확실하지는 않다. 동양에서는 최초의 작물이 기장이었다. 중국인은 기원전 3000년경부터 기장을 재배했다.

13 《빵의 지구사》 39~40쪽.

14 《빵의 지구사》 45~46쪽.

15 《빵의 역사》 79쪽에서 재인용.

16 《돈가스의 탄생》 95쪽.

17 이집트에서도 모든 계층이 빵을 먹지는 않았을 것이다. 일반 사람들은 무발효 납작 빵을 먹었을 것이다. 이에 대해서는 《음식의 역사》 100쪽 참조.

18 〈요한복음〉 6:13.

19 《음식의 역사》 112쪽에는 마자를 만드는 법이 다음과 같이 나와 있다. "약간의 보리를 물에 (아마도 며칠 정도) 불려두었다가 하룻밤 동안 건조시킨다. 다음 날 그것을 불 옆에서 말린 다음 맷돌로 간다. …… 거기까지 준비되면 미리 구워둔 3파운드의 아마씨, 반 파운드의 고수풀씨, 8분의 1파인트의 소금을 섞어준다."

20 《빵의 지구사》 49쪽.

21 그러나 로마의 가난한 사람들은 여전히 곡물 반죽이나 왕겨가 많이 섞인 빵을 먹었을

것이다. 이에 대해서는《음식의 역사》126쪽 참조.

22 《빵의 역사》146~151쪽.

23 《빵의 역사》251~252쪽,《인간은 어떻게 거인이 되었나 1》219쪽. 여러 원시 부족들
이 도토리를 중요한 식량 자원으로 사용했는데, 아메리카 원주민도 그랬다. 17세기 에
스파냐의 선교사들이 아메리카에서 선교 활동을 펼칠 때 그들은 선교원을 지어놓고 식
량을 무료로 준다고 인디언들을 유혹했다. 선교원에 오면 공짜로 먹여준다는 소리를
듣고 많은 인디언들이 몰려들었는데, 그들은 선교사들의 교리 교육을 듣는 둥 마는 둥
하다가 식사 시간이 되면 엄청나게 먹어대곤 했다. 그런데 그들은 선교원에 계속 머물
면 편안히 살 수 있었지만, 도토리 줍는 계절이 되면 모두 들판으로 나가버리곤 했다.
이에 대해서는《대항해시대》447쪽 참조.

24 《빵의 역사》253쪽.

25 《몸의 역사 I》140쪽.

26 《흰 빵의 사회학》53쪽.

27 《빵의 역사》393~394쪽.

28 《소금과 문명》21쪽.

29 《물질문명과 자본주의 I-1》288쪽.

30 《소금: 인류사를 만든 하얀 황금의 역사》140쪽.

31 〈북경에 간 연행사의 음식탐방기〉,《인문학자, 조선시대 민간의 음식상을 차리다》,
43~44쪽에서 재인용.

32 현대 문명이 발달할수록 화학물질이 더 정교해지고, 이 때문에 음식이 점점 더 나빠진
다는 사실은 공공연한 비밀이다. 현재 많은 업체들이 원래 우유로 만들어야 할 아이스
크림이나 치즈를 식물성 기름과 맛과 향을 내는 화학물질을 섞어서 만들고 있으며, 역
시 우유로 만들어야 할 생크림을 식물성 지방, 안정제, 유화제 향신료, 색소를 섞어서
만들고 있다. 심지어 일부 국가들에서는 가짜 달걀까지 판치고 있는데, 이는 모두 화학
물질이 발달한 '성과'다.

33 현대인이 먹는 음식 중 농약의 폐해가 가장 큰 작물 가운데 하나는 바나나다. 바나나

는 많은 사람들이 애호하지만 워낙 쉽게 썩는 과일이라 장기 보관이 쉽지 않다. 이 때문에 다국적 회사들이 병충해에 강하고 장거리 수송에 용이한 품종인 '캐번디시'만을 재배하고 있다. 그들은 캐번디시를 재배하기 위해 1년에 65일 이상 살충제를 대량 살포하고 있다. 또한 먼 거리에 있는 외국에 수출하기 위해 아직 덜 익은 바나나를 따서 성장 억제제를 넣어 수출하고, 수입한 국가에서는 다시 '카바이트'나 '에틸렌'과 같은 성장 촉진제를 넣어서 인공적으로 익혀 판매하고 있다. 따라서 우리가 먹는 바나나는 그야말로 농약과 화학물질 덩어리라고 할 수 있다. 이에 대해서는 《식탁 위의 세계사》 141~144쪽, 《희망을 키우는 착한 소비》 176~177쪽 참조. 현대 자본주의는 바나나뿐만 아니라 여러 과일과 식품의 품종 획일화를 가속화하고 있다. 예컨대 사과에도 원래 수십 종의 품종이 있는데, 장거리 운송 중 모양의 변질이 쉽게 일어나고 흠집이 잘 나는 칼빌 블랑(Calville Blanc), 블랙 옥스퍼드(Black Oxford)와 같은 품종은 점점 사라지고, 브레벤(Braeburn), 그래니 스미스(Granny Smith)와 같은 품종이 북미와 유럽의 대형 매장을 장악하고 있다. 그리고 매장에서 윤기가 나고 잘 썩지 않는 것은 갖가지 화학 약품을 뿌렸기 때문이다. 이에 대해서는 《식량전쟁》 13~14쪽 참조.

34 《음식이 몸이다》 42쪽. 여기서 저자 이기영은 강하고 자극적인 양념을 좋아하는 이탈리아 음식 문화가 열정적이고 쾌활한 이탈리아인을 만들어냈고, 소박하고 덜 자극적인 양념을 선호하는 독일의 음식 문화가 차분하고 논리적인 독일인을 만들었다고 주장했다. '먹는 것이 곧 그 사람'이라는 생각에는 동의하지만, 음식 하나가 사람의 모든 것을 결정하지는 않으므로 다른 요소들도 생각해보아야 할 것이다.

35 쌀밥 자체가 각기병의 원인은 아니다. 흰쌀밥이 아니라 현미밥을 먹으면 거의 각기병에 걸리지 않는다. 흰쌀밥이 각기병을 일으키는 것은 19세기에 일어난 탈곡 방식의 변화 때문이다. 쌀은 크게 쌀겨층과 배젖층으로 이루어져 있는데, 19세기 이전에는 탈곡 기술이 발달하지 않아서 쌀겨층이 제거되지 않은 현미밥을 먹는 것이 일반적이었다. 19세기에 발명된 기계식 도정법은 쌀겨층을 완전히 제거하고 하얗게 윤이 나는 배젖층만을 분리해냈다. 이 과정에서 티아민과 같은 영양소가 사라지는 것이다.

36 《음식이 몸이다》 191쪽.

37 https://apps.fas.usda.gov/psdonline/circulars/production.pdf

38 이때의 빵은 밀가루를 상당 기간 발효하여 오븐에 구운 것이 아니라 밀가루를 반죽한 후 바로 구운 것일 가능성이 높다. 우리나라에 온 최초의 서양인 가운데 한 명인 박연 (벨테브레)이 '밀가루로 만든 마른 떡'을 먹었다는 기록이 있다. 박연이 오븐을 사용했을 리는 만무하므로 그도 밀가루를 반죽해서 적당히 구운 호떡을 먹었을 것이다. 이에 대해서는《우리 음식의 언어》100~101쪽 참조.

39 다음 빵 이름에 오쓰(乙)를 붙인 것으로 보아 빵을 개발한 순서에 따라 이름을 정한 것 같다.

| 더 들여다보기 | 유럽을 둘로 나눈 음식 문화

1《물질문명과 자본주의 I-1》338쪽.

2 그렇지만 현재 유럽에서 올리브유를 가장 많이 생산하는 나라는 에스파냐다. 에스파냐는 코르도바를 중심으로 남한의 5분의 1에 해당하는 면적에서 올리브를 재배하고 있다. 이에 대해서는《스페인은 맛있다》151쪽 참조.

3《아우구스티누스》30쪽.

4 포도의 북방 한계선은 조금씩 변해왔다. 자연 상태에서 포도의 북방 한계선은 이탈리아 지역이지만 서양인은 로마 시대 이후 품종 개량을 통해 포도의 북방 한계선을 지속적으로 북쪽으로 이동시켰다.《물질문명과 자본주의 I-1》324쪽에 따르면 상업적인 측면에서 근대 초의 북방 한계선은 파리에서 남쪽으로 꽤 떨어져 있는 루아르강이다. 그러나 이미 중세 시대에 파리로부터 동쪽에 있는 샹파뉴 지역이 포도주의 주요 산지가 되었다. 시간이 흐르면서 북방 한계선은 더 북쪽으로 이동해 현재 대략 북위 50도 50분까지 올라가 있다.

5 *To the Christian Nobility of the German Nation*, p. 19.

3. 지중해 문화권의 상징, 포도주

1《성서의 식물》15쪽.

2《역사 속으로 떠나는 배낭여행》104쪽.

3《성서의 식물》18쪽.

4 *Jesus the Pharisee*, pp. 149~150. 여기서 하비 포크는 예수가 힐렐파의 규정에 근거해서 샴마이파를 공격했다고 주장했다. 그의 주장은 경청할 만하지만, 힐렐파와 초기 기독교 가 완전히 동일한 분파가 아니었으므로 좀 더 궁리해보아야 할 것이다. 필자는 정결 예식(정결례) 문제에 있어 예수가 힐렐파의 견해조차 뛰어넘으려 했다고 생각한다.

5〈요한복음〉2:1-8. 현대신학자들에 의하면 이 일화에는 중요한 의미가 있다. 예수가 포 도주로 변화시킨 물은 유대인들이 정결례에 쓰는 돌 항아리에 담겨 있었다. 유대인들은 물을 정화제로 사용했다. 생활하다 보면 부정 타는 일이 많기 때문에 그들은 돌 항아리 에 물을 담아 집집마다 놓아두었을 것이다. 예수는 그 물을 포도주로 변화시켜서 잔치에 쓰게 했다. 이는 이제 복잡한 규정에 맞춰 정결례를 행할 필요가 없다는 것을 상징한다. 다시 말해 예수가 자신의 사명이 유대인의 정결례를 폐하고 새로운 잔치를 여는 것임 을 세상에 밝힌 것이다. 이에 대해서는 *Christian Origins*, pp. 165~166, 〈요한복음 2장 의 가나 혼인 잔치와 성전 정화 사건의 상관성〉,《신학지남》75, 225~226쪽 참조. 그러 나 이런 시각은 〈요한복음〉의 기자의 시각을 예수의 시각으로 그대로 받아들인 것이다. 예수가 수시로 정결례를 위반하기는 했지만, 그것은 좀 더 큰 목적, 즉 병자를 치료하기 위한 것이었기 때문에 유대 율법에서 허용되는 것이었다. 이에 대해서는 *In the Shadow of the Temple*, pp. 160~161, "James, Peter, and the Gentiles", *The Missions of James, Peter, and Paul*, pp. 92~94 참조.

6〈디모데전서〉5:23.

7〈누가복음〉7:33~34.

8《NIV 성경》은 이 단어를 흥미롭게도 'drunkard(술고래)'라고 번역했다.

9 *Jewish People, Jewish Thought*, pp. 207~208.

10 일반적으로 '바리사이'라는 말은 악이나 오염으로부터 '분리된 자'라고 알려져 있지만,
성경을 '설명하는 자' 혹은 구체적으로 '지적해주는 자'라는 뜻이라는 주장도 있다. 이
에 대해서는 *Judaism and Christian Beginnings*, p. 159 참조.

11 〈누가복음〉 18 : 10~13.

12 《역사적 예수》 308쪽, 315쪽.

13 《몸젠의 로마사 1》 27쪽은 '대그리스' 건설 이전에 로마인이 포도를 재배하고 있었다
고 전한다.

14 2013년에 세계의 포도주 생산량은 약 2억 8000만 헥토리터였는데, 이탈리아는 약
4500만 헥토리터를 생산했다. 이탈리아는 포도주 소비량도 세계 1위다. 그렇지만 포도
수출 1위는 남미의 칠레다. 남반구에 위치한 칠레가 포도를 수확할 때면 북반구에서는
포도가 귀하기 때문이다.

15 *Natural History* 14.

16 《서양 생활사》 107쪽. 태어나서 아직 어미젖을 빨지 않은 아기 암퇘지의 젖통, 그리고
어미의 자궁에서 인위적으로 꺼낸 새끼의 자궁을 최상품으로 여겼다.

17 《중세는 살아있다》 46~47쪽.

18 북부 문화권의 사람들이 맥주를 마셨던 것도 칼로리 섭취가 가장 중요한 요소였다. 중
세 수도사들은 맥주를 '액체 빵'이라고 불렀고, 고기를 먹지 못하는 사순절 시기에 기력
을 보충하기 위해 맥주를 마시곤 했다. 《가톨릭 신자는 왜 금요일에 물고기를 먹는가》
65쪽.

4. 서양인의 소울 푸드, 치즈

1 〈수의학의 기원과 야생동물의 가축화〉, 《대한수의사회지》 40-10, 958쪽.

2 《총, 균, 쇠》 246쪽. 이 도표에서 제시된 연도에 대해서는 다양한 의견이 존재한다. 양은
기원전 8500년, 소는 기원전 8000년경에 가축이 되었다는 의견도 있다.

3 *The Ancient World*, p. 26.

4 〈터키 아나톨리아의 선사취락(聚落) 차탈휘위크〉, 《한국도시지리학회지》 2-2, 49~51 쪽.

5 *Plant Breeding Methods*, p. 60.

6 *Ancestors for the Pigs: Pigs in Prehistory*, p. 11.

7 《역사, 시민이 묻고 역사가가 답하고 저널리스트가 논하다》 211~212쪽.

8 《유목민이 본 세계사》 34쪽.

9 《신화와 영화》 63~64쪽에서는 유대인과 아랍인이 돼지를 먹지 않은 것을 종교적인 이유로 설명하고 있다. 이 설명에 따르면 유대와 아랍 세계의 주신은 강력한 남성 신인 야훼나 알라였다. 이 남성 신은 지모신을 숭배하는 자들이 먹는 돼지를 금했다고 한다.

10 《포유동물의 가축화 역사》 96~97쪽에서 재인용.

11 《영국 노동자계급의 상태》 87쪽.

12 《영국 노동자계급의 상태》 128~129쪽.

13 《중국음식문화사》 404~407쪽.

14 〈중국의 돼지문화〉, 《중앙민속학》 13, 9~10쪽.

15 〈로마 공화정 후기 이탈리아의 농업경영에 관한 연구〉 66~67쪽.

16 방목지뿐만 아니라 휴경지도 가축 사육장으로 이용되었다. 3포제에서 땅의 3분의 2를 차지하는 휴경지에는 온갖 풀이 자랐고, 농민들은 가축을 풀어 그 풀을 먹게 했다. 이에 대해서는 《프랑스 농촌사의 기본성격》 113쪽 참조.

17 《서유럽 농업사 500-1850년》 100쪽.

18 영국은 신석기 시대에 농경보다는 목축을 더 많이 했다. 이에 대해서는 《잉글랜드 풍경의 형성》 60쪽 참조.

19 《서유럽 농업사 500-1850년》 101쪽.

20 《음식의 역사》 249쪽.

21 〈판관기〉 5:25.

22 현대에는 미생물 레닛이 많이 사용되고 있다. 레닛의 변천에 대해서는 《치즈의 지구사》 115~116쪽 참조.

23 *Cheese: A Global History*, p. 37.

24 《이탈리아 남부 기행》256~257쪽.

25 모든 치즈가 원유를 가열해서 만드는 것은 아니다. 가열은 보존 기간을 늘리고 혹시 있을 오염을 제거하기 위한 것이다. 생원유의 질이 좋고 치즈를 잘 만들면 가열하지 않아도 된다. 사실 최고급 치즈의 상당수가 가열하지 않은 원유로 만들어진다. 이는 가열 과정에서 감칠맛을 더해주는 다양한 물질이 사라지기 때문이다. 이에 대해서는 《관능의 맛, 파리》275쪽 참조.

26 *De Res Rustica*, 7.8.1~7.8.7.

27 *The Logistics of the Roman Army at War: 264 B.C.-A.D. 235*, p. 34.

28 *The Oxford Companion to Cheese*, p. 232.

29 《치즈의 지구사》49쪽.

30 《올어바웃 치즈》49~50쪽.

31 *A Community Transformed: The Manor and Liberty of Havering-atte-Bower 1500-1620*, p. 121.

32 이는 이슬람 세계에서도 마찬가지였다.

33 *Medieval Tastes: Food, Cooking, and the Table*, pp. 86~87.

34 《농업위기와 농업경기: 유럽의 농업과 식량 공급의 역사》323~324쪽.

35 《농업위기와 농업경기: 유럽의 농업과 식량 공급의 역사》262쪽.

36 *101 Recipes for Making Cheese*, p. 216. 치즈의 색깔은 지역뿐만 아니라 시기별로도 차이가 난다. 주로 봄이나 여름에 짠 젖으로 만든 것이 강한 색을 띠는데, 이 시기의 풀에 베타카로틴이 많기 때문이다.

| 더 들여다보기 | 서양 중세의 사유 구조와 음식 문화

1 《물건의 세계사》27쪽.

2 《문명과 바다》299쪽. 물론 감자가 땅속에 열매를 맺는다는 사실만이 감자의 전파 지연

을 설명할 수 있는 것은 아니다. 신대륙 작물 가운데 감자와 함께 인류 역사에 큰 영향을 끼친 옥수수도 그 열매가 하늘에 열림에도 불구하고 처음에는 별로 환영받지 못했다. 그러나 옥수수가 감자보다는 더 빨리 수용되었다. 특히 북미 지역으로 이주한 유럽인들은 옥수수의 유용성을 금방 파악하고 곧 주식으로 삼았다(이에 대해서는《잡식동물의 딜레마》42~43쪽 참조). 그리고 여러 가지 옥수수 조리법을 만들고, 그 방식이 인디언의 방식과 다르므로 옥수수는 자신들의 음식이라고 주장했다.

3 그러나 밤은 나무에 열리는 열매지만 고급 음식으로 인식되지 않았다. 이에 대해서는 《서양중세사연구》316쪽 참조.

4 〈고대 중국의 의와 약〉,《진단학보》110, 164쪽.

5 《지명으로 보는 세계사》162쪽.

6 《사생활의 역사 3》355쪽.《맛의 천재》59쪽에 따르면 귀족들은 자신들이 가금류를 먹으므로 소고기나 돼지고기를 먹는 일반인보다 지성과 감성이 뛰어나다고 생각했다.

7 영어는 참으로 복잡한 언어다. 영국인들이 매우 복잡한 역사를 겪었기 때문이다. 섬나라 영국의 원주민은 켈트계였는데, 로마의 지배를 받았기 때문에 영어에는 라틴어 계통의 단어가 매우 많다. 5세기에 앵글로·색슨족이 영국을 정복했고, 그 후 스칸디나비아인이 수시로 영국을 침략했다. 이때 스칸디나비아 계통의 단어, 즉 하늘(sky), 동료(fellow), 빵(bread), 달걀(egg), 뿌리(root) 등이 영어에 유입되었다. 이에 대해서는《봉건사회 I》88~91쪽 참조.

8 《영국사》105쪽. 이 밖에 프랑스에서 유래해서 영어가 된 단어로는 예배당(chapelle → chapel), 미사(messe → mass), 탑(tour → tower), 평화(paix → peace), 궁정(cour → court)이 있다.

9 〈신명기〉14:10.

10 금요일에 육식을 하지 않고 해물을 먹는 관습은 오늘날까지 계속되고 있다. 미국을 비롯한 서구의 여러 나라에서 금요일에는 해물 요리나 조개탕이 특별 요리로 제공되곤 한다. 이에 대해서는《가톨릭 신자는 왜 금요일에 물고기를 먹는가》55쪽 참조.

11 《소금: 인류사를 만든 하얀 황금의 역사》124쪽.

12 《자연의 선택, 지나 사피엔스》 199쪽.

13 그러나 중세 교회가 아무런 융통성 없이 금식을 강제했던 것은 아니다. 중세 교회 지도 자들은 사순절같이 고기를 먹어서는 안 되는 시기라도 기근이 심하면 고기를 먹을 수 있도록 허락하곤 했다.

14 에라스뮈스가 금요일에 닭고기를 먹었던 것은 하나의 에피소드로 끝내기에는 중요한 사건이다. 중세 신학자들과 성직자들은 점점 더 많은 규정을 만들어 신자들의 삶을 옥 죄었고, 신자들도 경건한 신앙을 지키기보다는 교회의 규정들을 형식적으로 지키는 데 몰두했다. 에라스뮈스는 이런 형식주의를 비판하고 원시 기독교의 소박하고 경건한 신 앙을 복원해야 한다고 주장했다. 그리하여 교회가 만들어낸 온갖 음식 금기에 대해 이 렇게 비판했다. "그리스도께서는 '안으로 들어가는 것은 더럽지 않다'라고 말씀하셨고, 또 바울은 모든 고기는 깨끗하다고 말했다. 왜 금요일에 고기 먹는 것을 마치 존속살해 처럼 나쁜 것인 양 다루는가? 확실히 바울은 우리가 연약한 사람들을 배려해야 한다고 말했지만, 연약한 위에 대해서는 어떻게 해야 되는가? 만약 내가 고기를 먹지 않으면 나의 모든 질병은 나를 죽게 할 것이다. 어떤 일도 하지 말아야 하는 거룩한 날에 대해 서 우리는 신약성경에서 그의 어떤 것도 발견하지 못한다." (《공동체 안에서의 에라스 무스》 291쪽에서 재인용).

그런데 에라스뮈스가 이렇게 주장했다는 사실은 그의 시대에 금식일을 지키는 것이 여 전히 중요한 신앙의 의무였다는 것을 역설적으로 보여준다. 사실 종교 개혁이 일어났 을 때 구교 신자들은 신교 신자들을 여러 가지로 공격했는데, 그중에 하나가 성금요일 과 안식일인 토요일에 고기를 먹는다는 것이었다. 이에 대해서는 《치즈와 구더기》 103 쪽 참조.

15 *History of Classical Scholarship*, p. 86.

16 《제7대 죄악, 탐식》 78쪽.

17 《물질문명과 자본주의 I - 1》 301쪽에서 재인용.

18 《대구: 세계의 역사와 지도를 바꾼 물고기의 일대기》. 그러나 바스크인이 유럽인 최초 로 아메리카에 도착했던 것은 아니다. 그들보다 먼저 중세 바이킹이 이미 아메리카에

도착했다. 이에 대해서는《중세 유럽은 암흑시대였는가?》31쪽 참조.

19 고대부터 공동 식사는 식사 참여자들의 동질성과 동료애를 키우는 장이었는데, 이는 중세의 식사 예절에서 더 확실히 나타났다. 중세인들은 함께 식사할 때 큰 접시에 음식을 담아 손으로 먹었으며, 수프를 마실 때도 두세 사람이 대접 하나를 사용했다. 잔 하나로 술을 돌려 마셨으며, 소금이나 소스도 하나의 그릇에 담아 공동으로 사용했다. 이에 대해서는《사생활의 역사 3》346쪽 참조.

20《봉건사회 II》86쪽에서 재인용.

21《중세의 뒷골목 사랑》31쪽.

22《향신료의 지구사》51쪽.

23 그러나 4장에서 살펴보았듯이 유목민은 대개 돼지를 사육하지 않는다. 기원전 5000년 이후 생태 환경의 변화에 따라 메소포타미아 지역에 있던 숲이 대개 줄어들면서 이 지역의 여러 고대 종족들은 돼지를 사육하지 못했고, 그 때문에 돼지고기를 금하는 금기를 만들어냈다. 이에 대해서는《식인과 제왕》214~216쪽 참조.

24《지중해 교역은 유럽을 어떻게 바꾸었을까?》66쪽.

25《감각의 역사》151쪽은 "7~10세기 중국에서 오직 황제만이 술을 마실 수 있었다"라고 전한다. 그러나 이 말의 전거를 찾을 수는 없었다.

26 프랑스 혁명사를 전공한 충남대 박윤덕 교수에게서 들은 이야기임을 밝혀둔다. 루이 16세의 식탐은 그의 판단력을 흐리게 하는 일이 많았다. 그는 바렌에서 붙잡힌 후에도 브리 치즈가 먹고 싶다고 말했다.

27 루이 16세 시대에는 미식가들이 많았다. 1788년 한 미식가는 프랑스의 훌륭한 요리 목록을 만들었다. 그는 "페리고르 지방의 트뤼프 버섯을 가미한 칠면조 요리, 툴루즈 지방의 거위 간 파이, 네라크 지방의 빨간 자고새 고기, 툴롱 지방의 신선한 참치 파이, 페즈나 지방의 종달새 고기, 트루아 지방의 구운 돼지머리 고기, 동브 지방의 멧도요, 코 지방의 수탉, 비욘 지방의 햄……"이 훌륭한 요리라고 적었다. 이에 대해서는《물질문명과 자본주의 I-1》256쪽 참조.

28《제7대 죄악, 탐식》136~137쪽.

29 《작은 인간》 150쪽.

30 *The Age of Revolution*, p. 8.

31 《향신료의 지구사》 81쪽.

5. 영국인을 사로잡은 홍차

1 케냐(47만 톤), 스리랑카(29만 톤)가 3위와 4위다. 이에 대해서는 다음 사이트 참 조. http://www.statista.com/statistics/264188/production-of-tea-by-main-producing-countries-since-2006

2 《차와 인류의 사랑》 122쪽.

3 《녹차 문화 홍차 문화》 28쪽.

4 《녹차 문화 홍차 문화》 31쪽에서 재인용.

5 〈유럽의 차 논쟁에 관한 연구－18세기 영국을 중심으로〉 13~14쪽.

6 《홍차 이야기》 54~55쪽.

7 〈유럽의 차 논쟁에 관한 연구－18세기 영국을 중심으로〉 32쪽.

8 〈유럽의 차 논쟁에 관한 연구－18세기 영국을 중심으로〉 43쪽.

9 《동인도회사와 아시아의 바다》 52쪽, 《대항해시대》 53쪽.

10 《대항해시대》 52쪽.

11 네덜란드의 인도네시아 점령에서 널리 알려진 암보이나 학살 사건은 런섬 전투 이후 영국의 상관이 있던 암보이나에서 벌어진 사건이다. 이는 중요한 전투라기보다는 최후 로 남아 있던 영국의 상관이 무너진 것이다. 이때 학살당한 사람은 영국인 열네 명과 일 본인 용병 열 명이었다.

12 〈淸代 廣東의 對外貿易과 廣東商人〉, 《명청사연구》 9, 70~71쪽.

13 "Complications of the Commonplace : Tea, Sugar, and Imperialism", *The Journal of Interdisciplinary History* 23-2, pp. 272~273.

14 *Liquid Pleasures: A Social History of Drinks in Modern Britain*, p. 78.

15 *The Englishman's Food: A History of Five Centuries of English Diet.*

16 1849년 다른 나라의 배가 영국에 정박하는 것을 금지하는 항해법이 폐지되자 미국의 범선, 클리퍼선이 차를 운송하기 시작했는데, 클리퍼선은 97일 만에 중국에서 영국까지 차를 운반했다. 1869년 수에즈 운하의 개통은 이 기간을 약 40일로 단축시켰다.《티 소믈리에를 위한 영국 찻잔의 역사》152~155쪽.

17《설탕의 세계사》68쪽.

18《설탕의 세계사》76~78쪽.

19 "Complications of the Commonplace : Tea, Sugar, and Imperialism", *The Journal of Interdisciplinary History* 23-2, p. 263.

20《티 룸 : 홍차 한 잔에 담긴 영국 문화》17~18쪽, 38쪽.

21《식량전쟁》125쪽.

22〈英國 産業革命期의 工場立法에 관한 一考〉,《역사학보》97, 76~77쪽.

23《세계문화사 中》618~619쪽.

24《산업혁명과 노동정책》156쪽.

25《영국 노동자계급의 상태》107쪽.

26〈18세기 영국의 차 폐해론 고찰-조나스 한웨이의 『차에 관한 에세이』(An Essay on Tea)를 중심으로〉,《영국연구》30, 87쪽에서 재인용.

27 "Sweet Diversity : Colonial Goods and the Rise of European Living Standards after 1492", *CEPR Discussion Paper* 7386, pp. 17~18.

28 19세기 차의 대중화에는 차와 설탕의 가격이 점차 떨어진 것이 중요한 역할을 했다. 18세기 후반 스코틀랜드의 역사가 데이비드 맥퍼슨은 이에 대해 다음과 같이 말했다. "차는 사회의 중간 계급이나 하층 계급 사람들에게 맥주류를 대신하는 경제적인 대리 물질이 되었다. 맥주류는 가격이 비싸서 그들이 유일한 음료로 마시기에 충분한 양을 살 수 없었기 때문이다. …… 간단히 말하자면 우리는 세계의 동쪽 끝에서 오는 차와 서인도제도로부터 오는 설탕 둘 다 운임과 보험료를 지불하고 가져오지만 맥주보다 값이 싼 그런 상업적, 재정적 상황에 처해 있는 것이다."-〈유럽의 차 논쟁에 관한 연

구 - 18세기 영국을 중심으로〉 36쪽에서 재인용.

29 〈아편전쟁 이전 영국의 대중 무역 - 차 무역을 중심으로〉,《동국사학회 발표문》, 28쪽.

30 《아편》 155쪽.

31 《녹차 문화 홍차 문화》 112~113쪽.

32 19세기 중국의 아편 문제를 이야기할 때 일반적으로 영국인에게만 책임을 돌린다. 그
러나 미국, 그리스, 네덜란드, 스웨덴, 프랑스, 에스파냐, 덴마크 사람들도 아편 무역을
적극적으로 전개했다. 영국의 비중은 약 80퍼센트였다(《아편》 162~263쪽).

33 실제로 무역수지는 개선되었다. 중국의 은 보유량은 1793년 7000만 냥에서 1820년
1000만 냥으로 줄었다.

34 《아시아경제》 2012년 6월 3일.

35 《음식의 문화학》 37~38쪽. 이 책은 차가 영국의 정체성을 대변하는 사례를 하나 더
제시하고 있다. 1999년 스위스인 한 명과 영국인 한 명이 열기구를 타고 무착륙 세계
일주에 성공했는데, 영국인 존스는 일주를 마치고 "세련된 여느 영국인처럼 나도 차 한
잔 해야겠습니다"라고 말했다.

6. 혁명에 기여한 '이성의 음료', 커피

1 《커피견문록》 29~30쪽. 에티오피아 사람들은 오늘날에도 커피를 즐기며, 커피는 에티
오피아의 주요 산업이다. 에티오피아 인구 9500만 명 가운데 1500만 명이 커피와 관련
된 산업에 종사하고 있다(《지구의 밥상》 50쪽).

2 《커피》 31쪽.

3 《허형만의 커피스쿨》 23~26쪽.

4 모카커피의 의미에 대해서는《커피는 원래 쓰다》 163~166쪽 참조.

5 〈이슬람 수피즘과 커피의 종교·문화적 관계 연구〉 22쪽.

6 〈이슬람 수피즘과 커피의 종교·문화적 관계 연구〉 54쪽, 〈근대 터키 홍차문화의 형성배
경에 관한 연구〉 56쪽.

7 《이탈리아 상인의 위대한 도전》 526~527쪽.

8 《역사, 시민이 묻고 역사가가 답하고 저널리스가 논하다》 279쪽.

9 〈17세기 런던 커피하우스의 발전요인〉, 《서양사학연구》 29, 26쪽에서 재인용.

10 《커피가 돌고 세계사가 돌고》 81쪽.

11 《향료전쟁》 18쪽.

12 《맛의 천재》 316쪽에서 재인용.

13 《유럽 커피문화 기행》 73쪽.

14 〈17세기 런던 커피하우스의 발전요인〉, 《서양사학연구》 29, 38쪽에서 재인용.

15 〈17세기 런던 커피하우스의 발전요인〉, 《서양사학연구》 29, 37~42쪽.

16 *The Global Coffee Economy in Africa, Asia, and Latin America, 1500–1989*, p. 26.

17 대양 항해, 특히 동인도로 간 배만으로 한정할 경우는 이 비율이 조금 줄어든다. 1660~1669년의 10년 동안 동인도로 간 네덜란드 배는 238척이었던 데 반해 영국은 91척, 프랑스 24척, 포르투갈 21척이었다. 이에 대해서는 《동인도회사와 아시아의 바다》 140쪽 참조.

18 현재 인도네시아에서는 커피 품종 가운데 로부스타 종이 주를 이루고 있다. 일반적으로 커피의 원산지는 에티오피아라고 하는데, 에티오피아 커피가 아라비아로 전파되었기에 이 품종을 아라비카라고 한다. 19세기에 콩고 지역에서 새로운 품종이 발견되었는데, 이 품종은 쓴맛이 강하고 향이 약해서 상품성이 떨어진다. 그러나 로부스타 종은 생산이 용이하고 병충해에 강한 장점이 있다. 19세기 후반 커피 녹병(Coffee Leaf Rust)으로 자바섬에서 아라비카 품종이 큰 타격을 입자, 로부스타 종이 새롭게 도입되어 재배되었다.

19 *The Global Coffee Economy in Africa, Asia, and Latin America, 1500–1989*, p. 28.

20 《커피가 돌고 세계사가 돌고》 60쪽.

21 《연합뉴스》 2015년 6월 21일.

22 〈지역학: 독일어 수업에서 언어 및 문화학습의 통합–17, 18세기 유럽의 커피문화사를 주제로〉, 《독일어문학》 48, 279쪽.

23 《커피가 돌고 세계사가 돌고》115쪽에서 재인용.

24 《커피가 돌고 세계사가 돌고》121쪽에서 재인용.

25 《페르시아인의 편지》110쪽.

26 "The World Coffee Market in the Eighteenth and Nineteenth Centuries, from Colonial to National Regimes", *Working Papers of the Global Economic History* 04-04, p. 17.

27 *Encyclopedia of Cultivated Plants*, vol. 1, p. 306.

7. 기호 식품이 된 '신들의 음식', 초콜릿

1 《초콜릿: 신들의 열매》50~57쪽, 60~61쪽.

2 *The Sacred as Everyday: Food and Ritual in Aztec Art*, p. 67.

3 《초콜릿의 지구사》32쪽.

4 *On the Chocolate Trail*, p. 119.

5 *The Oxford Companion to Food*, p. 182.

6 "Chocolate in History", *Nutrients* 5(5), pp. 1574~1576.

7 *Chocolate: A Global History*, p. 36.

8 《음식의 역사》327쪽.

9 《물질문명과 자본주의 I-1》354쪽. 유럽 밖에서 초콜릿이 전혀 사랑받지 못했던 것은 상당히 이상한 일이다. 에스파냐의 식민지였던 필리핀을 제외하면 아시아인은 서양인이 가져온 초콜릿에 거의 관심을 보이지 않았다.

10 《초콜릿: 신들의 열매》253~254쪽.

11 《초콜릿: 신들의 열매》161쪽.

12 〈초콜릿에 대한 A to Z〉, 《베이커리》4, 37쪽.

13 《나쁜 초콜릿》73쪽.

14 "The Swiss Chocolate Industry", *The Economic Journal* 18-69, p. 111.

15 《초콜릿 학교》 66쪽.

16 《초콜릿의 지구사》 164쪽.

17 《초콜릿 학교》 104쪽. 서양인은 밸런타인데이가 아니라 부활절이나 크리스마스에 초
  콜릿을 더 많이 선물한다.

18 《초콜릿 탐욕을 팝니다》 19쪽, 23쪽.

참고문헌

해외 도서

- **101 Recipes for Making Cheese** C. Martin, Atlantic Publishing Group, 2011
- **A Community Transformed: The Manor and Liberty of Havering-atte-Bower 1500–1620** Marjorie Keniston McIntosh, Cambridge University Press, 1991
- **Agriculture in the Middle Ages: Technology, Practice, and Representation** D. Sweeney ed., Philadelphia : University of Pennsylvania Press, 1995
- **Ancestors for the Pigs: Pigs in Prehistory** Sarah Nelson, University of Pennsylvania Museum of Archaeology and Anthropology, 1998
- **Ancient Greek Agriculture: An Introduction** Signe Isager & Jens Erik Skydsgaard, Routledge, 2013
- **Cheese: A Global History** Andrew Dalby, Reaktion Books, 2009
- **Chocolate: A Global History** Sarah Moss & Alexander Badenoch, Reaktion Books, 2009
- **Christian Origins** R. A. Horsley (ed.), Fortress Press, 2005
- **Daily Life of the Ancient Egyptians** Robert Bob etal., Greenwood, 2008
- **De Res Rustica** Columella
- **Encyclopedia of Cultivated Plants, vol. 1** Christopher Cumo ed., ABC-CLIO, 2013
- **Food in Medieval Times** Melitta Adamason, Greenwood Press, 2004
- **Historium** J. Nelson, Big Picture, 2015

• History of Classical Scholarship Rudolf Pfeiffer, Clarendon Press, 1976

• Immortal Milk: Adventures in Cheese Eric LeMay, Free Press, 2010

• In the Shadow of the Temple O. Skarsaune, InterVarsity, 2002

• Jesus the Pharisee Harvey Falk, Wipf and Stock Publishers, 2003

• Jewish People, Jewish Thought R. Seltzer, Macmillan Publishing, 1980

• Judaism and Christian Beginnings S. Sandmel, Oxford University Press, 1978

• Judaism: Development and Life Leo Trepp, Wadsworth Publishing Company, 2000

• Life After Death A. F. Segal, Doubleday, 1989

• Liquid Pleasures: A Social History of Drinks in Modern Britain J. Burnett etal, Routledge, 1999

• Meat-Eating and Human Evolution Craig Standford & Henry Bunn ed., Oxford University Press, 2001

• Medieval Tastes: Food, Cooking, and the Table Massimo Montanari & Beth Archer Brombert, Columbia University Press, 2012

• Natural History 14 Plinius

• Odysseia Homeros

• On the Chocolate Trail Deborah R. Prinz, Jewish Lights, 2012

• Peasants in the Middle Ages W. Rösener, University of Illinois Press, 1992

• Plant Breeding Methods M. Ram, PHI Learning, 2014

• Primate Societies Barbara B. Smuts etal. ed., The University of Chicago Press, 1987

• Semplice: Real Italian Food: Ingredients and Recipes Dino Joannides, Preface Publishing, 2014

• The Age of Revolution Eric Hobsbawm, Vintage Books, 1996

• The Ancient World M. Roberts, Nelson, 1979

• The Englishman's Food: A History of Five Centuries of English Diet J. C. Drummond & A. Wilbraham, Jonathan Cape, 1939

- The Global Coffee Economy in Africa, Asia, and Latin America, 1500–1989 William Gervase Clarence Smith & S. Topik ed., Cambridge University Press, 2006

- The Logistics of the Roman Army at War: 264 B.C.-A.D. 235 Jonathan P. Roth, Brill, 1999

- The Oxford Companion to Cheese C. Donnelly ed., Oxford University Press, 2016

- The Oxford Companion to Food Alan Davidson, Oxford University Press, 2006

- The Sacred as Everyday: Food and Ritual in Aztec Art Elizabeth Morán, UMI, 2007

- The Tea Book D. Campbell, Louisiana : Pelican Publishing, 1995

- To the Christian Nobility of the German Nation Martin Luther, 1520

- World Cheese Book J. Harbutt, DK, 2015

해외 논문과 칼럼

- Chocolate in History Donatella Lippi, *Nutrients* 5(5), 2013

- Complications of the Commonplace: Tea, Sugar, and Imperialism Woodruff D. Smith, *The Journal of Interdisciplinary History* 23-2, 1992

- Female Longevity and Diet in the Middle Ages Vern Bullough & Cameron Campbell, *Speculum* 55-2, 1962

- Grinding flour in Upper Palaeolithic Europe (25000 years bp) B. Aranguren etal, *Antiquity* 81, 2007

- James, Peter, and the Gentiles R. Bauckham, *The Missions of James, Peter, and Paul*, ed. B. Chilton & C. Evans, Brill, 2005

- New evidence for the processing of wild cereal grains at Ohalo II, a 23000-year-old campsite on the shore of the Sea of Galilee, Israel D. Nadel etal, *Antiquity* 86, 2012

- Nutrition and the Early Medieval Diet K. Pearson, *Speculum* 72-1, 1997

- Sweet Diversity: Colonial Goods and the Rise of European Living Standards after 1492 J.

Hersh & H-Joachim Voth, *CEPR Discussion Paper* 7386, 2009

* The Daily Bread of the Ancient Greek and Romans N. Jasny, *Osiris* 9, 1950

* The Swiss Chocolate Industry A. M. Farrer, *The Economic Journal* 18-69, 1908

* The World Coffee Market in the Eighteenth and Nineteenth Centuries, from Colonial to National Regimes Steven Topik, *Working Papers of the Global Economic History* 04-04, 2004

국내 도서

* **18세기의 맛** 안대회 외, 문학동네, 2014
* **CHEESE: 세계의 명품치즈** 주디 리지웨이·사라 힐, 이재성·이은정 옮김, 세경, 2008
* **가톨릭 신자는 왜 금요일에 물고기를 먹는가** 마이클 폴리, 이창훈 옮김, 보누스, 2012
* **갈리아 전기** 카이사르, 박광순 옮김, 범우사, 1997
* **감각의 박물학** 다이앤 애커먼, 백영미 옮김, 작가정신, 2004
* **감각의 역사** 마크 스미스, 김상훈 옮김, 성균관대학교출판부, 2010
* **게르마니아** 타키투스, 천병희 옮김, 숲, 2012
* **고대 그리스의 영광과 몰락** 김진경, 안티쿠스, 2009
* **고대 로마의 일상생활** 제롬 카르코피노, 류재화 옮김, 우물이있는집, 2003
* **공동체 안에서의 에라스무스** R. H. 베인튼, 박찬문 옮김, 제주대학교출판부, 2009
* **관능의 맛, 파리** 민혜련, 21세기북스, 2011
* **국수와 빵의 문화사** 오카다 데쓰, 이윤정 옮김, 뿌리와이파리, 2006
* **근대 유럽의 형성 16-18세기** 이영림·주경철·최갑수, 까치, 2011
* **기독교와 이슬람 그 만남이 만들어낸 공존과 갈등** 김동문, 새창, 2011
* **길가메시 서사시** N. K. 샌다스, 이현주 옮김, 범우사, 2000
* **나쁜 초콜릿** 캐럴 오프, 배현 옮김, 알마, 2011

- **날씨가 바꾼 어메이징 세계사** 반기성, 플래닛미디어, 2010
- **남송 시대 복건 사회의 변화와 식량 수급** 이근명, 신서원, 2015
- **네덜란드** 주경철, 산처럼, 2003
- **녹차 문화 홍차 문화** 츠노야마 사가에, 서은미 옮김, 예문서원, 2001
- **농업위기와 농업경기: 유럽의 농업과 식량공급의 역사** 빌헬름 아벨, 김유경 옮김, 한길사, 2011
- **대구: 세계의 역사와 지도를 바꾼 물고기의 일대기** 마크 쿨란스키, 박중서 옮김, RHK, 2014
- **대분기** 케네스 포메란츠, 김규태 외 옮김, 에코리브르, 2016
- **대항해시대** 주경철, 서울대학교출판부, 2008
- **돈가스의 탄생** 오카다 데쓰, 정순분 옮김, 뿌리와이파리, 2006
- **동과 서의 차 이야기** 이광주, 한길사, 2002
- **동서양 문화교류와 충돌의 역사** 이민호, 한국학술정보, 2009
- **동인도회사와 아시아의 바다** 하네다 마사시, 이수열·구지영 옮김, 선인, 2012
- **로마사 입문** 허승일, 서울대학교출판부, 1993
- **르네상스** W. K. 퍼거슨, 김성근·이민호 옮김, 탐구당, 1985
- **맛의 천재** 알레산드로 마르초 마뇨, 윤병언 옮김, 책세상, 2016
- **맛있는 세계사** 주영하, 소와당, 2011
- **몸의 역사 1** 다니엘 아라스 외, 주명철 옮김, 길, 2014
- **몸젠의 로마사 1** 테오도르 몸젠, 김남우 외 옮김, 푸른역사, 2013
- **문명과 바다** 주경철, 산처럼, 2009
- **물건의 세계사** 지바현 역사교육자협의회 세계사부 편, 김은주 옮김, 가람기획, 2002
- **물질문명과 자본주의 I-1** 페르낭 브로델, 주경철 옮김, 까치, 1995
- **미각의 지배** 존 앨런, 윤태경 옮김, 미디어윌, 2013
- **봉건사회 I** 마르크 블로크, 한정숙 옮김, 한길사, 1986
- **봉건사회 II** 마르크 블로크, 한정숙 옮김, 한길사, 1986
- **빵의 역사** 하인리히 야콥, 곽명단 외 옮김, 우물이있는집, 2005

• **빵의 지구사** 윌리엄 루벨, 이인선 옮김, 휴머니스트, 2015

• **사생활의 역사 3: 르네상스부터 계몽주의까지** 로제 샤르티에 편, 이영림 옮김, 새물결, 2002

• **사피엔스** 유발 하라리, 조현욱 옮김, 김영사, 2015

• **산업혁명과 노동정책** 이영석, 한울, 1994

• **새로운 제빵기초지식** 타케야 코우지, 곽지원 옮김, 비앤씨월드, 2003

• **서양 생활사** 김복례, 안티쿠스, 2007

• **서양 여성들, 근대를 달리다** 최재인 외, 푸른역사, 2011

• **서양 음식에 관한 사소한 비밀** 김안나, 리즈앤북, 2004

• **서양 중세의 음식과 축제** 피터 하몬드, 홍성표 옮김, 개신, 2003

• **서양중세사** 브라이언 타이어니·시드니 페인터, 이연규 옮김, 집문당, 1986

• **서양중세사연구** 서양중세사연구회 편, 느티나무, 2003

• **서유럽 농업사 500~1850년** 베르나르트 슬리허 반 바트, 이기영 옮김, 까치, 1999

• **설탕과 권력** 시드니 민츠, 김문호 옮김, 지호, 1998

• **설탕의 세계사** 가와기타 미노루, 장미화 옮김, 좋은책만들기, 2003

• **성서의 식물** 최영전, 아카데미서적, 1996

• **세계문화사 中** 브린튼 외, 양병우 외 옮김, 을유문화사, 1996

• **세계 신화 사전** 낸시 헤더웨이, 신현승 옮김, 세종서적, 2004

• **셰프 안토니오의 이탈리아 요리** 안토니오 심, 대가, 2012

• **소금과 문명** 새뮤얼 애드셰드, 박영준 옮김, 지호, 2001

• **소금: 인류사를 만든 하얀 황금의 역사** 마크 쿨란스키, 이창식 옮김, 세종서적, 2003

• **쉽게 배우는 송셰프의 프랑스빵** 송영광, 비앤씨월드, 2013

• **스페인은 맛있다** 김문정, 예담, 2009

• **식량전쟁** 라즈 파텔, 유지훈 옮김, 영림카디널, 2008

• **식인과 제왕** 마빈 해리스, 정도영 옮김, 한길사, 2000

• **식탁 위의 세계사** 이영숙, 창비, 2012

• **신화와 영화** 강대진, 작은이야기, 2004

• **아우구스티누스** 피터 브라운, 정기문 옮김, 새물결, 2012

• **아이티 혁명사** 로런트 듀보이스, 박윤덕 옮김, 삼천리, 2014

• **아편** 마틴 부스, 오희섭 옮김, 수막사, 2004

• **어제까지의 세계** 재레드 다이아몬드, 강주헌 옮김, 김영사, 2013

• **역사 속으로 떠나는 배낭여행** 김영기, 북코리아, 2005

• **역사적 예수** 게르트 타이쎈·아네테 메르츠, 손성현 옮김, 다산글방, 2010

• **역사, 시민이 묻고 역사가가 답하고 저널리스트가 논하다** 리처드 에번스 외, 정기문 옮김,
  민음사, 2010

• **영국 노동자계급의 상태** F. 엥겔스, 박준식 외 옮김, 두리, 1988

• **영국사** 앙드레 모루아, 신용석 옮김, 김영사, 2013

• **오뒤세이아** 호메로스, 천병희 옮김, 단국대학교출판부, 1996

• **옥스퍼드 영국사** 케네스 O. 모건, 영국사연구회 옮김, 한울아카데미, 1994

• **올어바웃 치즈** 무라세 미유키, 구혜영 옮김, 예문사, 2014

• **와인, 알고 마시면 두 배로 즐겁다** 김준철, 세종서적, 1997

• **와인의 문화사** 고형욱, 살림, 2006

• **우리 음식의 언어** 한성우, 어크로스, 2016

• **우리는 모두 짐승이다** E. 풀러 토리·로버트 H. 욜켄, 박종윤 옮김, 이음, 2010

• **유럽 커피문화 기행** 장수한, 한울, 2008

• **유럽역사 이야기** 자크 르 고프, 주명철 옮김, 새물결, 2006

• **유럽의 음식문화** 맛시모 몬타나리, 주경철 옮김, 새물결, 2001

• **유목민이 본 세계사** 스기야마 마사아키, 이진복 옮김, 학민사, 1999

• **음식궁합 1** 유태종, 아카데미북, 1998

• **음식의 문화학** 밥 애슬리 외, 박형신·이혜경 옮김, 한울, 2014

• **음식의 역사** 레이 태너힐, 손경희 옮김, 우물이있는집, 2006

• **음식이 몸이다** 이기영, 살림, 2011

· **이탈리아 남부 기행** 민혜련, 21세기북스, 2016

· **이탈리아 상인의 위대한 도전** 남종국, 앨피, 2015

· **인간은 어떻게 거인이 되었나 1** M. 일리인·E. 세갈, 민영 옮김, 일빛, 1996

· **인류의 기원** 이상희·윤신영, 사이언스북스, 2015

· **인류의 선사문화** 브라이언 페이건, 이희준 옮김, 사회평론, 2000

· **인체 3** NHK, 팬트랜스 넷 옮김, 루덴스, 2008

· **잉글랜드 풍경의 형성** 윌리엄 조지 호스킨스, 이영석 옮김, 한길사, 2007

· **자본주의적 인간 중국 남부인** 정재용, 리더스북, 2012

· **자연의 선택, 지나 사피엔스** 레너드 쉴레인, 강수아 옮김, 들녘, 2005

· **작은 인간** 마빈 해리스, 김찬호 옮김, 민음사, 1995

· **잡식동물의 딜레마** 마이클 폴란, 조윤정 옮김, 다른세상, 2008

· **제인 구달의 생명 사랑 십계명** 제인 구달·마크 베코프, 최재천·이상임 옮김, 바다출판사, 2016

· **제7대 죄악, 탐식** 플로랑 켈리에, 박나리 옮김, 예경, 2011

· **중국음식문화사** 왕런샹, 주영하 옮김, 민음사, 2010

· **중세 영국사의 이해** 홍성표, 충북대학교출판부, 2012

· **중세는 살아있다** 장 베르동, 최애리 옮김, 길, 2008

· **중세 유럽은 암흑시대였는가?** 박용진, 민음인, 2010

· **중세의 뒷골목 사랑** 양태자, 이랑, 2012

· **지구의 밥상** 구정은 외, 글항아리, 2016

· **지명으로 보는 세계사** 21세기연구회, 김향 옮김, 시공사, 2001

· **지중해 교역은 유럽을 어떻게 바꾸었을까?** 남종국, 민음인, 2012

· **차와 인류의 사랑** 조기정·이경희, 신성, 2006

· **차의 진실** 이기운, 위드스토리, 2012

· **처음 읽는 여성의 역사** 정현백·김정안, 동녘, 2011

· **초목 전쟁** 세라 로즈, 이재황 옮김, 산처럼, 2015

- **초콜릿: 신들의 열매** 소피 D. 코·마이클 D. 코, 서성철 옮김, 지호, 2000
- **초콜릿 탐욕을 팝니다** 오를라 라이언, 최재훈 옮김, 경계, 2012
- **초콜릿 플라워** 김윤정·김현주, RHK, 2012
- **초콜릿 학교** 고영주, 달, 2009
- **초콜릿의 지구사** 사라 모스·알렉산더 바데녹, 강수정 옮김, 휴머니스트, 2012
- **총, 균, 쇠** 재레드 다이아몬드, 김진준 옮김, 문학사상사, 2010
- **치즈와 구더기** 카를로 진즈부르그, 김정하·유제분 옮김, 문학과지성사, 2001
- **치즈의 지구사** 앤드류 댈비, 강경아 옮김, 휴머니스트, 2011
- **친환경 음식백과** 최재숙, 담소, 2011
- **커피** 조재혁, 신아, 2007
- **커피 스토리** 이윤섭, 이북스펍, 2012
- **커피가 돌고 세계사가 돌고** 우스이 류이치로, 김수경 옮김, 북북서, 2008
- **커피견문록** 스튜어트 리 앨런, 이창신 옮김, 이마고, 2005
- **커피는 원래 쓰다** 박우현, e-square, 2011
- **티 룸: 홍차 한 잔에 담긴 영국 문화** 서수현·조혜리, LOL works, 2011
- **티소믈리에를 위한 영국 찻잔의 역사** Cha Tea, 김명진 옮김, 한국티소믈리에연구원, 2014
- **페르시아인의 편지** 몽테스키외, 이수지 옮김, 다른세상, 2002
- **포유동물의 가축화 역사** 줄리엣 클루톤브록, 김준민 옮김, 민음사, 1996
- **프랑스 농촌사의 기본성격** 마르크 블로크, 이기영 옮김, 나남, 2007
- **프랑스 음식문화** 민혜련, 살림, 2012
- **피자는 어떻게 세계를 정복했는가** 파울 트룸머, 김세나 옮김, 더난출판, 2011
- **향료전쟁** 가일스 밀턴, 손원재 옮김, 생각의나무, 2002
- **향신료의 지구사** 프레드 차라, 강경아 옮김, 휴머니스트, 2014
- **허형만의 커피스쿨** 허형만, 팜파스, 2009
- **홍차 이야기** 정은희, 살림, 2007
- **홍차, 그 화려한 유혹** 김영애, 차의세계, 2012

• 홍차의 세계사, 그림으로 읽다 이소부치 다케시, 강승희 옮김, 글항아리, 2010

• 희망을 키우는 착한 소비 프란스 판 데어 호프·니코 로전, 김영중 옮김, 서해문집, 2008

• 흰 빵의 사회학 아론 바브로우 스트레인, 김선아 옮김, 비즈앤비즈, 2014

국내 논문과 칼럼

• 13-15세기 향신료 직무역의 역사 정동준, 《서양사학연구》23, 2010

• 17세기 런던 커피하우스의 발전요인 정동준, 《서양사학연구》29, 2013

• 18세기 영국의 차 폐해론 고찰-조나스 한웨이의 『차에 관한 에세이』(An Essay on Tea)를 중심으
로 고문숙, 《영국연구》30, 2013

• 고대 중국의 의와 악 이성원, 《진단학보》110, 2010

• 근대 터키 홍차문화의 형성배경에 관한 연구 정현구, 원광대학교 박사학위논문, 2014

• 도시 디오니시아 축제와 아테네 민주정치 문혜경, 《서양고전학연구》53-2, 2014

• 돼지의 생태와 종류 오창영, 《국립민속박물관》, 1994

• 로마 공화정 후기 이탈리아의 농업경영에 관한 연구 차전환, 성균관대학교 박사학위논문,
1992

• 르네상스와 미각의 재발견 라영순, 연세대학교 석사학위논문, 2003

• 몽골 고원의 유목 전통과 현실 유원수, 《인문논총》67, 2012

• 베트남 커피 산업의 발전과 대내외적 영향 분석 김다영, 부산대학교 석사학위논문, 2009

• 북경에 간 연행사의 음식탐방기 조양원, 《인문학자, 조선시대 민간의 음식상을 차리다》,
한국학중앙연구원, 2013

• 빵의 사적 고찰과 우리나라 양산제빵업계의 발전 노광, 《최고경영자과정논문집》6, 1987

• 서양사에서의 일상사 연구 동향 안병직, 《한국사 시민강좌》제39집, 2006

• 수의학의 기원과 야생동물의 가축화 천명선, 《대한수의사회지》40-10, 2004

• 식생활의 역사: 인간을 이해하는 또 하나의 방식 라영순, 《한국사학사학보》32, 2015

- 아편전쟁 이전 영국의 대중 무역 - 차 무역을 중심으로 박지배, 《동국사학회 발표문》, 2013
- 英國 産業革命期의 工場立法에 관한 一考 이영석, 《역사학보》 97, 1983
- 영국의 홍차문화에서 본 여성의 역할 김연자, 성균관대학교 석사학위논문, 2008
- 영국인의 정체성과 의사 표현 방식 박우룡, 《영미연구》 9, 2003
- 영화 속 음식: 초콜릿과 사랑의 상관관계 서정훈·이근하, 《발효: 맛있는 잡지》 2-2, 2006
- 올리버 크롬웰의 청교도 신앙과 그 정책 강수진, 조선대학교 석사학위논문, 2007
- 요한복음 2장의 가나 혼인 잔치와 성전 정화 사건의 상관성 김상훈, 《신학지남》 75, 2008
- 유럽의 차 논쟁에 관한 연구 - 18세기 영국을 중심으로 김지은, 원광대학교 석사학위논문, 2012
- 이슬람 수피즘과 커피의 종교·문화적 관계 연구 정보해, 조선대학교 석사학위논문, 2010
- 전통 프랑스빵 연구 대한제과협회, 《베이커리》 9, 1996
- 중국의 돼지문화 정연학, 《중앙민속학》 13, 2008
- 지역학: 독일어 수업에서 언어 및 문화학습의 통합 - 17, 18세기 유럽의 커피문화사를 주제로 김옥선·김춘동, 《독일어문학》 48, 2010
- 淸代 廣東의 對外貿易과 廣東商人 박기수, 《명청사연구》 9, 1998
- 초콜릿에 녹은 달콤한 문화사 방문숙, 《역사와 문화》 2, 2000
- 초콜릿에 대한 A to Z 대한제과협회, 《베이커리》 4, 2003
- 터키 아나톨리아의 선사취락(聚落) 차탈휘위크 남영우, 《한국도시지리학회지》 2-2, 1999